中国社会科学院
经济研究所
INSTITUTE OF ECONOMICS

经济所人文库

许涤新集

中国社会科学院经济研究所学术委员会 组编

中国社会科学出版社

图书在版编目（CIP）数据

许涤新集/中国社会科学院经济研究所学术委员会组编.
—北京：中国社会科学出版社，2019.1
（经济所人文库）
ISBN 978 – 7 – 5203 – 3494 – 5

Ⅰ.①许… Ⅱ.①中… Ⅲ.①经济学—文集
Ⅳ.①F0 – 53

中国版本图书馆 CIP 数据核字（2018）第 251589 号

出 版 人	赵剑英
责任编辑	刘晓红
责任校对	李　剑
责任印制	戴　宽

出　　版	中国社会科学出版社
社　　址	北京鼓楼西大街甲 158 号
邮　　编	100720
网　　址	http：//www.csspw.cn
发 行 部	010 – 84083685
门 市 部	010 – 84029450
经　　销	新华书店及其他书店
印刷装订	北京君升印刷有限公司
版　　次	2019 年 1 月第 1 版
印　　次	2019 年 1 月第 1 次印刷
开　　本	710×1000　1/16
印　　张	23.25
字　　数	313 千字
定　　价	99.00 元

凡购买中国社会科学出版社图书，如有质量问题请与本社营销中心联系调换
电话：010 – 84083683

总　序

作为中国近代以来最早成立的国家级经济研究机构，中国社会科学院经济研究所的历史，至少可上溯至 1929 年于北平组建的社会调查所。1934 年，社会调查所与中央研究院社会科学研究所合并，称社会科学研究所，所址分居南京、北平两地。1937 年，随着抗战全面爆发，社会科学研究所辗转于广西桂林、四川李庄等地，抗战胜利后返回南京。1950 年，社会科学研究所由中国科学院接收，更名为中国科学院社会研究所。1952 年，所址迁往北京。1953 年，更名为中国科学院经济研究所，简称"经济所"。1977 年，作为中国社会科学院成立之初的 14 家研究单位之一，更名为中国社会科学院经济研究所，仍沿用"经济所"简称。

从 1929 年算起，迄今经济所已经走过了 90 年的风雨历程，先后跨越了中央研究院、中国科学院、中国社会科学院三个发展时期。经过 90 年的探索和实践，今天的经济所，已经发展成为以重大经济理论和现实问题为主攻方向、以"两学—两史"（理论经济学、应用经济学和经济史、经济思想史）为主要研究领域的综合性经济学研究机构。

90 年来，我们一直最为看重并引为自豪的一点是，几代经济所人孜孜以求、薪火相传，在为国家经济建设和经济理论发展作出了杰出贡献的同时，也涌现出一大批富有重要影响力的著名学者。他们始终坚持为人民做学问的坚定立场，始终坚持求真务实、脚踏实地的优良学风，始终坚持慎独自励、言必有据的学术品格。他们是经济所人的突出代表，他们的学术成就和治学经验是经济所最宝贵的财富。

抚今怀昔，述往思来，在经济所迎来建所 90 周年之际，我们编选出版《经济所人文库》（以下简称《文库》），既是对历代经济所人的纪念和致敬，也是对当代经济所人的鞭策和勉励。

《文库》的编选，由中国社会科学院经济研究所学术委员会负总责，在多方征求意见、反复讨论的基础上，最终确定入选作者和编选方案。

《文库》第一辑凡 40 种，所选作者包括历史上的中央研究院院士，中华人民共和国成立后的中国科学院学部委员、中国社会科学院学部委员、中国社会科学院荣誉学部委员、历任经济所所长以及其他学界公认的学术泰斗和资深学者。在坚持学术标准的前提下，同时考虑他们与经济所的关联。入选作者中的绝大部分，都在经济所度过了其学术生涯最重要的阶段。

《文库》所选文章，皆为入选作者最具代表性的论著。选文以论文为主，适当兼顾个人专著中的重要篇章。选文尽量侧重作者在经济所工作期间发表的学术成果，对于少数在中华人民共和国成立之前已成名的学者，以及调离经济所后又有大量论著发表的学者，选择范围适度放宽。为好中选优，每部文集控制在 30 万字以内。此外，考虑到编选体例的统一和阅读的便利，所选文章皆为中文著述，未收入以外文发表的作品。

《文库》每部文集的编选者，大部分为经济所各学科领域的中青年学者，其中很多都是作者的学生或再传弟子，也有部分系作者本人。这样的安排，有助于确保所选文章更准确地体现作者的理论贡献和学术观点。对编选者而言，这既是一次重温经济所所史、领略前辈学人风范的宝贵机会，也是激励自己踵武先贤、在学术研究道路上砥砺前行的强大动力。

《文库》选文涉及多个历史时期，时间跨度较大，因而立意、观点、视野等难免具有时代烙印和历史局限性。以现在的眼光来看，某些文章的理论观点或许已经过时，研究范式和研究方法或许已经陈旧，但为尊重作者、尊重历史起见，选入《文库》时仍保持原貌而未加改动。

《文库》的编选工作还将继续。随着时间的推移，我们还会将更多经济所人的优秀成果呈现给读者。

尽管我们为《文库》的编选付出了巨大努力，但由于时间紧迫，工作量浩繁，加之编选者个人的学术旨趣、偏好各不相同，《文库》在选文取舍上难免存在不妥之处，敬祈读者见谅。

入选《文库》的作者，有不少都曾出版过个人文集、选集甚至全集，这为我们此次编选提供了重要的选文来源和参考资料。《文库》能够顺利出版，离不开中国社会科学出版社领导和编辑人员的鼎力襄助。在此一并致谢！

一部经济所史，就是一部经济所人以自己的研究成果报效祖国和人民的历史，也是一部中国经济学人和中国经济学成长与发展历史的缩影。《文库》标示着经济所90年来曾经达到的学术高度。站在巨人的肩膀上，才能看得更远，走得更稳。借此机会，希望每一位经济所人在感受经济所90年荣光的同时，将《文库》作为继续前行的新起点和铺路石，为新时代的中国经济建设和中国经济学发展作出新的更大的贡献！

是为序。

于 2019 年元月

编者说明

《经济所人文库》所选文章时间跨度较大，其间，由于我国的语言文字发展变化较大，致使不同历史时期作者发表的文章，在语言文字规范方面存在较大差异。为了尽可能地保持作者个人的语言习惯、尊重历史，因此有必要声明以下几点编辑原则：

一、除对明显的错别字加以改正外，异形字、通假字等尽量保持原貌。

二、引文与原文不完全相符者，保持作者引文原貌。

三、原文引用的参考文献版本、年份等不详者，除能够明确考证的版本、年份予以补全外，其他文献保持原貌。

四、对外文译名与今译名不同者，保持原文用法。

五、对原文中数据可能有误的，除明显的错误且能够考证或重新计算者予以改正外，一律保持原貌。

六、对个别文字因原书刊印刷原因，无法辨认者，以方围号□表示。

作者小传

许涤新，男，原名许声闻，1906 年 10 月 25 日生于广东揭阳，1977 年进入经济所工作。

许涤新出生于一个小学教师家庭。1920 年在故乡兴道小学毕业。1921—1924 年就读于揭阳榕江中学，在校时参加新学生社，开始受革命思想影响。毕业后在汕头市普宁旅汕小学任教。1925 年秋加入共产主义青年团。1926 年 6 月考入广州中山大学文科预科班，并参与校内社会科学研究会的组织领导工作。

1927 年 7 月，考上厦门大学，因无钱交学费，回故乡自学了大量的文学作品和历史唯物主义著作，对政治经济学开始产生浓厚兴趣。1928—1932 年，先后就读于厦门大学和上海劳动大学，研究《资本论》。1931 年冬在上海加入中国社会科学家联盟，任研究部副部长、宣传部长。1932 年"一·二八"淞沪抗日战争后，主编《社会现象》周刊。同年夏，担任中国文化总同盟秘书，后参加"文总"机关刊物《正路》的编辑工作。7 月转入国立上海商学院，于 1933 年毕业。5 月，加入中国共产党，任"社联"常委、党团书记，中共文化工作委员会委员、中国左翼文化总同盟组织部长，常在《东方杂志》《新中华》等刊物发表有关经济和国际问题的文章。

1935 年 2 月 19 日晚，中共上海地下党组织遭到第 3 次大破坏，许涤新被国民政府逮捕，关进苏州陆军监狱。在此期间，他写出了《战时中国经济轮廓》《中国经济的道路》《现代中国经济教程》等著作。直至 1937 年全面抗日战争兴起，国民党被迫释放政治犯，被党组织保释，并派往武汉参加创办党刊《群众周刊》和党报《新华日报》，任《群众周刊》副主编。1945年日本投降后，组织中国经济事业协进会，开展中共在经济界的统战工作。1946年5月，随中共代表团到上海，任中共上海工委财经委书记。同年秋，中共代表团撤离时，他被派往香港，任中共香港工委财经委书记，香港版《群众周刊》编委，创办香港《经济导报》，并组织了香港工商俱乐部，宣传中共的经济政策。撰写出版了《官僚资本论》《新民主主义的经济政策》《广义政治经济学》的第一、第二卷。还创办了新侨公司、新联公司，以帮助解决驻港经费问题。1948年秋，兼任中共香港工委统战委员会书记，并以方潮声为名，任香港《大公报》副刊《经济生活》主编。

1949年4月许涤新从香港到北平。5月随同中国人民解放军第三野战军进入上海参加接管工作，历任上海市军管会财经委员会常务副主任兼工商处处长（9月改市工商局，任局长），华东财经委员会副主任。10月任复旦大学经济研究所所长，教授政治经济学课程以培养财经干部，并亲身投入打击投机和平抑市场物价的斗争中。1950年3月，任中共上海市委统战部副部长、部长。1951年10月任上海市人民政府秘书长。1952年年底调北京后，历任中共中央统战部副部长、中华人民共和国国务院第八办公室副主任、工商局局长兼中共党组书记。

1955年12月许涤新被中国科学院聘任为哲学社会科学部学部委员。1958年3月应对外文委邀请，率中国文化代表团出访意大利、英国、比利时、瑞士、苏联等国。1962年出版了《中国过渡时期国民经济的分析（1949—1957）》一书。1966—1976年重新研读完了《资本论》，并写下了45万字的笔记，进而又编写出《论社会主义的生产、流通与分配》一书（1979年出版）。1977年7月任中国社会科学院经济研究所所长，1978年任中国社会科学院副院长。

1979年2月，许涤新撰写批判文章《论穷过渡》。1979年编著

《百年心声》一书。1981 年，被中华人民共和国国务院任命为汕头大学首任校长（1986 年改任名誉校长），并担任中国人口学会会长和中国生态经济学会理事长。1983 年 4 月被聘任为《中国大百科全书》总编辑委员会委员，《中国大百科全书·经济学》编辑委员会主任，并主编《政治经济学辞典》，还先后出版了《中国国民经济的变革》和《中国社会主义经济发展中的问题》。

从 1956 年以来，许涤新先后被选党的八大代表，全国政协第三届委员和全国人大第一、第三、第五、第六届代表，全国人大第五、第六届常委会委员，曾列席参加了党的十二大和十三大开幕大会。

1988 年 2 月 8 日，许涤新病逝于北京，享年 82 岁。

目　录

关于旧中国的国家垄断资本主义

中国的新民主主义革命，是无产阶级领导的，人民大众的，反对帝国主义、封建主义和官僚资本主义的革命。毛泽东同志在1945年的《论联合政府》的报告中，已经指出，旧中国的官僚资本就是大地主、大银行家、大买办的资本。在第三次国内革命战争时期的著作中，也就是在编入《毛泽东选集》第4卷的著作中，毛泽东同志根据当时的形势，明确地论述了中国资本主义经济的两个部分即官僚资本和民族资本的区别，论述了反对官僚资本主义的问题。他指出，"蒋宋孔陈四大家族，在他们当权的二十年中，已经集中了价值达一百万万至二百万万美元的巨大财产，垄断了全国的经济命脉。这个垄断资本，和国家政权结合在一起，成为国家垄断资本主义。这个垄断资本主义，同外国帝国主义、本国地主阶级和旧式富农密切地结合着，成为买办的封建的国家垄断资本主义。这就是蒋介石反动政权的经济基础。这个国家垄断资本主义，不但压迫工人农民，而且压迫城市小资产阶级，损害中等资产阶级。这个国家垄断资本主义，在抗日战争期间和日本投降以后，达到了最高峰，它替新民主主义革命准备了充分的物质条件。"[①]

当时，毛泽东同志指出，没收四大家族的垄断资本归新民主主义的国家所有、没收封建阶级的土地归农民所有、保护民族工商业，这是新民主主义革命的三大经济纲领。

[①] 《目前形势和我们的任务》，《毛泽东选集》第四卷，人民出版社1960年版，第1253页。

一

旧中国的国家垄断资本主义，不同于资本主义发达的国家中的国家垄断资本主义。资本主义发达的国家中的国家垄断资本，大抵是在工业生产发展的基础上，资本主义发展的基础上，经过一般垄断然后进入国家垄断阶段的。旧中国的国家垄断资本主义，却不如此。旧中国是一个半殖民地半封建的国家，经济十分落后。由于帝国主义的侵略，一般资本主义经济得不到发展。国家垄断资本主义并不是在生产发展、一般资本主义经济发展的基础上形成的，不是经过一般垄断而进入国家垄断的。它是依靠帝国主义，勾结封建势力，直接利用国家政权，一方面掠夺工农劳动群众及其他小生产者，一方面压迫民族资产阶级，而直接成为国家垄断资本的。

蒋宋孔陈四大家族，本来并没有什么了不起的财富，他们是在1927 年"四·一二"举行反革命政变，窃取了国家政权，成为大买办、大地主的新的政治代表人物之后，利用国家政权逐步地发展成为垄断资本集团的。所以，中国四大家族垄断资本的形成过程，也就是他们建立和加强血腥的法西斯军事独裁的过程。在旧中国的条件下，民族资本很少有发展的机会，也难以实现生产规模的集中和扩大；只有同国家政权结合在一起的官僚资本，才能在短促的时间内成为国家垄断资本。

四大家族依靠国家政权，无孔不入地扩大其垄断活动的范围，从金融、商业、工业、农业直至文化事业的物质机关，包括国民经济的一切方面。

金融和商业，是官僚资本独占的最主要的和最先下手的方面。蒋介石在建立了法西斯独裁以后，立即利用国家权力，控制了原来北洋军阀政府的两大金融支柱，即中国银行和交通银行，后来又相继成立了"国家的"中央银行和中国农民银行，并组建了"四行联合办事总处"，蒋介石任总处主席。四大银行是四大家族进行垄断活动的大本营。四大银行系统直接支配着国民党的政权，并且通过国民党政权，直接操纵着旧中国的经济。蒋介石给了他的所谓"国家银行"以经理国库、发行兑换券、铸发国币、经募内外公债等特权。发行"法币"是四大银行完成其金融独占的有决定意义的步骤。1935 年，蒋介石政府规定以中、中、交三行所发的钞票为"法币"，并实行"白银国有"。四大家族不但利用这种毫无价值的纸币，掠夺人民的财产，而且把全国人民血汗的结晶物——白银攫为己有。四大家族享有发行"法币"的特权，就滥发钞票，造成延续十几年的恶性通货膨胀。恶性通货膨胀是一种对广大人民的疯狂的残酷的掠夺，它使人民手中所持有的货币，一天天的打折扣，以至化为乌有。四大家族又利用通货膨胀，进行买空卖空、囤积居奇、制造黑市以及吞并其他企业的各种投机活动。蒋介石政府借用大量外债，以支持它的法币政策，而由外债所获得的外汇，事实上又落入了四大家族的荷包。发行内债是四大家族财富堆积的又一个来源。蒋介石政府发行内债的数量，是清朝和北洋军阀历届政府所望尘莫及的。蒋介石政府从 1927 年到 1936 年九年的内债，等于北洋政府从 1912 年到 1927 年十五年内债的四倍。巨大的内债是四大家族进行长期反革命内战所需要，同时又极大地加速了四大家族金融资本的集中。在那时，承购内债的，主要是四大银行。内债不是按票面价值发行，而是打了折扣的，普通是五折、六折，内债的还本付息则按照债券票面价值十足支付，利息约为六厘到八厘。所以承购内债的四大家族的银行，一下子就得到 40% 到 50% 的利益。内债的发行是以租税作担保的。内债发行愈多，租税就愈多，人民的负担也就愈重。内债的大量发行，其实际意义只不过是把全国人民——主要是农民——的财富，加速转化为四大家族的私产。四大银行利用各种各样的巧取豪夺的方法，控制全国的银行。抗日战争胜利以后，又劫收了敌伪的金融机构，用敌伪搜刮来的财富，进一步发展了自己的金融垄断势力。据统计，1946 年蒋介石政府各省市所属的银行，已经占全国银行总数的三分之二以上。

　　四大家族的垄断资本实际上主要是一种商业投机资本。在实现金融独占的同时，他们利用政治特权，依靠雄厚的金融力量，积极进行大规模的商业投机，压榨生产事业。战争、内外债、外汇、黄金、地产、商品囤积、货币贬值等，都是垄断资本进行大规模投机的手段。据统计，四行联合办事总处从1937年到1942年五年内，每年核准的专案贴放中，工矿业的贴放只占总额的19%多，大部分用于商业投机。四大家族利用政权垄断了外汇和对外贸易，包办了外国商品对中国的倾销和中国土产向外国的出口。四大家族并在蒋介石政府的"贸易调整委员会"之下，设立各种垄断主要出口物资的公司（如中国茶叶公司等）。1941年，蒋介石政府又实行专卖制度，凡是列入专卖的物品（如糖、食盐、火柴、酒、烟类、茶叶等），都由四大家族独家经销。四大家族的商业借助于专卖制度和国民党政府的统制贸易政策，控制大量商品，垄断市场价格，收购时肆意压低物价，以低于生产成本的收购价格掠夺生产者，出卖时又肆意抬高物价掠夺消费者。利用政权进行商业垄断，成为四大家族吮吸人民脂膏，集中最大财富的主要手段之一。

　　四大家族的财富，归根到底，主要是从掠夺农民而来的，而这种掠夺又主要是通过国家政权进行的。蒋介石反动政府用名目繁多的苛捐杂税，特别是用田赋征实、征借和征购等办法，残酷地掠夺农民。拿湖南的田赋征实作例，据调查，1942年，这一省每亩稻田收获量的52.7%被蒋介石政府拿走。蒋管区其他各省的田赋，情况也大致如此。田赋征实征借的负担，名义上由地主缴纳，实际上转嫁到农民身上。"赋出于租"，所有大小地主都以田赋增加为理由，竭力提高地租。四大家族的统治，使广大农民纷纷破产，不得不依靠借钱借粮度日，四大家族又利用农民的这种困难，极力开展其高利盘剥农民的金融活动。中国农民银行和中央合作金库，就是四大家族进行高利贷活动的主要机构。1941年蒋介石统治区农村放款中，以四大家族为主的银行放款占51%。四大家族对农民的剥削，使国民党统治区的农业生产急剧下降，灾荒变成常态，饥民到处皆是，严重地破坏了农业生产力。

同样地，四大家族对于工业的独占也完全依靠国家政权。在这方面，他们主要利用隶属于国民党政府，军事委员会的所谓资源委员会、工矿调整委员会这类机构。例如"工矿调整委员会"，主要是协助官僚资本的工业，用接管、加股的办法，吞并民族工业。在抗日战争时期，四大家族乘民族工业的危机，依赖外资和政治暴力，公开抢劫民族工业。抗战胜利以后，又在"接收"的名义下，抢夺人民胜利果实，把敌伪的二千四百一十一家工厂，名义上收归国家所有（其中发还和标卖的只占10%），实际上是窃为四大家族所私有，从而，使四大家族在工业方面的独占，达到惊人的地步。以中华人民共和国成立前夜的情况来说，以四大家族为代表的垄断资本，在工业方面的独占达到如下的程度：电力占67%，煤炭（产量）占33%，水泥（产量）占45%，纺锭（设备）占40%，织布机（设备）占60%，糖（产量）占90%，交通运输方面，轮船（吨位）占45%，铁路、公路和航空均占100%。总的说，四大家族这个国家垄断资本，在旧中国的资本主义经济中的比重，达到80%。

蒋介石独裁政权二十二年的统治，从金融、商业、工业、运输、邮电、农业、地产和文化事业的物质机关等方面，把国家最大的财富集中于蒋宋孔陈四大家族为首的官僚资本系统。事实说明了这个官僚资本的确是"和国家政权结合在一起，成为国家垄断资本主义"的。

利用国家权力，横征暴敛、假公济私而发展起来的这个垄断资本，并不是反映中国国民经济和资本主义经济的发展，恰恰相反，它反映了中国国民经济的破产和民族资本主义经济的停滞和衰落。

二

旧中国的国家垄断资本主义，除了具有一般的垄断性、寄生性或腐朽性以外，其主要的特点，是具有深刻的买办性和封建性。中国的官僚资本，一开始便是同外国帝国主义和本国封建势力密切结合在一起的。毛泽东同志说，"为了侵略的必要，帝国主义给中国造成了买办制度，造成了官僚资本。"① 同时，"于买办阶级之外，帝国主义列强又使中国的封建地主阶级变为它们统治中国的支柱"②，以便利其剥削广大的农民和其他人民大众。中国的官僚资本，正是近代中国买办制度与封建制度的混血儿，是大买办大地主在经济上的联结物。中国官僚资本的形成过程，就是帝国主义侵略中国的过程，就是旧中国殖民地化的过程。到了四大家族统治时代，官僚资本的这种买办性和封建性，表现得更加强烈了。

从四大家族垄断资本的形成及其垄断活动中，可以看出这个垄断资本彻头彻尾地浸透着买办性。四大家族是帝国主义，特别是美帝国主义的总买办，是为他们服务的一条走狗。四大家族对金融、商业、运输、邮电、工矿以及农业的垄断，那一件不是直接间接为帝国主义，特别是为美帝国主义变中国为它的殖民地的政策服务的呢？如果离开帝国主义、外国垄断资本的支持，四大家族怎能成为旧中国的国家垄断资本，怎能实现其对中国人民和民族资产阶级的掠夺，实现其各项反动政策呢？如前所说，国民党的法币政策和举借的内债、外债等，都是直接依靠英美垄断资本的援助的。四大家族起初把中国的"法币"变成英镑集团的一员，以英镑为"法币"的本位，后来又把"法币"变成美元集团的一员，以美元为"法币"的本位。以外汇为本位，信用由外汇的价格决定，这是国民党的"法币"买办性的基本特点。国民党政府为支持其法币政策而举办了大量外债。这就使中国的金融财政落入外国垄断资本之手，而成为外国垄断资本的附属品。四大家族的商业资本也好，工业资本也好，都是从事买办活动和依赖外国的买办资本。四大家族

---

① 《毛泽东选集》第四卷，人民出版社 1960 年版，第 1488 页。
② 《毛泽东选集》第二卷，人民出版社 1952 年版，第 623 页。

在工业方面，起初是依赖德国资本，而后又依赖美国资本。四大家族的垄断资本绝大部分用于商业投机，主要也是由它的买办性决定的，是服从于帝国主义经济掠夺的需要的。这个特点，在抗日战争结束以后，尤为突出，美国通过四大家族把中国变成美国的独占市场，企图使中国在实际上一步步变为美国独占的殖民地。

旧中国条件下的垄断资本的形成，也必然是而且只能是以封建的农业生产关系为其支柱。这个垄断资本在发展过程中，始终一贯地利用国家机器，同地主阶级和旧式富农结合在一起，进行前资本主义的、超经济的强制掠夺。许多官僚资本家也大抵兼有大地产主的身份。四大家族的垄断资本不仅以超经济的政治强力直接掠夺农民，而且，他们的金融财政活动和商业活动也具有淳厚的封建高利贷剥削性质。四大家族是旧中国最大的农奴主和高利贷主。

这种买办的封建的国家垄断资本主义本身，同时表现着淳厚的军事性质。四大家族是为外国帝国主义和封建势力服务而从反革命的内战起家的。他们利用愈来愈频繁的内战，制造市场投机的条件，进行"合法"的公开的抢劫。蒋介石集团军事活动的范围愈广，愈持续，军费也就跟着扩大，为筹措军费所增加的赋税和举办的内外债也就愈多，四大家族的"军事利润"也就愈大。蒋介石政府举办的内外债，主要用于内战。有人做过统计，用于内战的内债，达到86%，主要是用来向帝国主义国家购买军火。长期的大规模的反革命内战，需要长期的大规模的军火接济，因而购买军火就成为蒋家朝廷的重要的大宗的国际贸易。这种大宗国际贸易的回扣或其他种种利益，主要地或大部地是由四大买办家族所垄断。四大家族在各方面用来从事独占活动的主要机构，如资源委员会、工矿调整委员会、贸易调整委员会，最初就是直接隶属于国民党政府军事委员会之下的。这些机构的活动及其所属的企业，一方面满足了军事上的需要，例如钢铁厂大部由兵工署举办，铝、锌的生产有90%归兵工署直接支配；一方面又是为了用军事掠夺办法为四大家族集中财富。

政治变成经济，经济又变成政治。以蒋介石为首的四大家族依靠政治强力发展成为买办的封建的国家垄断资本集团，而买办的封建的国家垄断资本，又成了蒋介石反动政权的经济基础，成了蒋介石集团全部反人民政策的主要经济原因。四大家族要维持买办的封建的生产关系，取得和保持他们的垄断地位，必须借助于军事镇压，借助于各种反革命战争，一方面同人民作战，一方面同买办封建阶级中的异系异派作战。四大家族把这种反革命的战争，作为发财的捷径。四大家族的财富堆积既然是和战争完全分不开的，战争提供给他们以各种掠夺和盗窃人民财富的机会，他们追求财富的欲念没有穷尽，他们对内战的兴趣也就没有穷尽。这就决定了蒋介石集团好战成性。以蒋介石为首的四大家族对于经济的独占，既然主要依靠国家政权，以独占国家政权为前提，因此，他们也就要坚持法西斯独裁，反对实行民主。四大家族既然以买办起家，他们的财富的堆积，依赖买办活动，而为着自己的经济的政治的独占，又必须依靠帝国主义的援助，这样。他们也就不能不出卖中国的主权，把中国变成帝国主义的附属国和殖民地了。就是说，以蒋介石为首的四大家族必然是一个卖国集团，要他们实行民族独立政策是一定不可能的；同时，由于四大家族垄断资本的浓厚的封建性，坚决与农民为敌，因此要他们实行"耕者有其田"的政策，也是一定不可能的。他们"不但反对'耕者有其田'，连减租减息也反对"。①这一切就不能不如毛泽东同志所指出的："独裁、内战和卖国三位一体，这一贯是蒋介石方针的基本点。"②

第三次国内革命战争时期，在美国帝国主义的直接支持下，四大家族的垄断资本发展到了最高峰。这个时期四大家族垄断资本的发展，实质上是美帝国主义政治经济军事势力在中国的发展，是反映了美帝国主义代替了日本，排挤了英法等帝国主义，独占了旧中

① 《毛泽东选集》第三卷，人民出版社1953年版，第1077页。
② 《毛泽东选集》第四卷，人民出版社1960年版，第1132页。

国这样一个事实。蒋介石为着取得美帝国主义更大的支持，以维持其独裁统治，进行内战，不惜以出卖军事基地、出卖空海航权、签订奴役性商约等项比袁世凯卖国行为还要严重多倍的卖国条件，作为酬谢美国帝国主义的礼物。1946 年 11 月，蒋介石政府和美国政府签订所谓"中美友好通商航海条约"，按照这个条约，全中国的领土、领海、内河、领空等都向美国人开放，美国人有在中国"领土全境内"居住，旅行，从事商务、制造、加工、科学、教育、宗教、慈善事业，采勘和开发矿产资源，租赁和保有土地，以及从事各种职业的权利。美国人在中国，在经济权利上得与中国人享受同等待遇，而在政治上则得到中国人民所得不到的特权。这就是把中国的主权全面出卖给美国，使中国变成美国的殖民地。毛泽东同志说："蒋介石政府所长期施行的极端反动的财政经济政策，现在被空前的卖国条约即中美商约所加强了。在中美商约的基础上，美国的独占资本和蒋介石的官僚买办资本紧紧地结合在一起，控制着全国的经济生活。"① 事实完全是这样。

这个时候，美帝国主义除了进行更大规模的经济掠夺以外，并给国民党政府以大量的物质援助。这种援助，据美国自己承认，等于国民党政府"货币支出的 50% 以上"，"在比例上超过战后美国对任何西欧国家援助数量"。这就是美帝国主义出钱出枪，蒋介石出人替美国打仗、变中国为美国殖民地的政策。中国人民的苦难和民族危机就由此而极度地加深。国民党反动政府为支持其反革命战争，更滥发所谓"法币"和"金圆券"，在长期通货膨胀的基础上，造成了更加严重的恶性通货膨胀。从 1937 年 6 月至 1949 年 5 月，国民党通货发行额增加达一千七百多亿倍。货币不断地贬值，物价不断地上涨，两者都达到闻所未闻的惊人的程度。正当的生产事业遭受严重破坏，社会购买力不断下降。工人的工资、公教人员的薪水、农民出卖农产品所得的货币，以至民族资本家贩卖商品的

---

① 《毛泽东选集》第四卷，人民出版社 1960 年版，第 1224—1225 页。

货款，都因为恶性通货膨胀而化为乌有了。而四大家族却在黄金美钞的投机和囤积居奇中，大获其利。特别由于蒋介石政府为了打内战而恢复了抗战时期极端恶劣的征兵征粮制度，更加迫使广大农民群众生活不下去。在美国独占资本和四大家族的官僚资本联合进攻之下，在美货大倾销之下，民族资本毫无出路。有人统计，1946年上海大小民营工厂倒闭 75%，重庆中小工厂倒闭 80%。民族资产阶级中许多人，对美国帝国主义和蒋介石反动集团所抱的幻想，他们的企图同官僚资本"和平合作"、企图走"第三条道路"的幻想，因此逐渐归于破灭。蒋介石的官僚买办资本在中美商约的基础上同美国的独占资本进一步结合，控制国民经济的结果，完全像毛泽东同志所指出的："使恶性通货膨胀迅速发展，中国民族工商业日趋于破产，劳动群众和公教人员的生活日趋于恶化，为数众多的中等阶级分子日益丧失了他们的积蓄而变为毫无财产的人，罢工、罢课等项斗争因之不断发生。中国空前严重的经济危机，已经威胁着各阶层人民。"①

　　四大家族垄断资本的集中规模愈大，跟美国独占资本勾结愈紧，其食欲愈大，四大家族的政治统治也就愈加反动，就愈要充当美帝国主义的走狗，将中国出卖给美国，就愈要发动战争，反对中国人民，企图阻止中国人民解放事业的前进。而四大家族垄断资本的洗劫及其全部反人民政策，又势必迫使全国各阶层人民不得不团结起来为救死而斗争。要打倒国民党的反动统治，就必须摧毁这个反动统治的经济基础即买办的封建的生产关系，没收四大家族的垄断资本。毛泽东同志在第三次国内革命战争时期，着重地论述了反对官僚资本主义的问题，正是从当时这样一种实际斗争形势出发的。

---

　　① 《毛泽东选集》第四卷，人民出版社 1960 年版，第 1211—1212 页。

三

旧中国的资本主义经济有两个部分，即官僚资本主义经济和民族资本主义经济，前者是民主革命的对象，后者则在民主革命中受到了保护。毛泽东同志在那时候曾再三指出这种区别的重要性。他说，新民主主义革命所要消灭的对象，只是封建主义和官僚资本主义，而不是上层小资产阶级和中等资产阶级所代表的资本主义经济，即民族资本主义经济。

在旧中国，国民党反动派曾经在人民群众中极力进行一种欺骗的宣传，企图掩盖官僚资本主义的实质。他们把买办的、封建的国家垄断资本主义说成是一般的资本主义，力图使人相信，依靠这种垄断资本主义就能实现中国的工业化，就能使中国成为独立的国家，并且在中国建立资产阶级的民主政治。有些资产阶级分子曾经相信了这种欺骗的宣传，对于四大家族以国家的名义进行的一些所谓"经济建设"抱着幻想。事实终于粉碎了这种幻想，事实完全证明了马克思主义者对于官僚资本主义的分析。这种官僚资本主义的发展不但不能使中国得到独立和自由，而且只会使中国无法摆脱半殖民地、半封建的地位；它不但不能使中国走上工业化的道路，而且它正是束缚中国的社会生产力发展的严重桎梏。官僚资产阶级对于人民民主革命，必然采取坚决的敌对态度。无产阶级所领导的人民民主革命，为了把半殖民地、半封建的中国变成一个独立、自由、民主的新中国，也就必须把彻底消灭官僚资本主义作为一个主要任务。所以，在 1949 年以前，如果因为当时的革命是在民主革命阶段，而不敢明确地把官僚资本主义当作革命的对象，无疑是错误的。

但是，另一方面，如果因为当时要明确地反对官僚资本主义，就连带着同样反对民族资本，那也是错误的。在旧中国的条件下，民族资本主义经济，和帝国主义没有联系，或者联系较少，它们受帝国主义、封建主义和官僚资本主义的排挤和损害，同帝国主义封建主义和官僚资本主义是有矛盾的；由于中国经济的落后性，这部分资本主义经济在国民经济中还有一定的积极作用。民族资产阶级的阶级地位决定了他们在民主革命中具有两面性：一方面，他们中的大多数在一定条件下可以参加反对帝国主义、反对国民党反动统治的斗争，另一方面，他们又经常表现出动摇性和妥协性。根据民族资产阶级的两面性，无产阶级对于民族资产阶级就应当采取又团结又斗争、以斗争求团结的政策，而不能用对待官僚资产阶级的政策来对待民族资产阶级。毛泽东同志在第三次国内革命战争期间，为了说明对待民族资产阶级的政策，特别回顾过去的历史经验说，民族资产阶级中的不少分子，曾经在 1927 年到 1931 年（九一八事变以前），附和了蒋介石的反动，"但是，决不能因为这一点，就认为那个时期我们在政治上不应该争取他们，在经济上不应该保护他们"。毛泽东同志指出，就在那样的时候，"我们的政策，仍然应当是保护和争取他们，以便我们能够集中力量去反对主要敌人。"①

在旧中国，官僚资产阶级和民族资产阶级虽然是资产阶级中的互相有联系的两个部分，但这两个部分具有显著的区别，这种区别不是人们虚构出来的，而是客观的事实。马克思列宁主义要求科学地分析不同的阶级和阶层，并且从这种科学分析出发，制定正确的政策，以利于无产阶级革命事业。毛泽东同志正是用马克思列宁主义的阶级分析方法，根据客观事实，把官僚资产阶级和民族资产阶级严格地区别开来，把官僚资本主义经济和民族资本主义经济严格地区别开来，从而制定了一系列的对待官僚资本主义经济和民族资本主义经济的正确的政策。实行这种政策，对于中国民主革命的胜利具有十分重要的意义。正是因为实行这样的政策，在第三次国内革命战争中，在使反帝反封建的革命达到彻底胜利的决定时期，才

---

① 《毛泽东选集》第四卷，人民出版社 1960 年版，第 1287 页。

使得民族资产阶级中的绝大多数参加了革命或者采取中立态度，从而最大限度地孤立了以四大家族为代表的反革命势力。

毛泽东同志在 1949 年 4 月所写的《中国人民解放军布告》中，关于没收官僚资本，作了如下的规定：“凡属国民党反动政府和大官僚分子所经营的工厂、商店、银行、仓库、船舶、码头、铁路、邮政、电报、电灯、电话、自来水和农场、牧场等，均由人民政府接管。其中，如有民族工商农牧业家私人股份经调查属实者，当承认其所有权。”①

按照这个规定，人民政府在解放初期所没收的官僚资本企业共二千八百多个。因为这些企业是极为集中的企业，所以没收这些资本归无产阶级领导的人民共和国所有，就使人民共和国掌握了国家的经济命脉，使国营经济成为整个国民经济的领导成分。又因为这时我们的人民民主专政实质上已是无产阶级专政，因此，这一部分经济也就成为社会主义性质的经济，而不是资本主义性质的经济。

在我国条件下，官僚资本在本质上是买办的和封建的，因此，反对官僚资本的斗争的性质，是属于民主革命的；同时，官僚资本，又是资本主义经济的一部分，执行没收的机关是无产阶级领导的人民民主专政的政权，没收之后成了社会主义性质的经济，因此，反对官僚资本的斗争，又带有社会主义革命的性质。没收了官僚资本，使中国资本主义经济的主要部分（在比重上来说 80%）被消灭了。剩下来的只是一部分小的和中等规模的资本主义经济，即中等资产阶级和上层小资产阶级所代表的民族资本主义经济。由于人民手里有强大的国家机器，由于无产阶级领导的国家政权掌握着强大的社会主义国营经济，由于民族资产阶级在中华人民共和国成立之后除了剥削工人阶级取得利润的一面之外，还有拥护宪法、愿意接受社会主义改造的一面，这就使我们有可能在社会主义革命中，对于民族资产阶级所经营的资本主义经济，采取国家资本主义

---

① 《毛泽东选集》第四卷，人民出版社 1960 年版，第 1459—1460 页。

的形式，用和平方法进行社会主义改造。

这一切说明，毛泽东同志关于反对官僚资本的理论和政策，不仅对于彻底完成中国的民主革命事业有重大的意义，而且对于由民主革命转变为社会主义革命，也有着重大的意义。这是毛泽东同志把马克思列宁主义的普遍真理和中国革命的具体实践相结合的一个非常光辉的范例。

（原载《红旗》1961 年第 3—4 期）

我国过渡时期的阶级关系与阶级斗争

一

我国对于资本主义工商业和资产阶级分子，采取和平改造的政策。这一政策的主要根据，是在人民民主革命胜利的时候，我国建立了以工人阶级为领导的人民民主政权。此外，工人阶级同民族资产阶级之间不但有斗争，而且存在着联盟的关系，也是我国能够和平过渡到社会主义的一个重要条件。

中国的资产阶级可以分为买办官僚资产阶级和民族资产阶级两个不同部分。官僚资产阶级是直接为帝国主义服务并为他们所豢养的阶级，他们和中国农村中的封建势力有着千丝万缕的联系，因此，它是中国新民主主义革命的敌人。这个革命的敌人，在新民主主义革命中，同帝国主义和封建主义一样，被打倒了。民族资产阶级同官僚资产阶级有别，他们虽然是剥削阶级，他们对工人阶级存在着剥削关系，但同时他们是受着帝国主义封建主义和官僚资本主义的压迫和束缚的。因此，他们同帝国主义、封建主义和官僚资本主义也存在着尖锐的矛盾。由于这种情况，他们对于中国的新民主主义革命，就具有两重性：一方面，他们愿意参加反对帝国主义、封建主义和官僚资本主义的斗争，或者在斗争中保持中立；另一方面，由于他们同帝国主义、封建主义和官僚资本主义并未断绝经济上以至政治上的联系，因此在斗争中，又经常表现了动摇性和妥协性。由于民族资产阶级的这种两重性，因此，工人阶级就有可能、有必要来联合资产阶级，反对共同的敌人。毛泽东同志说：中国资产阶级在资产阶级民主革命中的这种二重性，对于中国共产党的政治路线和党的建设的影响是非常之大的，不了解中国资产阶级的这种二重性，就不可能了解中国共产党的政治路线和党的建设。中国共产党的政治路线的重要一部分，就是同资产阶级联合又同它斗争的政治路线。

资产阶级在资本主义企业中，利用其所占有的生产资料，对工人群众进行着剩余价值的剥削，这种剥削关系就是工人阶级同资产阶级间存在着对抗性矛盾的根源。在新民主主义革命时期，工人阶级同资产阶级之间的矛盾，还是次要的矛盾。到了中国人民胜利地推翻了帝国主义、封建主义和官僚资本主义的反动统治以后，到了中国进入社会主义革命阶段以后，工人阶级同资产阶级之间的矛盾，就成为中国社会的主要矛盾了。这种矛盾的表现是：资产阶级对于发展资本主义的强烈愿望和活动，他们的唯利是图的违法行为和对国家计划经济的破坏作用。根本克服这种矛盾的方法，只有废除资本家生产资料私有制，只有废除资本主义的剥削制度，建立没有阶级没有剥削的社会主义社会。但是，由于民族资产阶级过去曾经在工人阶级领导下参加民族民主革命，由于民族资产阶级在新民主主义革命胜利后承认工人阶级对国家政权的领导，拥护人民共和国和人民民主专政，拥护共同纲领和宪法，愿意继续反对帝国主义，赞成土地改革，支持抗美援朝，而他们所经营的工商企业除了具有不利于国计民生的消极作用之外，还具有有利于国计民生的积极作用，国家需要尽可能地利用资本主义的积极作用，以利于扩大生产、积累资金、训练技术人才和维持社会就业等，这种情况说明在中华人民共和国成立以后，民族资产阶级仍然具有两重性。因此，党和国家就不采取没收剥夺的办法，而采用和平改造的办法，来处理这个矛盾。

在过渡时期的中国，工人阶级同资产阶级之间的矛盾是在如下的条件下表现出来的：

第一，在国家政权上，我们已经实现了工人阶级领导的人民民主专政。我国宪法第一条规定："中华人民共和国是工人阶级领导的、以工农联盟为基础的人民民主国家"。工人阶级的领导和以工农联盟为基础，标志着我们国家的根本性质。在资本主义社会里，工人阶级和资产阶级间矛盾的斗争，是在资产阶级的反动统治的条件下进行的。反之，在我国人民民主专政的条件下，国家政权的领导阶级是工人阶级，而不是资产阶级，在这里，中国工人阶级与民族资产阶级之间，不但存在着对立的阶级关系，而且存在着领导与被领导的关系。以工人阶级为领导的人民民主专政的政权，不但是强大巩固的，而且是越来越加强大，越来越加巩固的。我国过渡时期工人阶级同资产阶级间的阶级斗争，就是在工人阶级领导下的这样一个强大巩固的国家政权下进行的。

第二，由人民民主政权所建立的社会主义国营经济，在国民经济中占着领导地位并发挥领导作用。跟着国家的社会主义工业化的发展和对农业、手工业和资本主义工商业的社会主义改造的发展，国营经济在国民经济中的领导地位就日益巩固，它的领导作用就日益增强。国营经济不但掌握了重工业、轻工业、金融信贷和运输，而且垄断了对外贸易，控制了国内市场。在解放初期，资本主义经济在国民经济中虽然占有一定的比重，但这一比重是不断地在降低、在削弱的。资本主义经济力量的削弱，使它不能不依靠社会主义国营经济，不能不服从社会主义国营经济的领导。在过渡时期我国的条件下，私营工商业服从国营经济领导，是同接受社会主义改造，统一在一起的。服从社会主义经济的领导，就是接受国家的社会主义改造，因为社会主义国营经济对资本主义工商业的领导，是通过国家资本主义的形式来进行的。

第三，在我国，工人阶级所领导的人民民主专政的政权，是以工农联盟为基础的。工农联盟不断地巩固和加强，是工人阶级的领导能够得到胜利的基本保证。在新民主主义革命阶段，工人阶级领导了农民，推翻了地主阶段，粉碎了封建制度，使广大农民取得了土地。在土地改革以后，工人阶级领导农民群众进行农业合作化运动。农业合作化运动把分散落后的小农经济组织起来，在农村中发展社会主义经济，提高农业生产；同时，逐步割断资本主义同农民经济的联系，限制和逐步消灭富农经济。这么一来，广大农民就能够摆脱资本主义的剥削，向着共同富裕的社会主义方向发展；这么一来，就不但消灭了农村中的资本主义剥削，而且消灭了产生资本主义的泉源，使城市工商业资产阶级陷于最后的孤立；这么一来，我国的工农联盟和工人阶级在这个联盟中的领导作用，就建立在一个新的基础之上，使我国的这个工农联盟，更加加强、更加巩固了。由此可见，农业合作化运动的胜利，是工人阶级战胜资产阶级，社会主义战胜资本主义，解决"谁战胜谁"这个问题的重要保证和重要环节之一。

第四，由于党和国家对资本主义工商业进行了正确的利用、限制和改造政策，由于国家和工人阶级对资产阶级分子的违法行为进行了多次的严重斗争，又由于大多数城市的资产阶级分子，经常进行学习，因而提高了对于社会发展规律和国家改造资本主义工商业的政策的认识。这样，在资产阶级中间，就发生了深刻的分化，就出现了一批爱国的进步分子。这种进步分子是靠拢共产党和人民政府的，他们不但自己接受社会主义改造，并且能够推动其他资产阶级分子接受改造。这种进步分子的人数，是随着社会主义改造的深入而日益增加的。在资产阶级家庭中，也在发生变化。不少受着党和国家教育的资本家子女，不但自己不愿意当资本家，而且推动他们的父兄接受社会主义改造。资产阶级内部的这种分化，是有利于争取他们中间的绝大多数人来接受改造，是有利于对资本主义工商业进行和平改造的。

第五，中国工人阶级所领导的社会主义革命，是处在有利的国际条件下进行的。我国不像四十年前的苏维埃国家一样，处在资本主义国家的包围下进行社会主义革命，而是在强大的苏联和其他各社会主义国家的支持和援助之下来进行社会主义革命的。第二次世界大战的结果，形成了以苏联为首的强大的社会主义和平民主阵营。社会主义世界在走着上坡路，欣欣向荣；而资本主义世界则在走着下坡路，每况愈下。苏联发射了第二颗人造卫星的成功，不但宣告了人类进一步征服自然界新纪元的开始，而且强有力地证明了社会主义制度优于资本主义制度。各国共产党和工人党的莫斯科会议，强有力地证明了世界共产主义运动已获得辉煌胜利和共产主义力量的空前大团结。东风压倒了西风，这是国际政治形势的新局面。这个有利的国际条件，极有利于革命的和平转变，极有利于我国的社会主义建设和社会主义改造。

根据上述的条件来看，在过渡时期的我国，在国内的阶级关系中，工人阶级是领导的阶级而资产阶级则是被领导的阶级；在国民经济中，社会主义是主导的经济成分而资本主义则处在被领导和依赖的地位，如果离开社会主义经济，它就没法经营下去。工人阶级和国营经济的力量，越来越强大；而资产阶级和资本主义经济，则越来越削弱。农业合作化的成功，使工农联盟更加巩固，使工人阶级在这个联盟中的领导作用更加强大；反之，资产阶级的内部则陷于分崩离析的状态，接受社会主义改造的人愈来愈多，而决心反抗国家和人民的反动分子则愈来愈孤立。再加上国际上的有利条件，我国工人阶级在过渡时期的阶级关系中，就处在极其有利的地位了。这种情况说明：在过渡时期的我国，工人阶级与资产阶级之间，矛盾的主要方面，是在工人阶级方面而不在资产阶级方面。这种情况，使工人阶级能够主动地来掌握、来控制这一矛盾；使我国有可能由已经建立的在中国共产党和工人阶级领导下的人民民主专政的政权，从上而下地领导，并取得广大人民，首先是工人和农民基本群众，从下而上的直接支持，逐步地发展社会主义经济成分和逐步地改造非社会主义经济成分，来克服这个矛盾。这就是说，在我国的条件下，克服工人阶级和资产阶级之间的矛盾，消灭资产阶级和资本主义剥削制度，是可以不经过爆发的形式来完成，而是经过非爆发的形式，即和平改造的形式来完成的。

　　但是，国家对资本主义工商业的和平改造，并不是没有经过斗争就可以取得胜利的。在中华人民共和国成立初期，资产阶级曾利用国民党长期恶性通货膨胀所遗留下来的物价波动的情况，进行投机活动。国家为了稳定市场物价，从 1949 年冬到 1950 年 3 月间，对于投机破坏分子，进行了严重的斗争。这一斗争，证明了资产阶级同工人阶级之间的矛盾是相当尖锐的。接着，资产阶级又利用他们当时在轻工业生产和国内贸易方面具有相当大的经济力量等条件，利用当时土地改革后国内市场日益扩大和抗美援朝需要大量工业品的时机，向国家和工人阶级施行五毒行为。资产阶级的五毒行为，他们的猖狂进攻，证明了工人阶级和资产阶级间，至少证明资产阶级中间有一部分人（如完全违法户），同国家和工人阶级，存在着对抗性的矛盾。因此，国家和工人阶级就在 1952 年发动五反运动，来打退资产阶级的这种猖狂进攻。五反运动是一场激烈的群众斗争。这一斗争，不但教育了工人群众和国家工作人员，而且教育了资产阶级分子。由于大多数资产阶级分子在这一次斗争中认识了五毒罪行对于祖国和人民的危害，认识到接受工人阶级领导和走上社会主义道路的必要，这就使国家对于资本主义工商业的社会主义改造，能够顺利进行，能够在以后采取更为温和的形式。

二

　　随着国家对资本主义工商业的社会主义改造的决定性的胜利，资本主义的生产方式在我国基本上已经不再存在，资产阶级基本上已经丧失了原来的物质基础，他们中的大多数人，在公私合营企业和国营企业中工作，他们正在向着自食其力的劳动人民转化，因此，这个阶级现在正处在消灭的过程中。但是，它还没有最后被消灭。毛泽东同志说得很清楚：一方面，资产阶级分子已经成为公私合营企业中的管理人员，正处在由剥削者变为自食其力的劳动者的转变过程中；另一方面，他们现在还在公私合营的企业中拿定息，这就是说，他们的剥削根子还没有脱离，他们同工人阶级的思想感情、生活习惯还有一个不小的距离。因此，我们断不能因为经济制度上的改变，断不能因为企业中资本主义生产关系根本上的改变，就认为这个阶级已经完全消灭，就认为资产阶级分子同劳动人民已经没有区别了。

如上所述，中国民族资产阶级是一个具有两面性的阶级，它的两面性是跟着中国革命的发展而变化的。毛泽东同志说：在资产阶级民主革命时期，它有革命性的一面，又有妥协性的一面。在社会主义革命时期，它有剥削工人阶级取得利润的一面，又有拥护宪法、愿意接受社会主义改造的一面。在社会主义改造高潮以后，由于资产阶级分子正在向着自食其力的劳动者转化，这就使他们有可能逐步地提高其对于社会主义的认识，并逐步地转向社会主义的立场。但是，由于他们还是剥削者，大多数人还未抛弃资本主义立场，还保留着资本主义的思想感情和生活习惯。因此，有不少人在被改造的过程中，对社会主义制度、对工人阶级和共产党的领导，经常发生抵触的情绪。有不少人从唯利是图的观点出发，认为资本主义有利润的刺激，而社会主义企业则缺乏这种动力；公私合营企业盈亏都是五厘定息，也没有动力。有不少人习惯于资本主义生产的无政府状态，可以为所欲为，因而对于把企业的生产经营纳入国家计划，感到不方便，感到讨厌。有的人反对公私合营企业的公方代表制度和企业的集体领导制度，认为这些制度是私方人员有职无权、不能发挥积极作用以及公私关系搞不好的根源。有的人痛恨五反运动，对工人阶级的领导，并不服气，对于从本企业职工提拔起来的公方代表，抵触更大。有的人只愿意听"资本家是财富"而不愿意听资本家需要本质上的改造，认为全行业合营之后，资产阶级已经没有两面性，因而就用不着改造了。其中有不少人，留恋着资本主义的生产方式，因而对于公私合营企业的经营管理，并不守职尽责；有的人甚至闹退出合营企业，退出合作社；或者利用公私合营企业去经营"地下工厂"、去投机套购；或者采用借支等办法抽走资金。社会主义改造高潮以后，资产阶级的这种两面性，在实质上，不仅反映资产阶级分子为公私合营企业服务的工作性质同他们的资本主义思想感情之间的矛盾，不仅反映企业的生产资料所有制的根本变化同资产阶级分子的资本主义思想意识之间的矛盾，而且深刻地反映了社会主义立场同资本主义立场两条道路之间的矛盾。

在社会主义革命以前，资本主义经济是国民经济的构成部分之一，它具有有利于国计民生和不利于国计民生的两面性。因此，党和国家对它采取利用其积极性、限制其消极性并逐步地将其改造为社会主义经济的政策。但是，在这一改造已经基本成功以后，在社会主义革命已经在生产资料所有制方面取得了决定性胜利以后，资本主义经济的积极性就不再存在，从而坚持资本主义立场就成为障碍社会生产力、使历史开倒车的反动立场了。这种情况使我们认识到：在生产资料所有制方面的社会主义革命之后，需要有一个政治战线上和思想战线上的社会主义革命。

在1956年实现了全行业的公私合营以后，由于资产阶级向国家和工人阶级交出了经济阵地，由于资本家生产资料所有制的内容起了根本的变化，由于资本家对工人的剥削基本上被限制在定息制度之内，由于资产阶级分子正在向着自食其力的劳动者转化，因此，有些同志（包括我在内）曾经设想：工人阶级同资产阶级之间的矛盾，从此以后，就失去了对抗性。这种看法是错误的。如上所述，资本家生产资料所有制的内容，在全行业实现公私合营以后，虽然起了变化，但是，资本家现在仍然在公私合营企业中拿定息、拿剥削收入，他们中的大多数人，基本上尚未抛弃资本主义立场，有一部分人甚至还坚持资本主义立场。这种情况，证明在高潮以后，说工人阶级同资产阶级之间的矛盾失去了对抗性，是不合事实的。正确的看法，应该是：工人阶级同资产阶级之间的矛盾，有对抗的一面，有非对抗的一面。毛泽东同志说："人民内部矛盾，在劳动人民之间来说，是非对抗性的；在被剥削阶级和剥削阶级之间来说，除了对抗性的一面以外，还有非对抗性的一面"。在我国今天，工人阶级同资产阶级间，矛盾的对抗性的一面，是以资产阶级的继续剥削，是以他们的继续坚持资本主义立场，作为根据的；矛盾的非对抗性的一面，是以资产阶级的倾向于接受共产党的领导，走社会主义道路，作为根据的。资产阶级本身的两面性和工人阶级同资产阶级之间矛盾的两面性，在社会主义改造的过程中，将逐步地起着变化，但是，在资产阶级最后被消灭以前，我认为这种情况，大体上是存在着的。

在1956年实现了全行业公私合营以后，我国政治形势发生了深刻的、根本性的变化。由于资产阶级分子已经丧失了原有的经济基础，由于他们中的大多数人，正在向着自食其力的劳动者转化，因此，改变自己的政治立场，来为社会主义服务，就成为他们一个极其严重的问题了。但是，在资产阶级分子中，对于这个问题所采取的态度是不相同的，因此，就引起了新的政治分野，就引起了左、中、右三种势力的重新改组。在资产阶级分子中，左派分子在政治上已经抛弃了资本主义立场，站稳了社会主义立场，坚决地拥护共产党的领导。可以说，左派分子在政治立场上是没有两面性的，他们同工人阶级之间，并不存在着对抗性的矛盾。现在资产阶级中的这种人，为数极少。资产阶级分子的大多数人是中间派，他们在社会主义同资本主义之间，政治立场的问题并没有解决，存在着相当大的动摇性。他们一方面在不同程度上，倾向于接受共产党领导，走社会主义道路；但是另一方面基本上还未抛弃资本主义立场，对资本主义还有不同程度的留恋，当右派分子猖狂进攻的时候，中间分子在不同程度上受到煽惑、蒙蔽，在不同程度上同情以至支持右派。中间分子同工人阶级之间的矛盾，在不同程度上，存在着非对抗的一面和对抗的一面。右派分子是资产阶级中一小部分坚持资本主义立场的人，他们从1956年下半年以来，特别在匈牙利事件发生以后，就逐步地开展其对党和国家的进攻，到了1957年5月党进行整风，他们就疯狂地到处点火。他们反对社会主义制度，反对共产党和人民政府关于社会经济的基本政策（如工业化、统购统销等），否定社会主义革命和社会主义建设的成就，而宣扬资本主义制度和资产阶级的剥削。他们反对无产阶级专政和民主集中制，反对共产党在国家政治生活中的领导地位，攻击反对帝国主义和肃清反革命的斗争，反对对资产阶级分子的改造。他们以反对社会主义和反对共产党为目的，进行分裂人民团结的各种阴谋活动，千方百计要把人民内部各种矛盾同阶级矛盾集中起来，扩大起来，企图在中国也出现一个像匈牙利事件那样的局面，企图资本主义在中国死灰复燃，企图使我国走半殖民地半封建社会的回头路。右派分子在政治立场上是没有两面性的，他们只有阴暗、反动的一面，他们集资产阶级反动性的大成。他们在全国六亿人口中，虽然只占一小撮，但是，"他们有财产，有知识，有一定的管理和组织能力，同国内外反动派有千丝万缕的联系，有进行政治斗争甚至武装斗争的经验"①。资产阶级右派分子的反动活动，说明国内工人阶级同资产阶级间的阶级斗争，还在继续；说明国内的社会主义和资本主义之间两条道路的斗争，在一个相当长的时期内，还存在着；说明资产阶级右派分子同人民、同工人阶级间的矛盾，已经不再是人民内部的矛盾，而是不可调和的、你死我活的、对抗性的敌我矛盾了。

　　1956 年全面公私合营的高潮，基本上解决了生产资料私有制的问题，但是仅仅解决生产资料所有制，社会主义革命还没有完全完成。毛泽东同志说，在我国，虽然社会主义改造，在所有制方面说来，已经基本完成，革命时期的大规模的急风暴雨式的群众阶级斗争，已经基本结束，但是，被推翻的地主买办阶级的残余，还是存在，资产阶级还是存在，小资产阶级刚刚在改造。阶级斗争并没有结束。无产阶级和资产阶级之间的阶级斗争，各派政治力量之间的阶级斗争，无产阶级和资产阶级之间在意识形态方面的阶级斗

---

① 陆定一：《我们同资产阶级右派的根本分歧》，《人民日报》1957 年 7 月 12 日。

争，还是长期的、曲折的，有时甚至很激烈的。无产阶级要按照自己的世界观改造世界，资产阶级也要按照自己的世界观改造世界。在这一方面，社会主义和资本主义之间，谁胜谁负的问题，还没有真正解决。"因此，除了在经济战线上要彻底完成社会主义革命以外，还必须在政治战线上和思想战线上进行彻底的社会主义革命。"①

为了巩固社会主义制度，为了在政治战线上和思想战线上彻底地解决社会主义同资本主义间"谁战胜谁"的问题，党和国家从1957年夏就在全国范围内发动人民群众进行反对资产阶级右派分子的斗争。反对右派分子斗争的重大任务之一，就是要在我们国家的一切方面，把无产阶级的领导，巩固地树立起来。资产阶级分子的全面整风，是以反对右派、破资本主义立场、立社会主义立场作为内容的。在反对右派分子斗争胜利的基础上、以左派分子和中间分子作为对象的一般整风，是人民内部的矛盾。对左派分子来说，整风就是要提高他们的政治觉悟，改进工作作风。对中间分子来说，整风就是要整掉他们的动摇性，教育他们明辨是非，决心抛弃资本主义立场，站稳社会主义立场。事实证明：资产阶级的中间分子，除了有些停滞不前以至向右转化的人以外，多数人经过这个波澜壮阔的整风教育，是能够向左转一步，为以后在政治上、思想上接受社会主义改造，打下有利的基础的。经过 1957 年的反右斗争和 1958 年初的一般整风，全国工商界在东风压倒西风的形势之下，在党和国家的十五年赶上并超过英国的号召鼓舞下，在全国工人和农民的生产"大跃进"的推动之下，也就掀起了一个新的改造高潮。这是资产阶级分子的带有群众性的自我改造的运动。在这运动中，资产阶级分子中的多数人，表示要在政治思想的改造上来个跃进。他们现在已经在互相挑战，表示愿意参加劳动，表示积极贡献

---

① 刘少奇：《在北京各界庆祝十月社会主义革命四十周年大会上的讲话》，《人民日报》1957 年 11 月 7 日。

才能参加生产"大跃进",积极为社会主义服务,争取在三五年内改变成为自食其力的劳动者。在我国的条件下,社会主义是大势所趋,是人心所向。大多数资产阶级分子在这个波澜壮阔的高潮中,政治上思想上的根本改造,是有可能跃进的。

要在政治上思想上改造资产阶级分子,断不能同劳动实践相隔离。如果离开劳动实践,则对他们的思想教育,就难于巩固。以企业为基地来改造资产阶级分子的特点,就是能够把对他们的思想教育和劳动实践相结合;就是能够把他们放在广大的工人群众的监督之下,在生产活动中,逐步同化于工人群众;就是能够在生产经营中,尽量地使用资产阶级分子来为社会主义服务。列宁曾经说过,仅仅战胜资产阶级是不够的,这只是事情中最不重要的一部分。做到这一点也不困难,问题是要借非共产主义者的手建设共产主义,其中包括资本家。直到现在,民族资产阶级是我国国内各阶级中比较有现代文化和技术,并拥有大批知识分子和各种专家的一个阶级。资产阶级分子的多数人是长期在企业中服务的。以企业为基地对他们进行改造,有利于使用他们的技术和经验,来为社会主义服务。

在解决了生产资料所有制的问题以后,我们必须依靠工人群众,通过劳动实践和思想教育,推动资产阶级分子的自我改造,促进资产阶级内部的分化,这样,我们就能够顺利地消灭资产阶级,使资产阶级分子逐步地变成真正的社会主义社会的公民。

三

对资本主义工商业进行社会主义改造,是我国过渡时期工人阶级和资产阶级之间的阶级斗争的一种新形式。这一阶级斗争,在性质上,是极其尖锐、极其激烈的。中国共产党七届四中全会的决议中早就指出:"把我国建设成为一个伟大的社会主义国家,这是一个比反对帝国主义、封建主义和官僚资本主义的革命更深刻更广泛的革命，包含着极其复杂尖锐的斗争"。历史告诉我们，垂死的剥削阶级从来是不会自愿退出历史舞台的。对资本主义工商业进行社会主义改造的目的，既然是要消灭资本主义的剥削制度，既然是要使资产阶级退出我国的历史舞台，那么，这个斗争，在性质上，就不能不是尖锐而激烈的。

但是，从我国过渡时期阶级斗争发展的趋势来看。能不能说，跟着社会主义建设的展开，跟着国家对资本主义工商业的社会主义改造的胜利，资产阶级的反抗，就越来越厉害，资产阶级和工人阶级间的阶级斗争，就越来越尖锐、越来越激烈呢？对于这个问题，我认为不能抽象地去理解，而是必须从我国的具体情况，从资产阶级的政治态度，从工人阶级和资产阶级的关系去理解的。

中国民族资产阶级在政治上和经济上原来就具有软弱性，中华人民共和国成立以后，由于工人阶级成为国家政权的领导阶级，由于工人群众的社会主义觉悟不断地提高，由于社会主义国营经济力量的不断壮大，因此，资产阶级对于国家和工人阶级的依赖性，越来越加显著。1956 年全行业实现了公私合营之后，资产阶级失去了经济基础，他们原来经营的企业，已经为国家所直接掌握，因此，他们在政治上和经济上的软弱性，就更加厉害了。这种情况，可以从国家对资本主义工商业的社会主义改造的发展过程来考察。对资产阶级分子的教育改造，在加工订货时期，较诸在公私合营时期，是较为困难的。在加工订货时期，当销路畅旺的时候，不少资本家公开抗拒国家给予他们的加工订货的任务；在接受了加工订货的任务以后，不少资本家从事偷工减料，以坏顶好，延期交货，甚至以抬高工资的办法，来挑拨落后工人与国营企业的关系。在这种情况之下，要对资本家进行思想上的教育改造，那是有困难的，那是受到各种条件的限制的。为什么是这个样子呢？因为在加工订货时期，企业的生产资料和经营管理的权力，操在资本家手里，这样，他们就能够以企业作为基地来同国家抗衡了。在实现公私合营以后，社会主义经济从企业外部进入企业内部，社会主义力量成为企业中的领导力量，资本家不复像过去一样，是企业的老板，而是在社会主义力量的领导下的工作人员。这样，他们要把企业作为基地来同国家抗衡，那就很有困难了。这种情况，再加上资产阶级内部的不断分化和因农业合作化的成功而使资产阶级陷于最后孤立等原因，工人阶级在政治上和经济上对于资产阶级已处于绝对压倒的优势，而资产阶级在政治上和经济上则处于绝对劣势的地位，他们对国家和工人阶级的抵抗力量，越来越加削弱了。资产阶级的抵抗力量既然跟着社会主义改造的胜利而日趋削弱，那么我国工人阶级同资产阶级之间阶级斗争的发展趋势，是不可能越来越尖锐、越来越激烈的。

我国过渡时期工人阶级同资产阶级间阶级斗争发展的趋势，如果是越来越尖锐、越来越激烈的话，那么，党和国家对资本主义工商业的和平改造，就会成为不可能的事情。因为阶级斗争越来越尖锐、越来越激烈的结果，工人阶级同资产阶级间的统一战线，总有一天是要破裂的。在那种情况之下，和平改造怎有可能呢？因此，那种无视中国的具体条件，认为我国过渡时期阶级斗争发展的趋势，越来越尖锐、越来越激烈的说法，是不符合中国的实际情况，是同党对资产阶级进行和平改造的政策相矛盾的。

但是，说我国过渡时期阶级斗争发展的趋势，不是越来越尖锐、越来越激烈，并不否定在经济战线上生产资料所有制方面的社会主义革命取得了决定性胜利之后，资产阶级同工人阶级之间还存在着阶级矛盾和阶级斗争。如上所述，1956年我国生产资料所有制的社会主义革命是一个巨大的变革，但是，资产阶级分子的剥削根子还没有脱离，他们中的大多数人，资本主义立场基本上还没有放弃，他们同工人阶级的思想感情、生活习惯，还有一个不小的距离。在他们中有一些人对于社会主义和共产党的领导，采取敌对的态度。1957年上半年资产阶级右派分子对社会主义和共产党的猖狂进攻，就是证明。右派的这种反动活动，在实质上就是国内工人阶级同资产阶级间阶级斗争的继续。曾经趋于缓和的国内阶级斗争，由于资产阶级右派分子的猖狂进攻，再一次地尖锐起来、激烈起来了。在反右派斗争和工商界整风运动以后，坚持资本主义立场的右派是被打垮了，但是资产阶级中，可能还有一些人，对资本主义还相当留恋，对社会主义和共产党的领导，还未心服。资产阶级中的某些人同工人阶级在某些问题上还会呈现不同程度的抵触和矛盾。社会主义同资本主义两条道路的斗争，还将继续在政治战线上和思想战线上反映出来。由此可见，在我国的历史条件下，在和平改造的条件下，阶级斗争发展的趋势，虽然不是越来越尖锐、越来越激烈，但是，这并不否定今后阶级斗争，还有可能在一定条件下，重新尖锐化；这并不否定工人阶级同资产阶级间的斗争，还是一个相当长期的时有起伏的，有时甚至是很尖锐、很激烈的斗争。这种斗争将在今后若干年内反复发生。跟着社会主义革命的深入和社会主义建设的发展，我国工人阶级同资产阶级间的斗争，将在这样的波澜起伏的形式之下，逐步地趋于减弱以至消灭。

由于外国帝国主义的存在，由于国内反革命势力尚未最后消灭，由于阶级矛盾包含着人民内部矛盾和敌我矛盾两个内容，这种情况证明我国过渡时期阶级矛盾的复杂性；这种情况要求我们在"处理人民内部矛盾的时候，绝不能无视还有阶级斗争的存在，也不能无视还有敌我矛盾的存在，巩固社会主义革命的成果，继续进行和彻底完成社会主义改造，还是我们一项重要的任务"①。

（原载《学术研究》1958 年第 3 期）

---

① 周恩来于 1957 年 6 月 26 日在第一届全国人民代表大会第四次会议上的政府工作报告。

《中国资本主义发展史》总序

一

《中国资本主义发展史》第一卷终于和读者见面了。

提起这部书，首先，使人深深地怀念我们敬爱的周总理。

那是在 1960 年春，我参加了周恩来同志在广东从化召开的政治经济学学习班，这次学习班的主要任务是认识社会主义生产和社会主义建设的规律，同时，也讨论到政治经济学中国化的问题。2月末，学习班快结束的时候，周恩来同志提出应该编写一部《中国资本主义发展史》，并把这个任务交给了我。他说："政治经济学中国化，是我们必须解决的问题。政治经济学中国化就是马克思主义普遍真理同中国实际的结合。我们现在的政治经济学在论述资本主义生产方式时，几乎都是以欧美特别是以英国的材料作为根据，看不见中国资本主义经济的实际情况，当然也就谈不上马克思主义政治经济学的中国化。现在，中国资本主义工商业的改造已经完成，我们有条件对它作一个历史的总结。这本书如写得好，对学习马克思主义政治经济学有帮助，对中国青年的教育有重要意义。"

周恩来同志的提示，实际是执行毛主席的指示和心愿。早在1942 年，毛泽东同志曾经指出，特别是在经济理论方面，中国资本主义的发展，从鸦片战争到现在，已经一百年了，但是还没有产生一本合乎中国经济发展的实际的、真正科学的理论书。1960 年，毛泽东同志在政治经济学的读书笔记中又说："很有必要写出一部中国资本主义发展史。"

据我所知，关于中国资本主义发展史，日本人长野郎曾写过一本；而中国人却还没有写过，实在有些说不过去。

那时候，我在负责中央工商行政管理局的工作；而改造资本主义工商业的行政管理工作，正是工商局的主要业务。社会主义改造基本完成后，承孙冶方同志的热心支持，由中国科学院经济研究所（冶方同志当时是所长）和中央工商行政管理局共同组织了一个"资本主义经济社会主义改造研究室"，人员都是工商局的，编制在经济所。我从广东回来后，就把编写《中国资本主义发展史》的具体工作交给了这个研究室。现在，参加本书工作的吴承明、方卓芬、方行、胡铁文、汪士信、黄如桐、王水、石奇、简锐、郭太炎诸同志，都是当时工商局的成员；只有吴太昌同志是1980年参加的。

工作的第一步是收集、整理资料。资本主义工商业的社会主义改造基本完成了，软弱的中国资产阶级却没有给我们留下应有的记载。这也是中国资本主义发展史迟迟没有人入手的原因之一。为此，在1958年，中央工商行政管理局和中国科学院经济研究所拟定了一个《资本主义经济社会主义改造研究工作五年规划（草案）》，它首先就是一个收集、整理资本主义行业、企业历史资料的规划。同时，经中央宣传部和中央统战部发文给有关单位，要求有关党委领导支持这一工作。随即在十来个资本主义企业比较集中的城市，以工商行政管理局和科研单位为主，成立资料班子，吸收工商联和老工商业者参加。其中上海、武汉、广州、重庆、青岛、哈尔滨等地都是比较有成绩的，陆续收集和整理出一批行业、企业的史料，其中有八部已由中华书局出版了。

我想重复一句，在这个工作中，许多老工商业者提供他们的亲身经历和见解，有的还搬出多年老账册和文契，他们是有贡献的。现在，在上海社会科学院经济研究所领导下，还有十部工商行业史

这是《中国资本主义发展史》的一项准备工作，也是它的一个副产品。这本书是注重在理论方面的，把它先行出版，用来听取读者和理论界对我们观点的批评和反映。接着，我们改写了《中国资本主义工商业的社会主义改造》一书（该书原有 1962 年的一个版本），于 1978 年由人民出版社出版。这本书则是我们心目中把它作为《中国资本主义发展史》最后一卷的内容的，先行出版，也是为了求得读者的意见。

这时候，我已担任中国社会科学院经济研究所的所长。本书原来的工作班子也于 1978 年转入经济所。《中国资本主义发展史》也就成为经济所的重点科研项目之一。

《中国资本主义发展史》进入编写阶段，这却不是我们几个人所能胜任的。我们展开了协作。这项工作得到了上海社会科学院的黄逸峰、蔡北华、孙怀仁等同志，和南开大学滕维藻、谷书堂等同志的赞助和热情支持。决定由上海、天津和我们三方面共同完成周恩来同志这个遗愿。上海社会科学院经济研究所有蒋立、徐新吾、唐传泗、陈正炎、徐雪筠、汝仁、黄婉兰七位同志参加编写。南开经济研究所有丁世洵、刘佛丁、朱秀琴、丁长清四位同志参加编写。他们很多是多年研究中国近代经济史的学者，并编辑过大量经济史资料。他们主要是担任本书第二卷和第三卷的部分章节。南开经济研究所副所长丁世洵同志，不幸于 1981 年因病去世，竟看不到本书的出版！我们对于这位认真负责、谨严纯朴的学者，表示无限的哀思和怀念！

按照规划，本书分为三卷：第一卷是《中国资本主义的萌芽》，写到 1840 年为止。第二卷是《旧民主主义革命时期的中国资本主义》，断代自 1840 年至 1919 年。第三卷是《新民主主义革命时期的中国资本主义》，断代自 1920 年至 1949 年。这是按照中国近代史的一般分期办法，对于写经济史来说并不十分合适。不过，此外也没有什么更好的分期标准；因此，我们打算在各卷的衔接上不拘泥于时限，使每卷仍能独立成书，事实上，它们也不能同时出版的。

在上述三方面的协作下，本书前三卷是同时展开编写工作的。不过，我们还是按顺序集中力量。现在出版的仅是第一卷；第二、第三卷准备在今后两三年内陆续完成。

以上就是本书的编写经过。

二

《中国资本主义发展史》是一部历史书，它的要求，自然是如实地反映中国资本主义发生、发展的历史过程。但是，正如周恩来同志所说，它应是一个"历史的总结"。我们认为这种总结应有它的政治意义和理论意义，而这也就是我们编写本书的应有的目的。

资本主义，仅是近代中国社会的一种经济成分，而且不是占统治地位的经济成分。但是，它对于鸦片战争后百年来的中国历史，对于"中国向何处去"，有着重要的意义。毛泽东同志在论述这个问题时说过，帝国主义侵略中国，反对中国独立，反对中国发展资本主义的历史，就是中国的近代史。

从一定意义上说，中国资本主义的发展和不发展，决定着中国革命所走过的道路。显然，如果没有资本主义的一定的发展，没有中国资产阶级和中国无产阶级，就不会有鸦片战争以来资产阶级领导的旧民主主义革命，也不会有五四运动以来无产阶级领导的新民主主义革命。可是，如果中国资本主义有了充分的发展，革命也就不会是那样的曲折，甚至也不一定是走农村包围城市的道路。我国社会主义革命的道路，即中华人民共和国成立后从新民主主义向社会主义的转变，也是这样。没有资本主义所创造的社会化大生产，向社会主义过渡是不可能的。同时，如果中国原来是个发达的资本主义社会，过渡又将是另一种道路、另一种方式了。

毛泽东同志说过，只有认清中国社会的性质，才能认清中国革命的对象、中国革命的任务、中国革命的动力、中国革命的性质、中国革命的前途和转变。资本主义在近代中国社会中并不占统治地位，但它的发展状况如何，对于认清中国社会的性质却极为重要。不用说，那些企图走欧美工业化老路的资产阶级理论家，以及抗日战争后提出"第三条道路"的民主论者，曾经对中国资本主义的发展有过幻想式的估计，即在号称"左"派的革命者中，也曾用臆断代替考察，来评价中国的资本主义，以至陷入反革命营垒去了。在第一次国内革命战争失败后，曾有一场关于中国社会性质的论战；稍后，在土地革命战争中，又有一场关于中国农村社会性质的论战。两场论战都是由当时占有一定势力的中国托洛茨基分子挑起的，而他们的论点都集中在这样一种对中国资本主义的评价上，即：中国资本主义同侵入中国的外国资本主义是一丘之貉，因而，"中国在世界范围内已经发展到资本主义国家了"，中国农村也是"资本主义占优势，土地所有形态已被资本制生产屈服了"。这就从根本上取消了民主革命的任务，也取消了土地革命斗争。马克思主义者彻底批判了这些谬论，中国共产党领导的新民主主义革命才得以顺利进行。

中国共产党领导的中国革命，经历了长期的武装斗争，经过了曲折的道路。在长期的斗争中，共产党人也犯过各种错误，招致失败和损失。而其中几次重大的错误，从陈独秀的右倾机会主义错误到后来多次反复的"左"倾机会主义错误，又都是和对中国资本主义的认识分不开的，并集中表现在对中国资产阶级的态度上。毛泽东同志说过，当我们党的政治路线是正确地处理同资产阶级建立统一战线或被迫着分裂统一战线的问题时，我们党的发展、巩固和布尔什维克化就前进一步；而如果是不正确地处理同资产阶级的关系时，我们党的发展、巩固和布尔什维克化就会要后退一步。

新民主主义革命胜利后，在向社会主义过渡中，资本主义仍然是一个重要问题。显然，要想正确对待外国资本、官僚资本和民族资本，都只有确切掌握它们发展的状况，才能提出正确决策并顺利实行。我国和平改造资本主义工商业的伟大胜利曾使世界人士惊异，而要探讨这一社会主义改造过程以及国家资本主义、对资产阶级的赎买等一系列政策，也都需要对中国资本主义的发展有明晰的观点和分析。

中国革命胜利了，中国资本主义也消灭了，中国已进入社会主义。但是，正像我们不能割断历史一样，社会主义也并不是与资本主义绝缘的。事实上，我们在社会主义建设中的一些失误，尤其是在"十年动乱"中发生的严重错误，在不少问题上，都是和对中国资本主义和资产阶级的认识分不开的。这种错误的认识，正是造成"左"倾路线的诸种原因之一。

可以看出，一部比较翔实的中国资本主义发展史，对于总结中国革命、总结革命的经验和教训，是十分重要的。因为经济毕竟是基础，对经济状况认识得愈清楚，社会和上层建筑问题也就愈能得到说明。这就是我们编写本书所应有的政治目的。

周恩来同志说：我们这本书如写得好，"对学习马克思主义政治经济学有帮助"，这就是本书的理论意义。我认为，编写本书的另一目的，就是为广义政治经济学准备材料和基础。

马克思主义的政治经济学是广义政治经济学。恩格斯在《反杜林论》中说："政治经济学作为一门研究人类各种社会进行生产和交换并相应地进行产品分配的条件和形式的科学，——这样广义的政治经济学尚有待于创造。"①

马克思主义政治经济学最初是从批判资产阶级经济学开始的。不过，恩格斯说："要对资产阶级经济学全面地进行这样的批判，只知道资本主义的生产、交换和分配的形式是不够的。对于发生在这些形式之前的或者在比较不发达的国家内和这些形式同时并存的那些形式，同样必须加以研究和比较，至少是概括地加以研究和比较。"②

---

① 《马克思恩格斯选集》第三卷，人民出版社 1972 年版，第 189 页。
② 同上书，第 190 页。

政治经济学是历史科学。广义政治经济学是从更广泛的历史上，研究人类社会相继发生的各种经济形态。广义政治经济学至少要包括在三个研究领域，即前资本主义部分，资本主义（帝国主义）部分，社会主义（共产主义）部分。至于那些"比较不发达的国家"的几种经济成分并存的经济，虽然不是一种单独的社会经济形态，在广义政治经济学中仍有重要意义。正是在这种经济中，生活着最大多数的人民，以至这种不发达本身就形成一个"世界"。在这种经济中，有前资本主义的生产关系，也有资本主义的生产关系，并常会有一些条件使它们能较早地过渡到社会主义的生产关系。对于这种经济的研究，必然会大大丰富了广义政治经济学的上述三个领域；上述三个领域的政治经济学，缺少这一部分的研究，也将会是不完整的。

政治经济学是用科学抽象的方法研究社会经济关系的，它研究的是社会经济形态或生产方式一般的规律。但是，一般只能存在于个别之中，只能从丰富多彩的众多个别中抽象出来。政治经济学作为一种历史科学，是以人类的历史，尤其是经济史，作为研究基础的。这个基础愈丰富，政治经济学的结论愈准确。政治经济学虽是研究社会经济形态或生产方式一般规律，却不是说它的内容是一成不变的。人类的历史，人们对于过去历史的认识，都是不断发展的；政治经济学的内容，也是不断发展的。又由于人类社会的复杂性，不同时代，不同国家或民族，所形成的政治经济学，也必然有其各时代的和各民族的特点。这也是广义政治经济学的一个含义。广义政治经济学并不是要把政治经济学规定成为一个格局，一个公式。毛泽东同志说，要产生一本合乎中国经济发展的实际的、真正科学的理论书，要有中国作风和中国气派，对于政治经济学来说，也是这样。现在我们在社会主义政治经济学的研究上，就是走着这条道路；对于前资本主义的和资本主义的政治经济学，也应如此。

我在1947—1949年执笔而在1950年出版的三卷本《广义政治经济学》，就是在毛泽东同志上述指示下的一个尝试。该书把旧中国的半殖民地半封建经济，作为第二卷研究对象的一个部分；那时中国的社会主义经济，还刚在创建中。这部书不仅体系不全，而且有不少错误。现在我正在进行全面改写。广义政治经济学应该采用什么样的体系，是需要考虑的问题；但是，像近代中国这样的有一百年历史的半殖民地半封建经济，应该做专门的理论研究，则是毫无疑义的。

中国资本主义是半殖民地半封建中国的一种经济成分，它发展微弱，历史也不长。但是，我们同样看到它的原始积累、资本积聚以至国家垄断资本主义诸过程；同样看到资本主义剩余价值规律、资本积累规律的作用。这些过程和规律的作用，又都具有中国的或者说半殖民地半封建的特征。并且，从所有制（帝国主义资本、官僚资本、民族资本）到生产、流通、分配，都有它的中国特殊内容。这是不可能从已有的经济学说，或者别国的经验中得到的。《中国资本主义发展史》首先就是提供这种经济实际，为政治经济学的资本主义部分准备理论研究的基础。周恩来同志在广东从化交办这一任务时指出："要写出中国化的政治经济学（资本主义部分），如果没有完整的中国资本主义发展史的著作，那是不可能的。"

中国资本主义的历史并不长，毋宁说是短命的。这种情况，正反映了它的一个特点。本书是从中国资本主义的萌芽开始的。在第一卷中，所考察的实际是从明代到清代的中国封建社会，是从封建社会生产力和生产关系的演变中，来发掘那些微弱的、发展十分缓慢的资本主义生产关系的萌芽。本书是以资本主义生产关系的社会主义改造作结束的。这种改造，在世界史上具有首创性。而那是在人民民主专政的政权下，在强大的社会主义国营经济的领导下进行的。因而本书的第四卷，又是属于社会主义经济史、属于过渡时期经济史的范畴的。因此，本书又是在所讨论的学科范围内，为中国化的政治经济学的封建主义部分和社会主义部分服务，为这两部分的理论研究提供某些内容。

　　人的正确认识来自社会实践，科学的抽象也必须以实践为基础，并且，人们的抽象力也是从实践中锻炼出来的。中国资本主义虽然历史不长，但它从头到尾，是经过中国革命（从鸦片战争算起）的实践检验过的。我们这一代人，如果从鸦片战争后开始建立近代资本主义企业算起，都是经历过或看到过它至少一半的实践过程的。从一方面说，这是今天编写本书的良好条件；另一方面，也给我们提出更高的要求，鞭策我们，要尽可能把经过实践检验的实际知识，贡献给读者，贡献给研究广义政治经济学的学者。

　　对于任何经济现象，以至所有经济现象，只有从它的产生、发展和灭亡的全过程去考察，才会有全面的正确的认识。历史的东西与逻辑的东西的一致性，正在于此。中国资本主义虽然并不发达，它却是经历了这样一个全过程。这一方面说明本书对于政治经济学研究的重要性；另一方面，同样是向我们提出更高的要求。这个要求，概括起来，就是周恩来同志所说的，要给它作一个"历史的总结"。

三

　　关于本书内容的设计，我们曾讨论过三个问题，下面分别作些介绍。

（一）基础和上层建筑

　　一部完整的资本主义发展史，应当是包括资本主义经济、资产阶级、资本主义意识形态这三个方面的历史。我们最初曾打算这样写的。我从20世纪40年代初期起，就同资本家打交道，后来长期从事对工商界的统战工作，对资产阶级的代表人物，颇为熟悉。工商行政管理局的同志，在对资本主义工商业的社会主义改造工作中处理阶级关系问题，也积累有不少的经验。但是，当我们试图把政治和经济写在一起时，却感到十分困难。这在一篇论文中比较好办，作为一部篇幅较大的书，则除非各自独立成卷，是很难构成体系的；而各自独立成卷，又分别是政治史和经济史了。意识形态更是一个专门领域，涉及文化的许多方面，我们也感到力所未逮。这里，我们体会到学术研究分科的意义。毛泽东同志说过，对于近百年的中国史，应聚集人材，分工合作地去做……应先作经济史、政治史、军事史、文化史几个部门的分析的研究，然后才有可能作综合的研究。而所谓"综合的研究"，恐怕也是要经过一定的抽象，找出相互关系和共同规律，而不是把各种史编辑在一起。所以，最后我们还是决定把它写成一部经济史。

但是，并不是说就不去注意阶级和阶级斗争。作为一部经济史，本书还是比较重视写资产阶级以至他们的思想的。但不是作为政治史和思想史来写，而是结合资本主义经济的发展，有重点地来处理。主要有以下几个重点。

第一，写中国资本主义的发展史，没法不同资产阶级的代表性人物发生关系。马克思多次指出：商品、资本本来是在物的掩盖下的人的关系。从司马迁起，写人物就是中国史学的优良传统。但近代史学，尤其是经济史，似乎丢掉了这个优良传统；一个时期，甚至讳言人物，以免遭为资本家"树碑立传"之祸。我们打算改变一下风气。当然，我们不是为写人而写人，这里涉及的人，只是经济范畴的人格化。限于篇幅，只能是某个经济范畴的代表人物，又只能是少数几个经济范畴的代表人物。

第二，我们把中国资产阶级在辛亥革命以前的政治活动和他们的经济思想，作为一个重点。这倒不仅因为他们是第一代，而是借此分析中国近代产业的资本来源，说明我国原始积累和剩余价值资本化的历程。也因为这一时期中国产业的发展，是在资产阶级革命运动的推动下进行的，他们政治活动的缺点也正是产业资本的弱点。这时期产业资本的发展，代表一定的自由资本主义的道路；而以后的历史，就不是这样了。

第三，关于工人阶级和资产阶级的关系，我们把重点放在生产关系上，在分析资本主义生产关系时作横断面的剖视，包括雇佣劳动制度、剥削关系、暴力统治、工人阶级贫困化等。资本家对农民和其他小生产者的剥削，也是中国资本主义的一个重要特征。但是，对于工人阶级本身、罢工斗争、无产阶级革命运动等，则除作背景提到外，不能多说；因为一讲下去，便成中国革命史了。

第四，中国资本主义的灭亡，无论是对官僚资本的没收，或是对民族资本的改造，都是一场严重的、尽管是特殊形式的阶级斗争，而其中又包括敌我矛盾、人民内部矛盾，以至工人阶级和资产阶级的联盟与合作。这种复杂的阶级关系和相应的意识形态领域的斗争，都是本书的重点。

（二）生产力和生产关系

20 世纪 50 年代，在关于经济史研究的对象的讨论中，曾有一种意见，认为经济史研究的对象是生产关系，不包括生产力。或者说，经济史是"研究生产关系递变的科学"，而生产力只是一种条件。这显然是受当时苏联某些学者的经济理论的影响。我们认为，这是不妥当的。生产力对生产关系起决定作用，并不仅是一种"条件"。马克思说："手推磨产生的是封建主为首的社会，蒸汽磨产生的是工业资本家为首的社会。"① 不讲生产力，生产关系也就无规律可言了。

不讲生产力，经济史就变成抽象的历史，变成社会发展史。在20 世纪 30 年代关于中国社会性质的论战中，有些学者就是从社会史的角度出发，或者用社会发展的一般规律来论证，往往缺乏说服力。其实，就是社会发展史，也是要研究生产力的。恩格斯的《家庭、私有制和国家的起源》等著作就是最好的范例。例如，我们讲石器时代、铜器时代、铁器时代，实际上也就是经济史。各种经济时代的区别，不在于生产什么，而在于怎样生产，用什么劳动资料生产。政治经济学是研究生产关系的，但也离不开生产力。《资本论》在考察绝对剩余价值和相对剩余价值的生产时，就做了

① 《马克思恩格斯选集》第一卷，人民出版社 1972 年版，第 108 页。

大量生产力的分析。今天，我们在研究社会主义的政治经济学中，对此感触尤深。因为前一个时期，我们在处理生产关系问题上的一些失误，特别是在农业方面，就常是由于忽视了生产力的实况所致。

西方经济史学者一般是重视生产力的，甚至专以生产力作为研究对象。例如，有人说，经济史是研究"人们过去如何从事生产、分配、劳动诸问题，又要用不同方法测定其上述活动的相对效率"。（美国经济史学会主席 Ralph W. Hidy） 近年来兴起的发展经济学和经济成长理论，也都是研究生产力的。他们注意资源和劳动力的利用，注意科学技术的发展，以及用计最方法研究各时期的生产效率，这是可取的。然而，他们的研究是以资本主义生产关系作为永久存在为前提的，其目的是掩盖私有制生产关系的矛盾。把资本主义生产关系作为永久存在的前提，忽视生产关系的变化，在历史问题上也会得出荒谬的结论。西方研究中国近代经济史的学者，常常按照资本主义社会来处理中国近代经济，以至把封建地租看成利润，把我国的小农经营说成是"家庭资本主义"等；更不用说他们否定帝国主义侵略，否定殖民地经济的一面了。

我们认为，经济史既要研究生产关系，又要研究生产力。生产关系一定要适合生产力的性质。反映这两者的适合或不适合，就是经济史的全部内容。

我们在本书中，是比较重视生产力的论述的，这也是因为前一时期的经济史著作太不注意这一方面了。当然，困难是很大的，主要是缺乏资料，尤其是技术资料和统计资料，我们只能尽力而为。

我们在研究中，希望尽可能地对于旧中国资本主义生产力发展的水平，提供一些具体内容，并对生产力发展的速度，作出某些估量。在帝国主义的侵略和封建主义的限制下，生产力水平十分低下，这是近代中国经济落后的根本原因，也是中国资本主义经济的殖民地性和生产关系上许多特殊现象的一个重要因素。从生产力的研究上，可以解释生产关系上许多消极的特征。这种生产关系，又反过来阻碍着生产力水平的提高。另外，我们也注意生产力变化对于生产关系的积极作用；尽管这种作用很微弱，作为历史借鉴，仍是重要的。例如，我们发现，在明清两代，凡是有资本主义萌芽的手工行业，原来它们的生产力都有一定的发展，乃至技术上有相当的改进，起码是工艺学上的改进。经过较大量的考察，我们知道在中国近代工业的建立中，同样存在着资本主义发展三阶段的现象。尤其是工场手工业这一形式，在 20 世纪初有迅速的发展，并有不少重要行业由工场手工业向机器生产过渡：只是没有像西欧那样，有一个长达两个多世纪的工场手工业时期而已。我们还发现，在 20 世纪 30 年代经济危机中，有些行业，通过技术改革，扩大相对剩余价值生产的情况，同样是存在的，其提高劳动生产率的效果，甚至可达到外商工厂水平；只是限于少数企业、范围甚狭而已。

（三）外国资本、官僚资本、民族资本

本书所称资本主义，包括官僚资本、民族资本、也包括外国在中国的资本。这里发生两个问题：一是把帝国主义在中国的投资也作为中国资本主义的一种资本形态，写入中国资本主义发展史，是否恰当？二是官僚资本究竟包括哪些类型，它的性质如何，又怎样和民族资本划分？下面我分别作些说明。

第一个问题，把外国资本作为中国资本主义的一种资本形态，我们以为这是由中国半殖民地半封建的经济特点所决定的，也是历史决定的。

早期的外国资本是一种殖民主义制度。西方人在殖民地开金矿、办种植园、从事黑奴贸易和海盗行径，目的是攫取黄金。重商主义认为金银是财富的唯一形态，在早期，商品输出还不是主要的，更谈不上资本输出。直到 19 世纪 60 年代，西方还没有任何商品能在中国畅销（鸦片除外），对华贸易一直处于逆差。许多洋行，它们在本国并无资本，而是从战争、掠夺、鸦片贩卖和苦力贸易、投机冒险中，在中国取得原始积累，又投资在中国经营的。恰和、宝顺、旗昌、沙逊、美查等大洋行都是这样起家的。正如汇丰银行在它50周年时所说："就汇丰来说，中国是它的家。它在此地诞生，……它也在此地成长。它的根是寄生在中国的土壤，而不是在英国的土壤。"

19世纪末期，随着外国商品的大量输入，在华的外资企业具有了为外国产业资本服务的职能资本的性质，它们创办的船舶修造厂、茶厂、丝厂等也是为商品贸易服务的。20世纪以后，它们又渐具有了资本输出的性质，新开的洋行、银行，有些已是外国托拉斯在中国的分支机构；并出现国际银行团，以债券形式输出资本和修建铁路。但是，即使在这个时候，资本输出仍然是很有限的。所谓外国资本，大部分仍然是在中国国土上聚集起来的，包括买办的资金和"附股"，在中国发行股票和债券，在中国吸收存款和发钞票，以至直接掠夺矿产和土地等。当日本在中国大举投资时，它本身还是个资本输入国；1913年，它在中国的直接投资有四亿余元，约相当于它从中国获取的战争赔款加利息。

外国资本长期垄断着中国的进出口贸易，并通过买办的商业网，控制着我国市场。外国银行垄断着中国的外汇，并以雄厚的财力，操纵中国的货币和金融市场。在铁路和轮船运输上，外国资本占有85%左右的比重。它们在工矿业的投资并不多，但很集中，掌握了主要资源和能源。外国资本和中国资本的关系，以经济上看，实际是一个市场上垄断资本和中小资本的关系。两者是互相对立、又互相依存的矛盾统一体。它们互相竞争，矛盾尖锐，以致你死我活；这是资本的本性。同时，它们又互相依存。民族工业在技术设备、动力和若干原材料上依存于外商，有些就是专为外商加工或为推销外商商品而开设的。外商企业，如果没有众多的华商为它服务和推销商品，也不能单独存在。至于官僚资本，它和外国资本的关系就更密切了。

因此，我们认为，外国资本的存在，不仅是民族资本发展的一个外部条件，同时又是中国资本主义经济的一个内部因素。事实上，直到抗日战争前，外国资本都占最大比重，它是中国资本主义经济中最集中的、最具有垄断性的部分。我们在研究中国社会的性质时，在考察阶级关系时，显然不能把它排除在外。从历史的角度看，更是这样，如把它排除在外，就不能说明中国资本主义发展的道路了。

顺便谈及："九一八"以后，东北成为日本帝国主义的殖民地；"七七事变"以后，广大华北和华中又成为日帝占领区。过去的经济史论述，也常把这些地区抛开，或仅略提及。这倒也不都是因为那里主要是外资，恐怕主要还是因为缺乏资料。我们自然也遇到这个困难。不过，我们认为这种殖民地区的经济形态是绝不能忽视的，我们打算专门收集一下这方面的资料，并在第三卷中以专节论述。

第二个问题，官僚资本，这是近年来争论较多的一个问题，在苏联和日本的学者中也有讨论，讨论又集中在它的范围、性质和作用上。这里只能简略介绍我们的基本观点，详细内容将在本书有关章节中论证。

官僚资本对这个名称出现较晚，最早见于瞿秋白同志 1932 年所写的《中国之资产阶级的发展》，指早期的官办、官督商办等企业。这一名称的盛行，是在 1941 年以后，那是以国民党大官僚在抗日战争中搜刮民财、垄断工商业的事情。党在重庆的机关报《新华日报》多次在社论和专论中，揭批这种资本；其他进步的和中间的报刊，也揭批这种资本，弄得家喻户晓。1945 年，毛泽东同志在《论联合政府》报告中就指出，官僚资本，亦即大地主、大银行家、大买办的资本；1947 年在论述新民主主义革命三大经济纲领中关于没收蒋宋孔陈四大家族垄断资本时进一步指出，这个垄断资本主义，同外国帝国主义、本国地主阶级和旧式富农密切结合着，成为买办的、封建的国家垄断资本主义；又说，这个资本，在中国的通俗名称，叫做官僚资本。

官僚资本是个通俗名称，原义并不明确。但已为群众所接受，并因而用于党的正式文献（如《中国人民解放军宣言》《共同纲领》)。因此，我们以为可以用它来概括中国资本主义发展史中一个特定的范围，即从清政府的官办、官督商办企业到国民党国家垄断资本这一资本主义体系；而它的实质，用政治经济学的术语来说，就是在这些不同政权下的国家资本主义。

近代国家资本主义是指资本主义发展到垄断阶段后，国家通过资本手段干预国民生产的两种形式，即：（1）国家通过信贷、补贴、减税、加工订货、收购产品等手段调节经济；（2）国家投资或与私人合资经营企业。但是，作为广义政治经济学的一个范畴，其含义并不指此。列宁指出，国家资本主义的性质决定于国家政权的性质，有资产阶级国家的国家资本主义，有无产阶级国家的国家资本主义。我们还可以看到，在第三世界，有些国家基本上还是封建政权，它们实行租让制，或与外国资本家合办企业，也是一种国家资本主义。清政府与法国资本家合营云南矿业公司（后因帝国主义瓜分中国矿权而中止），也属此类。可见，国家资本主义因政权性质不同，有不同的性质，但它们仍有共性，即国家通过资本手段或运用资本形式，从事经济活动。

我们用官僚资本这一名称来概括从洋务派企业到国民党国家垄断资本这一经济体系，并不是说它们的性质完全相同。清政府是个完全的封建政权，但洋务派企业，根据我们的分析，它的资金来源基本上已不属于封建积累（地租的转化形态），而具有资本的原始积累的性质。但是，这种企业的封建官营工业的烙印还很浓，只能说是国家资本主义的雏形。北洋政府是帝国主义卵翼下的政权，它的官营企业也具有比较完整意义的半殖民地半封建国家的国家资本主义的性质，并奠定了以金融资本为中心来扩张经济势力的道路；但是它还不具备垄断条件。国民党政府沿着这条道路，从金融控制到产业垄断，扩张它的官僚资本，并于抗日战争后，发展到它的最高阶段，也是最后阶段，即买办的、封建的国家垄断资本主义。

我们对于这个问题的处理，是受恩格斯的启发，采取这样一种观点，即：一切经济现象都是一个过程，有它的继承性和发展阶段性。19 世纪，正是西方资本主义要按照自己的面貌改造世界，中国受到剧烈的冲击，资本主义的发展成为不可避免的。它怎样发展呢？走了两条道路。一条是继承封建官营工业而来的洋务派企业，即官僚资本主义的道路。它经历了一个三阶段的过程，发展到最高阶段，即国家垄断资本主义。而它，又成为"实现社会主义的一个或一些步骤"①，经过革命，转化为社会主义。另一条道路是继承明清以来的资本主义萌芽而来的民间企业，即民族资本主义的道路。它也经历了初步发展、进一步发展等阶段，而最后进入困境。这种困境又成为它后来接受社会主义改造的条件之一。

必须指出的是：虽然我们认为中国资本主义的发展自始就有官僚资本和民族资本两个体系，但并非所有的资本都是"非此即彼"，都可以划归这个或那个体系。有一部分民族资本的企业是接受了官僚资本的投资的，可以说是一种两者合营的企业，是"亦此亦彼"的东西。有很大部分资本，尤其是非产业资本，并无明显的特征，它们是中间性的；或者从它们作为一种职能资本来看，也可以说是"亦此亦彼"的东西。还有一部分资本，是在运动过程中分化，或者互相转化，而改变或者消失了它们原来的特征。这是事物本身的复杂性、运动性和对立统一规律所决定的。在本书中，我们并不去一一区别每家企业是官僚资本或民族资本，不去寻找这种形而上学的烦恼。只在必要时，例如在比较官僚资本和民族资本投资的比重时，才作一些计算，但也限于计算产业资本。

四

关于本书的方法问题，我想谈以下三点。

（一）马克思列宁主义和毛泽东思想的指导

马克思列宁主义和毛泽东思想是我们研究和写作中不可须臾脱

---

① 《列宁选集》第三卷，人民出版社 1972 年版，第 162 页。

离的指导思想。马克思、恩格斯创立的哲学，即辩证唯物主义和历史唯物主义，是自然界和人类历史的科学总结，因而是唯一的正确的历史观和方法论，离开它，就会陷入唯心史观和形而上学的泥潭。马克思、恩格斯、列宁关于前资本主义、资本主义和帝国主义，以及关于殖民地半殖民地的经济理论，即它们创立的广义政治经济学，是从人类具体社会中抽象出来的，是经过实践检验了的。以毛泽东同志为主要代表的中国共产党人，把马克思列宁主义的普遍原理同中国革命的具体实践结合起来，创立了毛泽东思想。毛泽东思想是马克思列宁主义在中国的实践和发展，也是经过中国革命和建设证明了的。毛泽东同志关于中国半殖民地半封建社会的理论，关于中国近代史和革命史的论述，关于民族资本和官僚资本的分析，关于资本主义经济实现社会主义改造的理论，丰富了马克思主义理论宝库，都是编写本书的理论和方法的指导。

我们把马克思列宁主义和毛泽东思想作为本书的历史观和方法论，并不是说，要固定这些经典作家对于某些社会经济或历史所作的论断，也不是说必须遵循他们根据这些论断所总结出来的原则，或根据这些原则去立论。原则，以至规律，是和立场、观点、方法有区别的。原则和绝大部分规律（包括自然规律）都是在一定条件下适用，而在其他条件下就不适用。我们研究历史，只能以历史事实为根据，只能用历史唯物主义的立场、观点、方法，从历史实际中得出结论，而不能从既定的原则中引出结论来。尽管有些原则，是从实际中抽象出来的，并且是经过实践检验的，对于某些学科来说，可以作为逻辑论证的依据，但对于历史学，特别是对于某个具体社会的历史研究来说，却不能这样。用一般原则来推导出历史结论，历史科学就无进步可言了；用一般原则来推导出某个具体社会的历史结论，那又是根本违反历史唯物主义的。

恩格斯在《反杜林论》中说："原则不是研究的出发点，而是它的最终结果；这些原则不是被应用于自然界和人类历史，而是从它们中抽象出来的；不是自然界和人类去适应原则，而是原则只有在适合于自然界和历史的情况下才是正确的。这是对事物的唯一唯物主义的观点。"①

规律的运用，也和原则差不多。规律是现象间的本质的联系，具有客观性。但是，以经济规律而论，除了生产关系一定要适合生产力性质的规律外，都是在一定的经济条件下产生和发挥作用的，经济条件不同或有差异，规律也就不同或作用有差异。科学的规律可以用来指导人们的实践，或者用来预测未来、制定计划和政策；但是不能用来推导历史；只能根据历史的研究，来证明某项规律的正确性。

历史唯物主义是唯一科学的历史观。它证明，人们一切观念形态都是从生产和交换方式中引导出来的，因此"唯物史观帮助了工人阶级"，"产生了适合于无产阶级的生活条件和斗争条件的世界观"。② 无论作为无产阶级的世界观，即立场，或作为科学的历史观，即观点，对于从事科学研究来说，特别是对于研究某个具体社会的历史来说，又都是方法论。例如，要从物质关系上，而不是从道德或理性出发，来观察历史现象；要用发展的观点，量变和质变的观点，而不是静止的观点，去考察社会；以及经济基础和上层建筑、生产力和生产关系的相互作用等；在具体研究工作中，都可作为方法论看待。这会对我们的研究工作更为有益。

恩格斯说："马克思的整个世界观不是教义，而是方法。它提供的不是现成的教条，而是进一步研究的出发点和供这种研究使用的方法。"③

列宁更明确地指出："历史唯物主义也从来没有企求说明一切，而只企求指出'唯一科学的'说明历史的方法。"方法可以指正迷途，但不能从方法中得出结论。"从来也没有一个马克思主义者在什么地方论证过：俄国'应当有'资本主义，'因为'西方已

---

① 《马克思恩格斯选集》第三卷，人民出版社 1972 年版，第 74 页。
② 《马克思恩格斯全集》第二十一卷，人民出版社 1965 年版，第 548 页。
③ 《马克思恩格斯全集》第三十九卷，人民出版社 1974 年版，第 406 页。

经有了资本主义等等。"①

（二）史与论的结合

本书是历史的书，不是史论。但本书也不是史料书，它要给中国资本主义作一个"历史的总结"，它必须有论。"史"和"论"怎样结合呢？

历史唯物主义的观点是：历史的发展像自然的发展一样，有它自己的内在规律。因而，整个说来，历史的东西和逻辑的东西是一致的；作为认识的方法，历史的方法和逻辑的方法是统一的。但是，具体的历史的发展是曲折的、迂回的，有时十分缓慢，有时又跳跃前进，充满着偶然性。事实上，"在历史的发展中，偶然性起着自己的作用"，只是在辩证的思维中，它们才"包括在必然性中"。② 通过这些偶然性来为自己开辟道路并调节着这些偶然性的内部规律，只有在对这些偶然性进行大量概括的基础上才能看到。

今天，就《中国资本主义发展史》来说，有没有一个这样"大量概括的基础"呢？恐怕还差得很远。因而，我们的工作，不能从"论"开始，首先得放在对偶然性的研究上，也就是从对历史事物的研究开始。

恩格斯说："必须先研究事物，而后才能研究过程。必须先知道一个事物是什么，而后才能觉察这个事物中所发生的变化。"③ 研究事物"是什么"的工作，大部分也就是史料工作，包括史料的发掘、整理、比较、鉴别等。"对于某一个时期的经济史的明确观念，决不能和事件本身同时得到，而只有在事后，即在搜集和鉴别了材料之后才能得到。"④ 本书在一定程度上说，是有史料书的性质。当然，这些史料主要还是前人大量的劳动所积累和整理的，不过，我们也的确在某些问题上，作了考证、鉴别和系统整理的工

---

① 《列宁选集》第一卷，人民出版社 1972 年版，第 13、57 页。
② 《马克思恩格斯选集》第三卷，人民出版社 1972 年版，第 545 页。
③ 《马克思恩格斯选集》第四卷，人民出版社 1972 年版，第 240 页。
④ 《马克思恩格斯全集》第二十二卷，人民出版社 1965 年版，第 591 页。

作。总的说，我们主观上是比较重视史料的。

史料与论点的结合，我们反对"以论代史"，那就是不列出史料（不是说没有史料）来立论。我们也反对"以论带史"。"以论带史"实际就是"举例子"的方法，尽管这种方法颇为流行，却是不科学的，因为举例子往往会离开具体的历史过程。列宁说，"罗列一般例子是毫不费劲的，但这是没有任何意义的或者完全起相反的作用，因为在具体的历史情况下，一切事情都有它个别的情况。"① 并且，"社会生活现象极端复杂，随时都可以找到任何数量的例子或个别的材料来证实任何一个论点"②。

"以史带论"或"论从史出"的方法，曾为史学界赞赏。司马迁的《史记》即"以史带论"，确有可取之处。"论从史出"实际是归纳法，是科学的方法，但要注意辩证法才行。我们认为，"史"与"论"的有机的结合，也就是历史与逻辑的结合，应当是辩证的结合。对于历史事物，必须实事求是，不容半点改易（当然可以考证、校勘），就这方面说，是历史的方法。但就历史过程尤其是大的历史过程来说，乃是可以批判的，就是说，可以摆脱"起扰乱作用的偶然性"，探求历史真相，说明其发展的实质，在这种场合，"逻辑的研究方式是唯一适用的方式"③。

不过，由于史料缺乏，有时我们也不能不用"举例子"的方法；但总是在一定的条件、背景材料和逻辑的基础上采用，不能凭空举例，并要避免孤证。由于近代史的许多问题研究尚不深入，我们也常采用归纳的方法，尤其是在数据的处理上，这一般还是可行的。

这里，发生一个全书的体系或者结构问题。本来，一部书的叙述方法是可以和研究方法不同的。研究一旦完成，叙述时就可以按逻辑序列，乃至像一个"先验的结构"。《资本论》就是这种结构。

① 《列宁全集》第二十三卷，人民出版社 1958 年版，第 279 页。
② 《列宁选集》第二卷，人民出版社 1972 年版，第 733 页。
③ 《马克思恩格斯选集》第二卷，人民出版社 1972 年版，第 122 页。

但是，历史书不能这样。恩格斯说："我们的历史观首先是进行研究工作的指南，并不是按照黑格尔学派的方式构造体系的方法。"①他说的是历史的研究。照我们看，历史的叙述也应该与研究的方式一致，即历史书的体系应该是历史的，不是逻辑的。本书是严格按断代史编制的。前已提及，一个断代史的（有时是编年史的）体系并不适于经济史，因为经济发展阶段并不决定于政治事件和朝代更替。事实上，我们也遇到这种困难，只好另谋补救之道。在本书每卷中，都有导论和结论的章节；在第二和第三卷中，都有按某一基期作横断面分析的章节；在第四卷中，配备有理论章节；都是种补救。

这里，还有一个创新的问题。科学研究就是要创新，而不是祖述先贤遗教，或重复前人论述。前若干年，社会对中国近代经济史著作有"抄书抄报""炒冷饭"的批评，有一个时期确实是这样。因此，我们对于本书，曾悬过这样一标的，即在一些重要项目上，要有新的第一手的资料，要研究新的问题，提出新的论点。当然，历史研究的创新，有它特定的含义。历史是过去的事，是不能创作的。前已提到，我们是比较重视资料工作的，这里只谈一下论点的问题。这两年来新论点确实很多，有中国的，也有外国的，因为过去没有介绍过，也变成新的。这是一个好观象，对本书的写作很有帮助。但是，论点能不能全是新的呢？我看不能：那做不到，做到了也要犯错误。所谓新论点是什么意思？应该是指对旧论点的扬弃，即否定旧的不合理的东西，保存和发展旧的合理的东西。像不能割断历史一样，历史研究也有继承性。不仅如此，马克思对于资产阶级的论点，对于古政治经济学和古典哲学，也是扬弃，也是批判地继承的。在历史唯物主义指导下，全新的东西是没有的。

（三）定性分析和定量分析的结合

把数学的应用从经济学推广到经济史上，大体还是 20 世纪 60

---

① 《马克思恩格斯选集》第四卷，人民出版社 1972 年版，第 475 页。

年代以后的事，从此，在国外经济史学界出现了计量学派，一时颇为流行。这个学派在发展中，运用反拟研究法，提出各种历史上的假设和模型，也曾引起强烈的批评。我们无意在此评论经济计量学，也不反对把这门科学应用于经济史。因为经济事物一般是可以计量的，并多半表现为连续的量。但是，和计量经济学用之于当前经济的分析与预测不同，已成过去的历史是无法预测的。经济计量学必须根据过去实践中的统计资料，即根据历史来设定数量关系或模型，而不像研究自然现象那样可以采用试验室模拟办法，这就是反拟研究的局限性。但是，对于经济史上已有的理论、观点、结论（也就是定性分析），用数学方法加以验证，肯定或否定它，即所谓回归分析，则完全是可能的，并且是十分有益的。近年来，把投入产出法应用于经济史上生产的研究，分析生产发展的有关因素，在一定范围内也是可取的。在微观上，例如用计量方法研究历史上的单位生产规模、经济效率等，亦是有成绩的。

对于中国近代经济史，国外也有一些计量的著作，以至提出模型（主要还是数理模型）。但是，它们主要是从发展经济学的观点出发，而不是从历史唯物主义的观点出发；更重要的是，旧中国经济统计资料极端贫乏，这种研究过多地依靠估计和假设，更难考虑随机因素。因此，在本书中，我们认为运用经济计量学的条件还不成熟。我们提倡定性分析与定量分析相结合的方法。

历史本来是叙事的，是定性的，故常与文学结合，使性格突出，栩栩如生。但历史又是科学，并应首先是科学。科学的定性，不能脱离数量，一定的质，总是表现于一定的量。尤其是经济史，不作定量分析，往往流于空洞、抽象化、概念化。不作定量分析，也就可以把小事看成大事，把局部看成一般，把次要因素当作主要因素。有许多问题，往往争论不休，这就更需要作定量分析、以求分晓。

例如，历史上我国商业素称发达，商贾辐辏、店肆栉比的记载，令人目眩。可是，我国国内市场究竟有多大呢？我们计算了鸦片战争前后几个基期的主要商品量和商品值，力求从市场结构上来观察它的特点。又如，对于我国自然经济的解体，向来议论纷纷。究竟解体到什么程度？我们首先就洋纱洋布代替土纱土布的过程作了一个比较详细的计量分析，可以看出这种代替的几个阶段和每阶段的代替程度；再按阶段计算几项农产品的商品化程度，就可大体看出解体的过程了。再如，讲到民族资本的初步发展和进一步发展，从定性来说，似乎没什么问题了。但一经定量分析，比较一下各部门发展的速度，却看出许多问题。至于 20 世纪 20 年代和 30 年代的危机，以至"破产半破产"的提法，做一些简单的定量分析，所发现问题就更多了。

我们提出的要求是，凡是能够定量的，尽可能作一些定量分析，以发现问题，或验证定性的结论。

就本书《中国资本主义发展史》来说，最重要一个问题，就是中国资本主义发展的水平问题。鸦片战争 100 年来，中国资本主义有所发展，但又未能充分发展，这是没有争议的。但它究竟发展到什么程度？各时期发展的水平如何？仍是模糊的。当然，资本主义的发展，包括生产力的发展，生产关系的扩大，资产阶级和工人阶级力量的对比等各个方面；我们进行定量分析，实际仅是它生产力方面，不过，这是具有重要意义的。

对资本主义发展水平作定量分析，首先，使人们对中国资本主义本身，对它的规模和发展速度，有个比较明确、具体的概念。其次，由于所谓水平是用它在国民经济中的比重来表示，这也就对于研究中国近代社会有重要作用。例如，我们说近代中国是半殖民地半封建社会，当然不是说各占一半。但是，究竟各占多少？比例关系有无变化？这对于研究中国革命，研究各阶级、阶层力量的对比，都是有用的。最后，了解资本主义发展水平，对于研究我国国民经济向社会主义过渡的问题，也是很重要的。从一定意义上说，我国对资本主义工商业的改造政策，就是根据它发展的程度制定的。

资本主义发展水平是个数量概念。这在资本主义发达国家，实际就是指国民经济发展状况，可用国民生产总值来代表。在旧中国，却不能这样。由于资本主义并不是占统治地位的经济成分，并由于我们的目的是考察在帝国主义和封建主义的压迫与限制下，资本主义能有多大程度的发展，因而，所有指标，是看它在国民经济中的地位。这最好是看它在国民生产总值或在国民收入中所占的比重。但是，由于统计资料缺乏，这两项数据实际都不可能估算。因此，我们采用了我国通用的办法，即采用工农业总产值这个指标，而把其他经济部门略去。在旧中国，对于工农业总产值也是没有统计的，我们只能用间接方法予以估计。在估计中，资本主义部分，采用"产业资本"的概念，即工业、矿业、交通运输业（所谓"工交"）中的近代化企业，而把农业中的资本主义部分略去了。鉴于工场手工业有很大的数量，虽然资料更加缺乏，我们也另作估计，作为资本主义的另一个部分。所用基期，为 1920 年、1936 年、1949 年。一眼就可看出，这个估计是很粗糙的，简略甚多。但是，总算有个可以捉摸的概念，可看出大体的发展趋势。我们希望，随着我国近代经济史研究的进展，这个估计，以及本书的全部论证，都会经历一个不断批判和修正的过程，逐步臻于完善。

（原载《中国资本主义发展史》，人民出版社 1985 年版）

社会主义基本经济法则在我国过渡时期 对资本主义和国家资本主义经济的 影响和作用

一

在过渡时期的我国，资本主义经济和社会主义经济是同时并存的。资本主义的生产关系和社会主义的生产关系是互相矛盾、互相对抗的东西。在资本主义经济形式中，不但不存在社会主义基本经济法则发生作用的条件，而且，因为资本主义经济之存在，限制了社会主义基本经济法则的作用范围。但我国今天的资本主义工商业，并不是孤立地存在着，而是处在人民民主政权的行政管理、工人群众的监督和国营经济的领导联系之下的。在我国这种具体条件之下，私人资本主义，在实质上是我们的国家能够加以限制，能够规定其界限的一种资本主义；因之，它就不能不在一定程度上受到社会主义基本经济法则的影响，它的某些重要方面，就不能不发生一些显著的变化了。

我们的国家是工人阶级领导的、以工农联盟为基础的人民民主国家，国家的领导阶级是工人阶级而不是资产阶级。在过渡时期，"国家依照法律保证资本家的生产资料所有权和其他资本所有权"①。这是宪法上规定得明明白白的，但是，资本家对于劳动者

---

① 《中华人民共和国宪法》，第十条。

断不能像解放以前一样，或者像资本主义国家一样，可以"随心所欲"地进行着残酷的榨取。在国家的行政管理和工人群众的监督之下，资本主义企业中像过去那种任意延长劳动时间的情况，受到了限制；工资、福利和劳动条件亦逐步地在改善着。在国家的行政管理和工人群众的监督之下，我国今天的资本主义企业的利润，资本家并不能自己独吞。国家的所得税、企业公积金及职工的集体福利，都在企业利润中占有应得的一部分；资本家的"股息""红利"，只能占到企业利润的25%。同时，社会主义的国管经济对资本主义工商业的领导和联系，使资本主义工商业的生产经营，逐步地适合于国家计划的要求和人民的日益增长的需要，并在不同程度上逐步纳入国家资本主义的轨道。

劳动时间的限制、工资福利和劳动条件的改善、企业利润按"四马分肥"的原则进行分配，以及资本主义工商业在国管经济的联系和领导之下，在不同程度上纳入国家资本主义的轨道，生产经营逐步地适合于国家计划的要求，和人民的需要。这一切，说明了一个极其重要的事实，这就是：剩余价值法则在资本主义企业中的作用，明显地受到了限制，而社会主义基本经济法则则对于这些资本主义企业，发生了不同程度的影响和作用。

社会主义基本经济法则对资本主义经济发生影响以至发生作用，需要有一定的物质条件。"谁战胜谁"的问题，在实质上就是工人阶级和资产阶级间在政治上经济上力量比赛的问题。这个问题是与社会主义基本经济法则对资本主义经济发生影响和作用，有密切关系的。如果没有国管经济的不断发展，如果没有社会主义工业的不断发展，如果没有工人阶级力量的不断壮大和人民民主政权的日益巩固，要顺利地进行对资本主义工商业的社会主义改造是不可思议的。从而社会主义基本经济法则对于资本主义经济的影响和作用，亦就无从谈起了。社会主义基本经济法则的扩大其作用范围，正是以上述条件作为前提的，这就是说，跟着人民民主政权的日益巩固，跟着工人阶级力量的不断壮大，跟着社会主义经济在国民经济中的比重之不断增大，社会主义生产的目的性与社会主义基本经济法则的作用，日益反映出资本主义生产方式的不合理；它通过国家的行政管理、工人群众的监督和国管经济的领导联系，通过国家资本主义的各种形式，对资本主义企业，在不同程度上，发生了影响和作用。

二

我国在过渡时期，国家资本主义是国家对资本主义工商业进行社会主义改造的过渡形式①。

国家对资本主义工商业的社会主义改造，反映了社会主义基本经济法则的要求，并为它扩大作用范围，提供了有利的条件。

为了促进工农业生产事业的发展，为了满足人民日益增长的物质和文化的需要，社会主义基本经济法则要求国家扩大物资的掌握，借以保证市场的供应。国家为了掌握商品货源，以满足国家和人民的需要，以巩固社会主义国管经济的领导地位，对于私营工业，必须使用国家资本主义中级形式——加工、订货、统购、包销等办法。现在纳入国家计划轨道，纳入国家资本主义中级形式的资本主义工业，在比重上，是越来越大的。据上海、天津、北京、武汉、广州、重庆、沈阳及西安八大城市 1954 年的统计，资本主义工业纳入国家资本主义中级形式的，已达 90% 左右。这说明在我国过渡时期的条件下，将资本主义工业纳入中级形式的国家资本主义，有其客观的必然性，这种客观必然性，是以社会主义基本经济法则的要求，作为根据的。在加工、订货、统购、包销的国家资本主义中级形式之下，私营企业在下列一些重要方面，呈现着显著的变化：

（一）国管经济通过加工订货等方式，把私营工业的生产，纳

---

① 　见刘少奇《关于中华人民共和国宪法草案的报告》。

入国家的计划。这就是说，使私营工业的生产，为国家计划服务，为人民的需要服务。这就是说，在国家的计划下，接受加工订货的私营工业，不仅是为着利润而生产，而且为着国家和人民的需要而生产。

（二）在加工、订货、统购、包销的条件下，加工费和包销订货价格，是在国营经济领导下，由公私双方协商决定的。这就使资本家难于抬价居奇；这就限制了私营企业的利润率；这就限制了资本家在生产过程中剥削自工人的剩余价值的"实现"；这就使某些加工包销的商品的一部分价值，以商业利润的形式，归于国家，增加国家的资金积累。这是有利于国家的社会主义工业化的。

（三）加工费与包销订货价格，一般是计算过成本，计算过工资的。这样，在一定程度之内，加工、订货等方式，限制了资本家对于工人的剥削。这一点，与工人要求合理规定工作时间、改善劳动条件的斗争，是密切地结合着的。

（四）在加工、订货等形式之下，国家不但控制了产品，一般还控制了原料。由于加工、订货、包销与统购的范围之不断扩大，国家对于原料的控制，亦不断地在扩大着。这样，私营工业与市场的关系，资本主义工业与资本主义商业的联系，都被切断了。这就使资本主义经济更进一步依赖社会主义经济，从而使这些接受加工、订货、统购、包销的资本主义企业的生产任务、生产规模、以反"新建""扩建"不决定于资本主义的剩余价值法则，不决定于资本主义利润增值的法则，而决定于国家计划和人民需要。

在加工、订货、统购、包销的形式之下，社会主义经济成分对于资本主义经济成分在企业外部发生联系和领导作用。这种领导和联系，难从企业外部发生，但对于企业的作用，是相当深刻的。因为社会主义经济成分的联系和领导，企业在生产经营的方式上，在生产规模的发展上，在劳动剥削的程度上，都发生了极其明显的变化。这种情况，说明了社会主义基本经济法则，通过加工、订货和包销的形式，通过国营经济与资本主义企业所订立的合同，间接地在这些企业的内部，发生了一定的作用。这就是：这些接受加工订货的企业，不仅为利润而生产，而且为着国家和人民的需要而生产；这些企业的利润和资本家对于工人的剥削受到了限制；这些企业的生产任务、生产规模和"新建""扩建"，不决定于剩余价值法则而决定于人民需要和国家计划。在这里，社会主义基本经济法则，对于企业所发生作用虽是间接的，但这种作用是相当重大的。

在加工订货的条件下，资本主义生产关系与社会主义生产关系之间的矛盾，资本主义生产关系与社会生产力之间的矛盾是依然存在的。生产关系必须适合于生产力的法则和社会主义基本经济法则，要求解决这个矛盾。在我国条件下，对于资本主义工业，不采用剥夺的办法，而采用社会主义改造的办法，即主要经过国家资本主义高级形式——公私合营，最后转变为国营。在公私合营的条件下，企业起了如下的变化：

（一）企业的生产资料，原来是资本家所独占的，企业的经营管理，原来是资本家所支配的。公私合营之后，企业的生产资料所有制和经营管理，都起了明显的变化。社会主义成分在公私合营工业中，不但与资本主义成分共同占有生产资料，而且树立了领导地位。企业的经营管理不再采取资本主义方式，而将逐步向国营工业看齐，完全以发展生产、保证需要和国家计划的要求为指导方针，这就是说，社会主义基本经济法则和国民经济有计划发展的法则，在企业中，直接地起着主导作用。

（二）在公私合营工业中，工人与公股干部结合起来成为领导力量。他们对待企业采取了主人翁的态度，因此，劳动积极性和劳动生产率就有显著的提高。由于社会主义成分的领导，公私合营企业比在私营时更能积累资金，更能扩大生产规模，更能改善生产设备，以支持社会主义建设，并满足社会经常增长的物质和文化的需要。

（三）在公私合营工业中，公私关系的矛盾，是主要的矛盾，但矛盾的主导方面，是社会主义而不是资本主义。私股资本家在公私合营企业中是在社会主义成分的领导之下的。这就改变了他们在私营时期支配企业的地位。同时，剩余价值的剥削，在企业生产中，并不占主要地位。只有在盈余分配的时候，资本家对劳动者的剥削，才呈现出来。资本家在企业盈余分配时，只能在四马分肥中，属于私股的那一份，按照公私比重，取得一定的份额。这些事实，说明公私合营企业，主要是为着国家和人民的需要而生产，只有较小部分，为着资本家的利润而生产。

对于国家资本主义高级形式——公私合营来说，社会主义基本经济法则，明显地在企业内部直接地发生了主导作用。这种情形，是以社会主义成分在公私合营企业中的领导地位和领导作用以及这种领导地位和领导作用之不断加强为根据的。社会主义成分在公私合营企业中的领导地位和领导作用以及这种领导地位和领导作用的不断加强，虽以企业内部生产资料所有制之变化为根据，但国家对它的投资，并不是唯一的因素。这就是说，社会主义成分在公私合营企业中的领导地位和领导作用以及这种领导地位和领导作用的不断加强，并不单单取决于国家投资的数量，而是取决于国家政权的性质和社会主义经济在国民经济中的地位，取决于企业中公股代表同职工群众的结合和对资本家及其代理人的教育改造工作，取决于这种领导能够确实地推动企业不断向前进步。因此，公私合营企业，就能够在一相当长的时期以后，转变为国营企业，从而，社会主义基本经济法则就在这里发生统治作用了。

资本主义商业亦如资本主义工业一样，对于国民经济是具有两重性的，但它们的消极作用、破坏作用，较诸资本主义工业，来得大些。抢购物资、囤积居奇、破坏市场物价，就是资本主义商业在这方面的表现。在这里，资本主义批发商的破坏作用，比零售商来得厉害。资本主义商业的破坏活动，说明资本主义的追求超额利润的法则，在发生作用。在国营经济不断增强的条件之下，在国营经济掌握了主要商品的货源的条件之下，私商的操纵垄断与抬价居奇的活动，是大大地受到限制的。但这种限制还不能充分地回答社会主义基本经济法则的要求。为了促进工农业生产事业的发展，为了满足人民日益增长的物质和文化的需要，社会主义基本经济法则要求我们对于资本主义商业进行社会主义改造。在我国的条件之下，对于资本主义商业的社会主义改造具体化为：对于批发商有计划地有步骤地进行代替；对于零售商则是在维持安排的条件下，逐步地纳入"经销""代销"的轨道。

在"批购"和"经销"的条件之下，私商的营业额和利润率一般受到了限制，有的地方，它们的销售对象，亦受到了规定，但国营经济对于批购店和经销店的关系，还不是直接的领导关系，批购店和经销店还有相当大的"独立性"，从而，社会主义基本经济法则，对于这些纳入"批购""经销"的私商，只能发生一种间接的作用。这就是通过经销合同，使这些商店在一定程度内，具有协助国营商业、供应市场和满足人民需要的作用。

首先，在"代销"的条件之下，私商的极大部分的资金，以保证金（为了取得代销资格）或存款的形式，存入国家银行，商店的商品，是从国营商业或合作社商业调配进去的。这就是说，代销商店的商品资金，主要不是私商的，而是国家的，因之，职工在"代销"店中，从监督地位变成为参与管理的地位。其次，代销商的货源和销售计划，完全受到国家的计划所支配，因之，国营商业对于代销店的关系亦从控制管理变成为直接领导。最后，资本家所得的代销手续费，虽然有一部分利润，但由于整个企业的业务是为国营商业代销并按国营公司牌价出售的，资本主义的剥削在很大程度上被限制了，从而，剩余价值法则的作用就显著地受到限制了。由于企业内部关系的变化，由于职工参加了企业的经营管理，由于它的推销计划直接受到国营经济的领导，有些地方，它的经营方式亦受到居民的监督，这样，社会主义基本经济法则就在企业内部，直接地发生了一定程度的主导作用了。

在国营商业或合作社吸收私商的生财设备，折价付息的条件下，私商从企业所得的，是定额的利润。这在实质上是等于利息。同时，实职的资本家或商人还可以以工作人员的身份，取得工资。

在这种情况之下，企业实际成为国营商业或合作社商业的支店，企业的领导权掌握在社会主义成分的手里，从而，社会主义基本经济法则就在企业里，直接地起着主导作用了。

由此可见，国家对资本主义工商业实行社会主义改造，对于社会主义基本经济法则的扩大其作用，提供了有利的条件。这就是说，通过国家对于资本主义工商业的社会主义改造，通过国家资本主义的各种形式，社会主义基本经济法则就能够逐步地从企业的外部以至在企业的内部，对资本主义经济成分发生不同程度的影响和作用。事实证明：社会主义基本经济法则在国家资本主义的高级形式中，较诸在它的中级和低级形式中，起着更大的作用。因此，我们可以说，社会主义基本经济法则的作用范围，是跟着国家对资本主义工商业的社会主义改造之开展，跟着国家资本主义形式之提高与发展，而不断地扩大的。

三

对资本主义工商业进行社会主义改造，是我国过渡时期特殊形式的阶级斗争。发展国家资本主义的过程，充分地显示出斗争的复杂性和尖锐性。这正如列宁所说，国家资本主义"是阶级斗争另一形式的继续，而绝不是用阶级和平来代替阶级斗争"[1]。

在全国解放初期，资产阶级利用当时通货和物价不稳定的情况，大肆投机活动。1950 年 3 月间，国家统一了财政经济工作的管理和领导，平衡了财政收支，制止了通货膨胀，稳定了物价，从根本上打击了资产阶级的投机活动，接着使用加工、订货、包销、收购等方法，帮助资本主义工商业克服在物价稳定和虚假购买力消失时所遭遇的困难，这就使一部分资本主义工业纳入国家资本主义

---

[1] 《论粮食税》，《列宁文选》，两卷集第二卷（莫斯科中文版），外国文书籍出版局 1947 年版，第 862 页。

的中级或低级形式。1951 年资产阶级利用当时大量的加工订货，以偷税漏税、偷工减料、盗窃国家财产、盗窃国家经济情报和行贿国家工作人员的办法，向国家和工人阶级发动了疯狂的进攻，针对着这种情况，国家发动了伟大的"三反""五反"运动，打退了资产阶级的猖狂进攻，在人民群众中，揭露了资产阶级的丑恶面貌。1953 年，在市场上出现了供不应求的趋势之下，私营批发商利用当时国营商业一度放松领导市场和税制改革工作中的某些缺点，大肆活动；许多工业资本家也在设法逃避国家的加工、订货和包销，设法到自由市场去追求高利。在这种情况下，国家实行了主要农产品的统购统销，并克服了工业资本家的抗拒，扩大了对工业品的加工、订货和包销。在扩展公私合营方面，资本家的一般做法是：困难的企业，要求合营，借以丢掉包袱；营业较好的企业，则逃避合营。针对着这种情况国家根据可能、自愿与需要的原则，使用各种社会力量，批判那些抛包袱的资本家，促进那些对公私合营有顾虑的资本家，有计划有步骤地扩展公私合营。由此可见，没有经过斗争，资本主义就难于转变成为国家资本主义。

　　资本主义工商业纳入国家资本主义轨道以后，斗争仍是未曾停止的。在加工订货中，有些资本家偷工减料，盗窃国家资财，不依照合同规定，不按时按量按质向国家交货；在公私合营中，有些资本家隐瞒敌伪财产，抽逃资金，"合公营私"；有些资本家则采用种种卑鄙手段，拉拢高级职员，挑拨工人群众与公股干部间的关系，借以篡夺企业的领导权；有些资本家竟至作出破坏生产设备、杀害职工的罪恶行为。在经销代销中，有些私商进行掺杂掺假、抬价出售、跌价竞销、挪用国家物资、挪用国家资金等行动。对于资产阶级分子这种抗拒，破坏社会主义改造的活动，需要进行严肃的斗争。在工人阶级和资产阶级之间，进行社会主义改造与抗拒社会主义改造的斗争，在实质上，体现了社会主义基本经济法则和剩余价值法则之间的斗争。事实证明：社会主义基本经济法则对于资本主义和国家资本主义的影响和作用，是通过阶级斗争逐步展开出来的。只有经过严肃的斗争，只有克服资本家的抗拒和破坏活动，社会主义改造事业才能顺利进行下去；社会主义基本经济法则才能不断地扩大其对于资本主义和国家资本主义经济的影响和作用。

资本主义的剩余价值法则，在过渡时期的我国，是存在着的，它存在于资本主义工商业中，亦存在于农村的富农经济中，但它的作用范围，只及于资本主义的经济形式，并且越来越受到限制。事实证明：跟着国家对于资本主义工商业的社会主义改造的进展，剩余价值法则的作用范围，就越来越小。资本主义工业在加工订货的时候，剩余价值法则就受到相当明显的限制；在变成公私合营以后，这一法则就完全失去了合营以前的那种支配作用。资本主义商业，在纳入经销的时候，剩余价值法则亦受到了相当明显的限制；在纳入代销以后，这一法则亦完全失去了代销以前那种支配作用。其在农村，因为过去的富农，现在多不雇用工人或很少雇用工人，放高利贷和经营商业亦大受限制，在这种情况之下，剩余价值法则在农村中的作用范围，亦就大大地受到限制了。在奔腾澎湃的合作互助的条件下，富农经济不断在削弱着，从而支配富农经济的剩余价值法则，在农村中的受限制是越来越加厉害的。因此，对于整个国民经济的发展来说，资本主义的剩余价值法则是失去了决定作用的。

在我国的具体条件之下，在国家的社会主义工业化的不断进展，和国家对于农业、手工业和对于资本主义工商业的社会主义改造的不断进展的前提下，社会主义基本经济法则不断地在扩大其作用范围，它不但在社会主义经济成分中发生着统治作用，而且对于逐步纳入国家资本主义轨道的资本主义工商业，亦不断地在扩大其作用范围。这就是说，在过渡时期的我国，社会主义基本经济法则，不但对于社会主义生产方式的一切主要方面和一切主要过程，发生决定性的作用，而且对于整个国民经济的发展，亦逐步地在增强其决定性的作用。

（原载《经济研究》1955 年第 2 期）

论国民经济有计划发展规律在
我国过渡时期的作用

在过渡时期的我国，国民经济有计划（按比例）发展的经济规律，如同社会主义基本经济规律一样，在社会主义生产关系的基础上产生了，并在逐渐地扩展其作用。

国民经济有计划（按比例）发展的规律，当它适合于社会主义基本经济规律的要求时，是社会主义经济中的生产调节者，因为国民经济有计划发展规律的调节作用是以社会主义基本经济规律作为前提的，因为国民经济中比例的性质，是由社会主义基本经济规律的要求所决定的。社会主义基本经济规律和国民经济有计划发展的规律，要求国家必须对人民的需要作全面的估计，并使社会生产有计划地适应于这种日益增长的需要，要求国家必须用计划来领导国民经济，要求各个生产部门必须有计划地结成一个统一的整体，要求在国民经济各部门之间，在生产资料生产与消费资料生产之间，在工业与农业之间，在生产与流通之间，在积累与消费之间，保持着一定的比例关系，同时还要求在全国各个经济地区之间，合理地分布生产力。这就是说，要求国家的人力、物力、财力必须得到最合理最有效的利用。

党和国家在过渡时期的总路线的客观必然性，是从生产关系一定要适合生产力性质的规律和社会主义的基本经济规律产生的。这两个规律要求在整个国民经济中确立社会主义的生产关系。为了过渡到社会主义社会，为了在整个国民经济中确立社会主义的生产关系，我们必须实现国家的社会主义工业化，并对农业、手工业和对资本主义工商业进行社会主义改造。那实现这个伟大的历史任务，特别是要实现国家的社会主义工业化的任务，就必须使社会生产各个部门，进行有计划的配合。这就是说，只有在国民经济逐步计划化的条件之下，只有在正确地反映了国民经济有计划发展的规律的国民经济计划化的实践中，这个伟大的历史任务，才能顺利地实现出来，这是很明白的事情，如果没有足够的商品粮食和工业原料，如果没有顺畅的交通运输，如果没有适应的物资交流和资金积累，那么，国家的社会主义工业化的进程，就会遇到困难而不能顺利前进。因此，国家必须根据现已达到的生产力的发展水平，现有的物力财力和现在所处的国内外环境，必须根据社会主义基本经济规律和国民经济有计划发展的规律的要求，对于工业、农业、运输业以及商业的发展速度，确定一个适合于客观要求的比例，只有这样，才能使工业生产与农业生产，使生产建设与交通运输，使生产过程与流通过程，相互适应，相互平衡。只有这样，我们的国家的社会主义工业化和对非社会主义成分进行社会主义改造的工作，才能得到顺利地发展。

要实现国家的社会主义工业化，必须在生产资料生产和消费资料生产之间，规定一个正确的比例关系。我们知道，社会主义生产是以最大限度满足人民的需要为目的的，要达到这个目的，必须在高度技术的基础上保证社会主义生产的不断增长，而要保证生产在高度技术基础上不断增长，生产资料的部门，必须比生产消费资料的部门，发展得迅速些。这是很明白的事情，没有生产资料生产的优先增长，也即没有重工业的加速发展，要在高度技术基础上使社会主义生产不断增长不断完善，是不可能的，要使社会主义的扩大再生产能顺利进行，也是不可能的。发展重工业（机器制造业、动力工业、冶金工业及燃料工业等部门），是从技术上装备并不断发展轻工业、食品工业和生产消费品的其他工业部门的必要条件。发展重工业的重要部门，对于发展整个国民经济，对于增强社会主义成分在国民经济中的领导作用，对于加强国家的国防力量，具有决定性的重要意义。我国原有重工业的基础特别薄弱，直到抗日战争爆发以前，全国除东北外，每年只产钢四万吨左右，而且炼钢的技术很低，轧钢的设备很陈旧，钢材的种类很少。以机器制造业来说，旧中国的机器工业只有制造配件、装配、修理的能力和制造某些小型而简单的机器的能力，没有冶金设备、探矿设备和发电设备的制造工业，没有飞机、汽车和拖拉机的制造工业，这种情况，需要我们积极地长期地扩大重工业的基础，以促进国民经济的全面发展。同时，国营和私营的轻工业还有相当大的一部分没有使用的潜在力量，并且还有相当广大的手工业，可以作重要的补充。这种情况，要求我们不应把发展重工业与发展轻工业等量齐观，要求国家的社会主义工业化必须以优先发展重工业作为中心环节。由此可见，在我国第一个五年计划的基本建设投资中，工业部门占58.2%，而在工业基本建设中，制造生产资料的投资占88.8%；制造消费资料工业的投资，占11.2%的部署，是正确的，是符合于国民经济有计划发展规律的要求的。因此，那种认为我国现在有了苏联和各人民民主国家的帮助，不必急于工业化，不必用太多的人力、物力和财力来发展重工业，而可以大量发展轻工业的主张，是错误的。

社会主义工业化，必须以发展重工业为中心环节，这是十分明白的，但如果不遵守国民经济有计划（按比例）发展的规律，盲目地孤立地建立一些重工业，亦是错误的。盲目地建设一些孤立的重工业，不但不能推动国家的社会主义工业化，反而浪费了国家的宝贵的资金。"例如，浙江黄壇口水电站的建设，开始只看到当地的水利资源可以利用，但没有很好地考虑工程建成后发出电力给谁使用，结果花了二千多万元，还没有修完，不得不被迫停止修建，而且还要用很多钱来维护它。"① 这种违背国民经济有计划（按比例）发展规律的盲目干法，是必须加以纠正，必须尽量避免的。

---

① 《贯彻重点建设的方针》，《人民日报》1955 年 5 月 5 日。

要实现国家的社会主义工业化，必须使农业生产适应工业发展的需要而增加起来。我国由于工业化的迅速进展，农业显得落后了，整个社会对于粮食、棉花、油料和其他技术作物的需要增长得很快，但粮食、棉花、油料和其他技术作物的增产速度却落后于客观的要求。为了克服农业和工业在发展过程中失去平衡和彼此脱节的危险，为了适应城市人口日益增多和人民生活水平逐步提高的需要，为了保证工业原料的供应和出口的需要，我们必须发展农业，保证粮食、棉花、油料和其他技术作物在每年都有必要的增加，因此，我国第一个五年计划规定农业及其副业的总产值增长 23.3%，即平均每年递增 4.3%。在这里保证粮食生产的增加，具有重要的意义，因为粮食生产是各种农业生产的基础，粮食越多，就更加可能转而促进其他各种农产品的高涨。因此第一个五年计划规定粮食1957 年的计划产量达到 3856 亿斤，比 1952 年增长 17.6%。但只有粮食而缺乏其他技术作物，对于工业亦是不利的，因此，我们必须注意考察粮食和技术作物两类作物播种面积的合理比例。第一个五年计划对于棉花、黄麻、烤烟、甘蔗、甜菜等也规定了适当的增产指标。这是符合于客观要求的。

国民经济按比例发展的规律，要求在全国各地区间合理地分布社会主义生产，使工业接近原料产地和消费地区，在照顾到各地区的特点的条件下，在正确配合各部门的工作，并最充分地利用地方资源的基础上，使地区的经济得到全盘发展。在过渡时期的中国，工业的地区分布是一个十分重要的问题，我国原有工业的地区分布是很不合理的。据 1952 年的统计，沿海各省的工业产值占全国工业总产值的 70% 以上。逐步地改变旧中国遗留下来的这种不合理的状态，在全国各地区适当地分布工业的生产力，使工业接近原料、燃料的产地和消费地区，使工业的分布适合于巩固国防的条件，并使落后地区的经济水平，逐步地得到提高。这是国民经济有计划发展规律的要求；这是有计划地发展我国国民经济中的重要任务之一。

我国第一个五年计划对于工业地区的分布所采取的方针，是符合于国民经济有计划发展规律的要求的。这个方针是，一方面合理地利用东北、上海和其他城市的工业基础，发挥它们的作用，而特别是对于以鞍山钢铁联合企业为中心的东北工业基地进行必要的改建，以便迅速地扩大生产规模，供应国民经济的需要，支援新工业地区的建设；另一方面则继续地进行华北、西北、华中等地新的工业基地的建设，在西南开始部分的工业建设。按照这个方针的部署，到第二个五年计划完成的时候，我国不但将加强东北的工业基地，而且还将有分布在华北、西北和华中各地区的一些新工业基地。这就在相当大的程度上改变我国广大地区的经济生活。这种工业的地区分布是建立在发展重工业的基础上的，因此也就开始改变了过去工业分布的性质。

事实告诉我们，在过渡时期的我国国民经济有计划发展的规律，已经在发挥其作用了。这种作用，不但在社会主义经济各个生产部门间的比例关系，不但在重工业的优先发展和农业生产之逐步适应于客观要求等方面看得出来，而且亦在工业地区分布的变化上看得出来。但在过渡时期的中国，和在建成了社会主义并向着共产主义社会迈进的苏联，国民经济有计划发展的经济规律，在作用的范围上和作用的程度上，是有差别的。在苏联，社会主义经济是国民经济中唯一的成分。社会主义生产，不仅在工业生产中占着绝对统治的地位，而且在农业生产中（国营农场、农业机器站和集体农庄）也占着绝对统治的地位，因此，苏联的国民经济是完全计划化的，国民经济有计划（按比例）发展的规律，全面地、高度地在发挥其调节社会主义生产的作用。在过渡时期的中国，社会主义经济成分不断地在壮大，它在国民经济中所占的比重，不断地在增大，它在国民经济中的领导地位，不断地在加强、在牢固。这是国民经济有计划发展的经济规律，发生并逐步地在扩展其作用的物质基础，但社会主义经济在现在还未达到统治的地位，在农业方面，国营农场在农业生产中的比重还小，农业生产合作社在全国农户中亦还没有达到压倒的优势。按照第一个五年计划的规定，到

1957 年年底，参加初级形式的农业生产合作社的农户，在全国农户总数中的比重，只达到三分之一左右。在工商业方面，资本主义经济成分在国民经济中，还占有一定的比重。因为个体经济和资本主义经济之存在，价值规律和生产无政府状态的规律，在小商品生产、资本主义工商业和富农经济中还在发生作用，从而，国民经济有计划发展规律的作用，就不免受到限制。但个体经济和资本主义经济对于国民经济有计划发展规律的限制，并不是固定不变的。跟着国家的社会主义工业化的发展，跟着国家对农业手工业和对资本主义工商业的社会主义改造的发展，国民经济有计划发展的规律，和社会主义基本经济规律一样，就不断地扩大其作用范围了。

　　建立在劳动农民的生产资料私有制上面的小农经济，是分散落后并且具有自发性的小商品生产。这种小商品生产的分散性和自发性和国家有计划的经济建设是不相适应的。因为分散落后的小商品生产，使商品粮食和工业原料的供应，保持在很低的水平上，而国家对于这些物资的需要却是一年一年地在增大，跟着国家的社会主义工业化的发展，这种矛盾，就越来越加尖锐，如果不解决年年增长的商品粮食和工业原料的需要和现时主要农作物一般产量很低之间的矛盾，我们的社会主义工业化事业就会遇到绝大的困难。现在国家已经实行了对粮食、棉花和油料等的计划收购政策，并继续扩大了对其他农业品的收购范围，这在一定程度内，限制了农民的自发性，并把农业生产逐步纳入国家的计划，但在个体经济的情况下，农业生产的水平是没法提高的，国家计划对于农业，也只能带有估算性的间接计划，要提高农业的生产水平，要从间接计划推进到直接计划，必须实现国家对农业实行社会主义的改造。国家对农业实行社会主义改造的道路就是由带有社会主义萌芽到具有更多社会主义因素，再到完全社会主义的合作化的道路。这条道路，不但替社会主义基本经济规律的扩大作用范围，扫除障碍，提供有利的条件；并且为国民经济有计划发展的规律的扩大作用范围，扫除障碍，提供有利的条件。农业生产合作社的主要优点，是在提高了劳动生产率的条件之下，能够提供更多的粮食和原料作物，以满足人民和国家工业化的需要，使它们的生产，能够和国家有计划的经济建设相结合。这些情况，说明了这么一个事实，这就是：国民经济有计划发展的规律，跟着国营农场的发展，跟着国家对农业的社会主义改造的发展，逐步地深入农业生产的领域中去了。

资本主义经济与国民经济有计划发展的规律是尖锐地矛盾的。资本主义国家绝对没有实施全面计划的可能，因为资本主义的生产，是以生产资料的资本主义所有制为基础的，生产资料私有制之下，从事经营的是互不相关的企业，因此，竞争和商品生产的无政府状态，就成为必然的规律，国民经济的计划化也就成为不可能的了。在过渡时期的中国，资本主义经济仍然是国民经济有计划发展规律的障碍。但在我国今天的实现条件之下，通过社会主义改造，把资本主义工商业逐步纳入国家计划的轨道，是有必要的，是有可能的。

在过渡时期的我国，把资本主义工业纳入国家计划轨道的必要性是很明显的、因为在过渡时期的我国，是五种经济成分同时并存的国家。首先，这些不同类型的经济，不是孤立隔离，而是互相影响，互相关联的。如果我们孤立地去安排国营工业，孤立地把计划工作限制在国营经济之中，而把资本主义工业放在视线以外，资本主义工业就会盲目地发展起来，就会在原料供应和成品推销上打乱了国营工业的计划。部分有计划而全局没有计划，则这个局部的计划，是没法不受影响的。对于各种经济类型的工业生产，进行全盘计划，合理安排，不仅能够限制资本主义生产的盲目性，而且能够保证国家全面计划的完成，能够使国营工业、合作社营工业和公私合营工业得到顺利的、有计划的发展。① 其次，资本主义工业的生产资料所有权是属于资本家的，但经过社会主义改造之后，企业的资本家所有制，将被全民所有制所代替，因此，我们需要在改造的过程中，逐步地把它们纳入国家计划的轨道。最后，资本主义工业

---

① 《贯彻统筹兼顾的方针，改造资本主义工业》，《人民日报》1955 年 5 月 6 日。

的工人和国营工业的工人，都是中国的工人阶级，我们断不能因为私营企业属于资本家，就把它们的生产放在国家的全盘安排的范围以外，就让资本主义企业的工人遭受停工失业的困难。如果这样做，就等于把统一的工人阶级分裂成为两个部分：一个是国营工业的工人；一个是私营工业的工人。这是与整个工人阶级的利益互相矛盾的。因此，把资本主义工业纳入国家计划的轨道，不论从社会主义改造的要求来看，或从工人阶级的根本利益和目前利益来看，都是必要的。

通过社会主义改造，把资本主义工业生产纳入国家计划的可能性是存在的。由于国家的社会主义工业化的发展，由于社会主义成分在国民经济中所占的比重不断地在壮大，由于国家掌握物资的范围不断地在扩大，工业生产的原料已经掌握在国家手里，由于国内市场的批发环节和对外贸易已经为国营经济所掌握，由于资本主义工业的绝大部分已进行了加工订货，而公私合营企业则逐年在扩展着，更由于国家对资本主义工业已开始进行统筹安排和全业改造，——这一切，就使我们有可能把资本主义工业的生产，逐步地纳入国家计划的轨道。

把资本主义工业生产纳入国家计划的轨道，亦如对于个体小商品生产一样，只能是间接计划。这与国营经济是不相同的。对国营经济的计划是直接计划，要求所有国营企业，完全按照国家计划办事，保证完成国家计划所规定的各项任务；对私营经济的计划是间接计划，国家不能直接为私营企业规定各项生产任务，必须善于利用价值规律，并通过价格、税收、信贷等各种政策，去影响私营经济，使他们在一定程度上符合于国家计划的要求。但跟着国家对于资本主义工商业的社会主义改造的发展，把资本主义工业生产纳入国家计划轨道的程度，亦逐步地在提高着。在国家资本主义中级形式的时候，国家通过加工订货的合同，把资本主义工业的商品生产，在品质规格上，在产品数量上，在时间安排上，以至在生产规模上，逐步地使其符合于国家计划的要求。现在一些接受加工订货的资本主义工业，在社会主义的国营经济领导下，具体地定出了月度和季度的作业计划。对于国民经济计划化的要求来说，这是具有积极意义的。到了资本主义企业转变为国家资本主义高级形式的时候，因为社会主义成分在企业内部居于领导地位，国家就有可能对它进行直接计划，从而，国民经济有计划发展的经济规律，就在企业内部直接地发生主导作用了。由此可见，国家对资本主义经济逐步进行社会主义改造的过程，同时亦就是把资本主义经济逐步纳入国家计划轨道的过程。由此可见，跟着国家对资本主义经济的社会主义改造的发展与提高，国家对于这些私营经济的计划工作，就有可能从间接计划逐步地发展到直接计划了。

对于各种经济成分，进行全盘的计划，并不意味着要在社会主义成分与资本主义成分之间划出一个固定的比例关系，因为过渡时期国民经济的构成并不是固定不变，而是不断地在变化的。党在过渡时期总路线的实质，就是要使生产资料的社会主义所有制成为我国唯一的经济基础，因此，跟着国家对非社会主义成分的社会主义改造的进展，个体经济和资本主义经济在国民经济中的比重，必然不断地在缩小，从而，要在社会主义成分与非社会主义成分之间，划出一个固定的比例关系，那是违背党在过渡时期总路线的要求的，那是违背生产关系一定要适合于生产力性质的规律和社会主义基本经济规律的要求的。当然，在社会主义改造过程的某一个时期中，需要适当地掌握一个公私比重，这个公私比重必须适合于这个时期的主客观条件。过"左"和过右，都会对发展生产起着不利的影响。如在商品的流通过程中，对零售商所占比重，一下子缩得很小，就会急剧地增加社会失业的人数，就会影响商品的正常流通，使生产与消费脱节；反之，如果任私商自流发展，而不加以控制，则市场的盲目性和破坏性就会增加，社会主义改造事业就会受到损害。某一个时期中的公私比重，决不能当作是社会主义成分与非社会主义成分之间的固定不变的比例；某一个时期中的公私比重，不是固定不变，而是逐步地在变化的；某一个时期中的公私比重的规定，不是为了牢固资本主义，而是为着社会主义的进一步发展提供更有利的条件。由此可见，某一个时期的公私比重，决不能与国民经济有计划发展的规律的要求，混为一谈。某一个时期的公私比重，指的是社会主义成分与非社会主义成分（特别是资本主义成分）在商品流通或工业生产中一个时期的相对的对比；而国民经济有计划发展的规律所要求的比例关系，则是存在于国民经济的各个部门之间，存在于各个经济区域之间。在过渡时期的我国，这些比例关系，当然会涉及公私比重，但在内容上，公私比重和各部门间的比例关系，显然是有别的。

过渡时期发展的过程，就是社会主义经济同资本主义经济不断斗争并取得最后胜利的过程。经过国家对于资本主义工商业的社会主义改造，经过复杂、尖锐和深刻的阶级斗争，社会主义资本经济规律和国民经济有计划发展规律，就越来越取得有利的条件，去扩大其作用；而价值规律、剩余价值规律和生产无政府状态的规律底作用范围，就不断地缩小。到了我们的社会主义改造事业完成的时候，社会主义基本经济规律和国民经济有计划发展的规律，就会在整个国民经济中占着支配的地位，我们的国民经济就会走上完全计划化的道路。因此，如果忽视对个体经济和资本主义经济的社会主义改造，如果否定通过社会主义改造，国家有可能把个体经济和资本主义经济逐步纳入国家计划，如果否定社会主义基本经济规律和国民经济有计划发展的规律对于个体经济和资本主义的影响，那就会得出右倾的向资本主义投降的结论；反之，如果看不到价值规律对个体经济和资本主义经济仍然起着相当的作用，看不到国家计划必须利用价值规律，才能有效地控制并改造个体经济和资本主义经济，那就会得出"左"倾冒进的结论。我们必须在实际工作中，克服这两种错误的偏向。只有这样，才能为国家的社会主义建设，为国民经济的计划化，为国民经济有计划发展的规律发挥作用，提供有利的条件。

（原载《经济研究》1955 年第 4 期）

论价值规律在我国过渡时期的作用

在我国过渡时期的初期，因为资本主义经济和个体经济的商品生产还是大量地存在着，因此，价值规律在这两种经济的范围内，对于它们的流通和生产，自发地在发生调节作用。

价值规律的基本特点是：商品的价值决定于产生这一商品的社会必需劳动量，商品必须按照其价值去进行交换。但是，价值规律的这种要求，是通过价格机构而呈现出来的。商品价格受着市场供求关系变化的影响，经常高于或低于商品价值。商品价格环绕着价值的这种自发性的波动，调节了各个资本家和个体生产者的生产。

在自产自销的资本主义经济和个体经济中，价值规律的这种自发性的调节作用，是十分明显的。当某些商品的价格提高，利润增加的时候，资本家就被刺激着去扩充其生产；当某些商品的价格降低，利润减少的时候，资本家就被迫地去减少其生产。这就是说，劳动力和生产资料在这些自产自销的私营工业的分配，是受着自发的价值规律所支配的。在中华人民共和国成立初期，上海、天津等城市的某些私营工业，如钢笔、蜡纸、制钉、拉铜丝、小型机器制造等，因为一时求过于供、价格高、利润大的缘故，而盲目地增加起来，形成了1954年下半年的严重的滞销，就是证明。个体农民和个体手工业者的生产，也存在着同样的情况。

但是，在我国的条件之下，价值规律是逐步地被限制的。限制价值规律的前提，是国家的社会主义工业化和国家对农业、手工业和对资本主义工商业的社会主义改造。国家的社会主义工业化，扩大了社会主义经济的力量和计划经济的范围，从而，就扩大了国民经济有计划发展的规律的作用范围，缩小了价值规律的自发性的调节作用的范围。国家对农业、手工业和对资本主义工商业的社会主义改造，也提供了有利的条件，使价值规律逐步地受到限制。

国家和供销合作社对农民的统购和预购，限制了资本主义自发势力的发展，同时，也限制了价值规律的盲目性的调节作用。统购和预购，是国家把个体农民的生产间接地纳入国家计划的一种形式，在这些形式之下，农民所要生产的产品、数量和价格，大体上是被"规定"下来的。这样，价值规律的自发性的调节作用，就在一定程度之内受到限制了。但是，价值规律在这里并不是完全没有作用的。国家对于这些农产品的收购价格，如果违背了价值规律，那么，它就会在生产的失调上，出来表示它的态度。这就是说，如果某种农产品的价格规定得太低，农民就会减少这些农产品的生产，以至于不生产；如果对某些农产品的价格规定得高一些，那么，他们就会增加这些东西的生产。在 1949 年至 1953 年间，因为棉花价格规定得较高，棉花的年产量就从 800 多万担增加到 2400 多万担。农民为什么增加棉花的生产呢？因为他们看见棉花的价格高，比较种植其他农产物来得有利。由此可见，国家对于粮食、棉花和油料作物的计划收购，一方面限制了这些产品的自由贸易的范围，从而限制了价值规律的自发性的调节作用；同时，另一方面，又自觉地利用了价值规律的调节生产的作用，来为推动农民进行生产和保证完成收购计划服务。

在半社会主义和完全社会主义的农业生产合作社的形式之下，因为社会主义因素在社内出现了，这就使合作社能够逐步地进行了有计划的集体生产，因而能够使合作社的供、产、销方面同社会主义工业相结合，便于逐步地被纳入国家计划的轨道。在这种情况下，价值规律的自发作用，就更加受到了限制；但是，价值规律的调节作用，对于农业生产合作社来说，在一定限度之内，仍然是存在的。只要国家对农产品的收购价格规定得不妥当，那么，农业生产合作社就会减少那些被认为价格偏低的农产品，因而，这种产品的生产计划就难于得到完成。农业生产合作社是劳动者的集体所有制或部分集体所有制，它们所生产的农产品（除了自己消费的以外），是当作商品用去交换工业品的。为了使他们用在生产农产物上的社会必要劳动时间取得充分代价，他们不能不考虑这种产品的价格，不能不考虑它们的交换比例是否合理。对于价格被规定得偏低的农产物之减产或不产，是完全可以理解的。国家如果要增加这些产品的生产，只有利用价值规律主动地调整价格。调整了这些农产品的收购价格之后，农业生产合作社认为"合算了"，他们就会增加这种产品的生产。手工业生产合作社的生产，基本上也是这种情况。

当着资本主义工业自产自销的时候，价值规律起着支配作用，但是，当着资本主义工业被纳入加工订货的形式以后，情况就变化了。加工订货把资本主义工业的生产，纳入国家计划的轨道，使资本主义工业所要生产的产品品种、规格、数量和工缴货价，都通过合同的形式，被规定下来了，加工订货切断了资本主义工业和资本主义商业的联系，从而，就在很大程度上缩小了这些产品的自由贸易的范围，相应地限制了价值规律的作用。但是，在加工订货的形式之下，我们必须认识到，资本主义生产不但受着价值规律的调节，而且受着剩余价值规律的支配，因此，国家在对私营工业进行加工订货的时候，要考虑到价值规律和剩余价值规律。对于某种工业产品的"工缴""货价"，如果规定得偏高，国家和人民就要受到损失；如果规定得偏低，那么，资本家就会起来对国营经济抗争。他们有的采取抗拒和回避的态度，把产品拿到市场上去售得较高的价钱；有的采取偷工减料和"以次充好"的办法，去取得他们认为必须有的货价利润。当然，偷工减料和"以次充好"，并不完全由于工缴货价偏低。工缴货价规定得很适当的商品，只要缺乏工人的监督，资本家中也会有一些人使用这种违法行为去获得非法利润。从 1950 年到 1955 年的六年间，资本家在加工订货问题上同国家斗争的焦点之一，便是"工缴""货价"的规定。在"工缴""货价"的问题上，他们的理论根据之一就是价值规律。资本家利用价值规律来争取"工缴""货价"的增高，来辩护他们的回避加工订货和偷工减料"以次充好"的"事出有因"。国营经济在对资本家进行斗争并把他们纳入加工订货的时候，利用了价值规律，并在限制资本家对工人剥削的条件下，规定了适当的工缴货价，使资本家不太勉强地来接受加工订货的任务。经验证明：加工订货的形式，为国家自觉地利用价值规律提供了有利的条件，同时又限制了这个经济规律的自发作用。

在经销的形式下，私商以一定的批发价格，从国营商业或合作社商业进货，而以规定的零售价格卖给消费者。在批发价和零售价之间，私商取得了差价。经销商的营业额和利润率，一般是受到了限制的。由于国营商业和合作社商业在市场上居于领导地位，经销商不能随意抬价。如果他们把卖价抬得太高，居民就不会向他们购买物品，因为国营商业和合作社商业，同时在供应这些商品。在此情况下，价值规律对于商品流通的规模的调节作用，显然是受到了限制的。但是，国营商业和合作社商业在规定批零差价的时候，必须照顾到价值规律。如果采取了不适当的价格政策，就会使经销商的经营，不能按照国家的要求去进行。

在国家资本主义高级形式——公私合营之下，因为社会主义成分在企业中占了领导地位和发挥了领导作用，在企业合营和实行定息后，社会主义成分的领导地位更加巩固，它的领导作用更加加强，因此，社会主义基本经济规律和国民经济有计划发展的规律，就更加明显了。由于社会主义基本经济规律和国民经济有计划发展规律在公私合营企业中发生了主导作用，价值规律的自发性的调节作用，就大大削弱了，大大地受到限制了。

实行定息后的公私合营企业和国营企业一样，它们的生产规模、产品的品种、规格与数量等，基本上取决于国民经济有计划发展的规律。但是，价值规律的作用仍是不能忽视的。以那些不通过市场交换的调拨物资（生产资料）来说，它们的产量和价格，并不受着价值规律的调节，但在一定程度上，价值规律仍具有作用。

因为耗费在产品中的劳动量，在国营企业和公私合营企业中，是凭借价值规律及其形式来计算的，因之，为了计算这些产品的价值，为了经济核算，为了计算企业的盈亏，为了加速国家的资金积累，不能不考虑到价值规律，不能不利用价值规律。

为了实行经济核算制，必须利用价值规律，因为经济核算制是以价值规律为前提的。经济核算制是最能使企业经营适应价值规律的组织形式。在这种形式下，企业的产品价值的"实现"，是企业资金的经常来源。企业所消耗的资材，是根据社会必需的（计划的）标准而得到补偿的。通过经济核算制，企业能够看到自己所消耗的资材是否符合于社会必需量，它所拥有的货币与它所生产的产品之社会价值是否相适应。在社会主义企业和公私合营企业中，实行这种以价值规律为前提的经济核算制，就能够推动企业不断地改进生产方法，降低生产成本，并使企业能够赢利。

能不能说，在国营和公私合营工业生产中，价值规律完全被我们所自觉地利用而不发生自发性的调节作用呢？我认为答案是不能肯定的。在国家经济计划中，有一部分产品，只有产值指标而没有也不可能有品种、数量和规格的指标。为了完成产值的指标，某些国营工业和公私合营工业，就致力于生产那些产值较高、容易赢利的产品，至于这种产品之是否适合于客观的需要，它的产量是否适合于客观的要求，那是没有被放在考虑之内的。以产值较高或暂时容易赢利作为前提，这不是价值规律在发生调节作用吗？

在社会主义高潮后，我国的城乡出现了自由市场。自由市场是国家市场的补充，在这里，基本上是没有资本家参加的，它的主要特点是自由买卖。某些工业品和手工业品的自由选购与自由推销，统购农产品中的多余部分和非统购农副产品的自由采购与自由贩运，——这都不是由国家计划来规定，而是由价值规律来支配的。这就是说，在自由市场里，商品流通规模与商品构成，是受到价格涨落的调节的。但是，价值规律这种自发性的调节作用，是受到限制的，因为自由市场不是孤立存在，而是在国家市场的领导和调节之下进行的。

在自由市场里，商品供求的变化，将在一定限度内引起价格的波动，而价格的波动则对生产，特别是轻工业和手工业的生产，起着刺激或限制的作用，从而促使生产与消费相适应。价值规律对于生产的调节作用，就是这样地表现出来的。1956 年上半年资本主义工业基本完成了社会主义改造，但是，到了 1956 年下半年，上海、天津等城市的地下工厂，便陆续地生长起来。这种地下工厂在整个工业生产的比重上并不大，但是，它们的出现，正说明价值规律在这里自发地起着调节生产的作用。

根据我国过渡时期国民经济发展的情况来看，价值规律的作用范围，可以归纳为如下几点：

第一，价值规律之受到限制，是以社会主义国营经济的发展和国家对农业、手工业和资本主义工商业的社会主义改造的胜利为前提的。随着社会主义国营经济的不断发展，随着国家对个体农民和手工业者、对资本主义工商业的社会主义改造的胜利，随着整个国民经济的计划性的不断提高，价值规律的作用就越来越受到限制。价值规律之受到限制，指的是它的自发性的调节作用。例如说，在个体经济和自产自销的资本主义经济中，价值规律的自发的调节作用，仍然存在着；但在加工订货的资本主义经济中，价值规律的自发性的调节作用，就开始受到了限制；在实行定息的公私合营企业中，基本上同社会主义的国营企业一样，因为国家对它实行着直接计划，因此，价值规律的自发性的调节作用，就进一步受到限制。由此可见，在我国条件下，价值规律受限制的过程，就是社会主义经济同资本主义经济斗争的过程，就是国家对农业、手工业和对资本主义工商业进行社会主义改造的过程。

第二，在国家对农业、手工业和对资本主义工商业进行社会主义改造的前提下，限制价值规律的自发性的调节作用的过程，同时也就是国家自觉地利用价值规律的过程。国家在规定主要农产品的价格的时候，在规定加工订货的工缴货价的时候，在规定工业品和农产品的比价的时候，就是考虑到价值规律的调节作用，并利用它的这种调节作用去进行工作的。由于国家自觉地利用了价值规律的调节作用，因此，它的自发性就被限制了。这就是说，国家的经济计划之所以能有效地调节生产和流通，就是因为国家、国营企业和公私合营企业在制订计划的时候，是以客观的经济规律，其中包括着价值规律，作为根据的。在此情况下，价值规律的调节作用，并不是自发地表现出来，而是通过国家计划表现出来。正确的国家计划，体现了对价值规律的限制，同时，也体现了对它的利用。在这里，可以看出：价值规律的受到限制和受到利用，是一件事情的两方面，或者说，价值规律的受到限制，是在利用中表现出来的。

第三，根据我国国民经济发展的情况来看，价值规律在个体经济和自产自销的资本主义经济中，仍然自发地在发生着一种调节生产和流通的作用；而在高级形式的国家资本主义经济和社会主义经济中，价值规律对于生产的调节作用，被国家自觉地利用着。事实证明：把价值规律的调节作用限制在流通领域内的说法，是不正确的。流通过程同生产过程是密切联系着的，价值规律在流通过程中的调节作用，必然会影响生产。人民对于某种日用品的需要如果增加，首先表现在市场的供求上。为了解决供求间的距离，国家需要相应地增加这种产品的生产；反之，人民对于某种日用品的需要如果减少，这也会表现在市场的供求上，国家为了相应地减少积压，就需要相应地减少这种东西的生产。在社会主义经济中，价值规律对于生产的调节作用，同它在商品资本主义经济中的作用，当然是不同的。其不同之处，在于价值规律被社会主义国家所自觉地利用着，也在于价值规律成为国民经济有计划发展规律的从属规律。

正确地理解价值规律的作用，对于我国的社会主义建设，具有十分重要的意义。这不但因为自由市场和私营小企业将在一个相当长的时期内存在，而且因为国营经济和公私合营经济的生产和流通，需要国家自觉地利用价值规律的调节作用。

（原载《学术月刊》1957 年第 7 期）

在我国条件下价值规律的作用问题

在我国的社会主义改造和社会主义建设的过程中，正确地认识和利用价值规律，是一个重大的问题。

价值规律是商品生产的经济规律。它要求人们的商品生产必须按照社会必要劳动消耗量来进行，要求人们在商品交换的时候，必须按照商品的价值，即按照等价的原则来进行。基于等价交换的要求，价值规律对商品的生产和流通发生着作用。但是，价值规律对商品生产和流通所起的作用，并不是在任何情况下都是一样的。随着商品生产的性质的改变，这种作用也将随之发生变化。

在以生产资料私有制为基础的资本主义商品生产的条件下，盲目竞争和生产无政府状态的规律起着作用，价值规律成为统治着人们的自发力量，成为商品生产和流通的自发调节者。在这种情况下，价值规律所起的作用，主要可分为如下二点：

第一，是它对于商品生产和流通的调节作用，这种作用是通过商品价格和价值的矛盾表现出来的。在商品——资本主义社会的条件下，生产各种不同商品的生产者所生产的各种商品的数量，和社会对于各种商品的需要量是不可能完全适应的。而价值规律却要求用于某种商品的社会劳动总支出，必须同社会对该商品的需要量相适应，否则，这种商品就不能按照它所包含的社会必要劳动消耗量来实现它的价值，商品生产者就不能按照等价原则得到补偿。当生产某种商品的社会劳动总支出超过或者小于社会的需要量时，就会形成这种商品的价格和价值相背离，即在供过于求的情况下价格低于价值，在求过于供的情况下价格高于价值。各种商品生产者为了得到等价补偿，就会根据商品价格的变化，增加或减少生产。各生产部门间的社会劳动和生产资料的分配比例，就会由此自发地得到调节。

第二，是它的核算作用，这种作用是通过个别劳动消耗量和社会必要劳动量的矛盾表现出来的。因为对于生产同一种商品的不同生产者来说，生产这种商品所耗费的劳动时间总不会是完全相等的，而价值规律却要求生产者按照生产这种商品所耗费的社会必要劳动时间进行等价交换。如果生产这种商品所消耗的个别劳动时间超过社会必要劳动时间，那么超过的这一部分就会在商品价格上得不到社会的承认，因而得不到补偿。反之，当生产这种商品的个别劳动时间低于社会必要劳动时间时，不但可以得到等价补偿，而且可以得到超额的盈利。这样就会自发地促使生产者减少个别劳动时间，降低成本，提高劳动生产率。

在我国过渡时期，因为建立了工人阶级领导的人民民主政权，因为建立了日益壮大的社会主义经济，在这种条件下，价值规律的作用是逐步地发生着变化的。国家在发展社会主义经济和对非社会主义经济进行社会主义改造的过程中，创造了条件来限制价值规律，同时，也自觉地利用了价值规律。

在经济战线上的社会主义革命取得决定性的胜利以前，我国的商品经济中，有社会主义经济，也有资本主义经济和个体经济。价值规律对于资本主义经济和个体经济的商品生产和流通，还自发地发生着调节作用。但是，价值规律的这种自发的调节作用，随着社会主义经济的发展和社会主义改造的进行，逐步地受到限制。这可以分以下几个方面来观察。

首先，从农业的社会主义改造来看。

原来作为我国农业生产基础的是分散的小农经济，农民是小商品生产者，他们的产品除去自给消费的以外，是拿到市场上出售的，是完全由价值规律自发地来调节的。国家只能通过市场，用恰当的价格，来采购这些商品，来处理国家和个体农民的关系。这种情况，在个体农民组织起来成为临时互助组和常年互助组以后，并没有显著的改变。

随着国民经济的发展，国家对某些重要农产品，如粮食、油料、棉花等，实行了统购和统一收购的办法。统购和统一收购，是国家把农民的生产间接地纳入国家计划的一种形式。在这种形式下，农民所要生产的产品、数量、价格大体上是参照国家的统购和统一收购计划规定下来的，有计划按比例发展的规律开始发生作用，价值规律的自发性的调节作用就在一定程度上受到限制。当然，国家在规定这些农产品的收购价格时还是不能违背价值规律的。如果某种农产品的价格规定得太低，农民就会减少这种产品的生产，如果规定得太高，这种产品的生产就大量增加，以至出现排挤其他产品生产的危险。十分明显，国家通过统购和统一收购，一方面限制了价值规律的自发性的调节作用，另一方面，又自觉地利用价值规律，来为推动农民进行生产和保证完成收购计划服务。

农业的合作化，改变了小农经济的基础，在初级或高级农业生产合作社的形式之下，社会主义经济的因素逐步增长。分散的无计划的生产，开始逐步地改变为集体的有计划的生产。国家已经有可能把农业生产合作社的生产，逐步地纳入国家计划的轨道，让农业生产合作社根据国家的需要进行生产。在这种情况下，价值规律的自发性的调节作用，进一步受到了限制。但是，价值规律的调节作用，对于农业生产合作社来说，在一定程度上还是存在的。农业生产合作社是劳动者的集体所有制或部分集体所有制，它们生产的农产品除了自给消费的以外；是当作商品，用去交换工业品的。他们为了对生产农产品的社会必要劳动取得等价补偿，不能不考虑这种产品的价格和交换比例。如果国家对农产品的收购价格规定不妥当。那么，农业生产合作社对于那些认为价格偏低的农产品就会减少生产。因此，国家一方面要把农业生产合作社的集体生产，逐步纳入国家计划轨道，从而限制了价值规律的自发作用；另一方面又要自觉地利用价值规律，制定妥当的价格政策，来正确处理国家和农业生产合作社之间的关系，来进一步巩固工农联盟，来促进农业生产。

其次，从手工业社会主义改造来看。

我国的手工业大部分是个体的、小私有的手工业独立劳动者。他们的经济性质和个体农民一样，不同的是他们生产的产品绝大部分或者全部是用来出售，因此，价值规律对个体手工业生产的自发性的调节作用，也就更为明显。个体手工业者往往是根据市场价格的变化，来变动自己的生产的。

在个体手工业组织起来成为生产小组，并发展为供销生产合作社的情况下，国家开始通过供给原料、推销成品或组织加工订货等方式，逐步地把他们的生产，安排在国家计划指导之下，从而限制了价值规律的自发性的调节作用。但是在这里，国家仍然要自觉地利用价值规律，通过恰当的价格政策，来正确处理国家和手工业者的关系。如果价格规定的不恰当，他们就会不愿意向国营或供销合作社商业采购原料，不愿意由国营或供销合作社商业代他们推销商品。工缴货价如果不合算，他们就会不愿意接受加工订货。

随着社会主义改造的发展，手工业供销生产合作社进一步改变为统一经营、集体生产的手工业生产合作社，这就为国家逐步地把手工业生产纳入国家计划轨道，提供了更为有利的条件。国家可以通过组织签订合同的办法，把手工业生产合作社生产的产品、规格、质量和价格规定下来，让他们的生产更适合于社会的需要。这样，也就进一步地限制了价值观律的自发作用。但是，和农业生产合作社一样，手工业生产合作社也是劳动者的集体所有制或部分集体所有制，他们生产的商品全部是为了进行交换的。为了在交换中得到等价补偿，他们也必然要考虑商品价格和交换比例。因而，国家仍然必须自觉地利用价值规律，来正确处理国家和手工业生产合作社的关系，来促进手工业的生产。

最后，从资本主义工商业的社会主义改造来看。

中华人民共和国成立初期，价值规律和剩余价值规律在我国的资本主义工商业中，起着支配作用的情况，是十分明显的。当某些商品的价格提高，利润增加的时候，资本家就被刺激着去扩充生产；当某些商品价格降低，利润减少的时候，资本家就被迫去减少生产。例如，1952—1953 年，钢笔、蜡纸、制钉、拉铜丝、小型机器等商品一时供不应求，价格高，利润大的时候，资本家为了追求利润，就在这方面盲目发展。到了 1954 年这些私营行业都出现了过剩现象。

国家对资本主义工商业的社会主义改造，不但提供了有利的条件，逐步地限制以至消灭剩余价值规律，而且提供了有利条件，逐步地限制价值规律在资本主义经济中的自发性的调节作用。

对资本主义工业来说，当它们被纳入加工订货的国家资本主义形式以后，国家开始把资本主义工业的生产间接地纳入国家计划的轨道，使它们所要生产的产品品种、规格、数量和工缴货价，都通过合同形式，被规定下来。这样，就使资本主义工业按照国家的需要来进行生产。但是，在加工订货形式下的资本主义生产，基本上还是受着价值规律和剩余价值规律的调节和支配的。当资本家从加工订货的工缴货价中所得到的利润少于在自由市场上自产自销的利润的时候，他们就抗拒和回避加工订货，而去自产自销，有的甚至宁愿受不执行合同的罚款，因为自销得到的高价，除去罚款，仍然有较高的利润。资本家在工缴货价问题上同国家进行斗争的借口之一就是价值规律。只是当国家扩大对原料的掌握，加强价格管理，缩小自由市场以后，自产自销受到很大限制，价值规律和剩余价值规律的作用就更受到了限制。同时，国家在对资本家进行斗争并把他们的生产纳入加工订货的时候，也利用了价值规律。例如，对工缴货价问题，采取按正常合理经营的中等标准计算，使资本家每年可以获得 10%、20% 到 30% 的利润的办法；以及贯彻"分等论价，优质优价，劣质劣价"的原则等，都是利用价值规律来调节资本主义工业的生产，并限制资本家对工人的剥削所采取的具体措施。这些事实表明，在加工订货形式之下，国家在同资本家的斗争中，自觉地利用价值规律，同时，又限制了它的自发作用。

在资本主义企业实行公私合营以后，生产关系发生了重大变化。社会主义成分在企业中占了领导地位，发挥了领导作用，企业的生产经营已有可能直接纳入国家计划，价值规律的调节作用也就进一步受到了限制。但是，企业在个别公私合营和四马分肥的条件下，生产资料的私有制并没有消灭，而是和公有制在企业内部并存；并且，资本剥削还随着企业利润的增长而增长。因而价值规律和剩余价值规律，还对生产发生一定的调节作用。不过社会主义成分既然居于领导地位，国家就更可以自觉地利用这种作用，来调节国家和合营企业之间的关系，以及工人阶级和资本家之间的关系。一方面，要使合营企业的生产消耗能得到补偿，并能支付给资本家一定的利润；另一方面，又必须限制资本剥削，不能使合营企业获得过高的利润。

实行全行业公私合营和定息以后，企业的生产关系发生了根本变化。这时，生产资料的资本家私有制只是在形式上残存着，资本家只能按照国家规定领取五厘定息，而这种定息，已经和企业的生产和盈亏脱离了关系。这种企业，实质上已经和国营企业一样，它们的生产经营，是由国家按照社会主义基本经济规律和国民经济按比例发展规律的要求来安排的，价值规律已经不能自发地起调节作用了。

社会主义三大改造的胜利，基本上消灭了资本主义经济和个体经济，社会主义统一市场已经形成，从而大大限制了价值规律自发地发生调节作用的条件。但是，我们能不能说，在三大改造高潮以后价值规律在我国的商品生产和流通中，就完全丧失了自发的调节作用呢？事实还不是这样的。

在经济战线上的社会主义革命取得决定性的胜利以后，我国还存在着国家领导下的自由市场。这主要是因为在我国的经济中，仍然还存在着一部分残存的私营经济，它们的生产和交换，一时还不可能完全纳入国家计划之内。在自由市场中，商品的生产和交换基本上是由价值规律来支配的。商品供求的变化，在一定限度内引起价格的波动，这种波动调节着残存的私营经济的生产经营。当然价值规律在自由市场中的这种调节作用也是受到限制的，因为自由市场是国家市场的补充。它处在国家市场的领导和调节之下，而不是孤立地存在的。国家有可能通过经济领导和行政管理，限制价值规律在自由市场中自发泛滥。

经过伟大的整风运动和社会主义改造的日益深入，在 1958 年上半年，国家把残存的私营工业、个体手工业和小商小贩纳入了社会主义改造的轨道，残存的私营经济基本上被消灭了；农村人民公社化的迅速开展，彻底消灭了农业生产中的私人所有制的残余。由此，社会主义的统一市场更加巩固，自由市场基本上不存在了，价值规律随之也在基本上丧失了对生产发生自发性的调节作用的条件。

通过上述考察，可以将我国过渡时期对价值规律调节作用的利用和限制，归结为如下两点：

第一，价值规律受到限制，是以社会主义经济的发展和国家对农业、手工业和资本主义工商业的社会主义改造的胜利为前提的。随着社会主义经济的不断发展和社会主义改造的日益深入，国民经济的计划性不断加强，价值规律的自发的调节作用，也就越来越受到限制。由此可见，在我国条件下，价值规律的调节作用受限制的过程，就是社会主义经济同资本主义经济斗争的过程，就是国家对农业、手工业和资本主义工商业进行社会主义改造的过程。

第二，限制价值规律自发性的调节作用的过程，同时，也就是国家自觉地利用价值规律的过程。国家在规定农产品的收购价格的时候，在规定加工订货的工缴货价的时候，在规定工业品和农产品的比价的时候，都要考虑到价值规律的作用。由于国家自觉地利用了价值规律，因此，它的自发性就被限制了，这就是说，国家的经济计划所以能有效地调节商品生产和流通，就是因为国家在制订计划时，考虑到价值规律的作用。国家对计划和价格政策既体现了对价值规律的限制，又体现了对它的利用。这里可以看出，价值规律的调节作用受到限制和受到利用，是一件事情的两个方面，或者说，它的受到限制，是在利用中表现出来的。

跟着经济战线上社会主义革命的胜利，价值规律之在我国不再是统治着人们的自发力量，它的作用，在实践中不断地被认识和掌握，而由于价值规律赖以发生作用的价格机构操在国家手里，这就有可能自觉地利用它来为社会主义建设服务了。但是，这并不是说，价值规律在我国已经不复存在。经验证明，只要我们在价格政策上、在各种产品的比价上，规定得不妥当、不合理，那么，价值规律就会从反面出来表示它的存在，就会在生产的失调上，在生产计划的不能完成的事实上，出来显示它的作用。

人民公社化以后，有的同志曾经认为，商品生产将很快地缩小以至消亡，价值规律自然也不会再起什么作用了。事实证明，这种看法是错误的。人民公社化以后，商品生产并不会很快地消亡，而是还要有很大的发展。在党中央的及时教育之后，目前已经没有什么人再坚持这种看法了。

可是，还有同志认为，人民公社化以后，尽管商品生产还要存在，但价值规律的作用将越来越削弱，以至于没有什么作用。他们的根据是，经过全民整风和人民公社化运动，人们的政治思想觉悟大大提高，一切都要政治挂帅，首先是从政治上考虑服从国家的总体利益，而不是斤斤计较公社的经济利益。在政治挂帅面前，价值规律的作用就无能为力，因而，也就不存在着利用这个规律的问题。这种看法也是带有片面性的。我们不否认，人民公社化以后，商品生产的计划性和商品交换的集中性大大加强了，像人民公社这样的大型的综合性的经济组织，它本身就要求高度的组织性和计划性。这样，就保证了人民公社能够在服从国家统一计划的前提下，进行生产和交换。价值规律的自发性的调节作用当然因此受到了更严格的限制。但是，这里绝不能忽视人民公社基本上还是集体所有制经济。在人民公社的生产资料还是集体所有的条件下，发展商品生产和商品交换，在实质上是工人阶级团结六亿农民的问题，是进一步巩固工农联盟的问题。在国营企业和人民公社之间、在城乡之间、在工业和农业之间的经济联系，在今天的条件下，完全由国家直接统一分配，是不会受到广大农民的欢迎的，那么，只有通过商品交换的方式去进行。在集体所有制之间，在公社与公社之间，在生产大队与生产大队之间，它们的生产资料是各不相属的，从而它们间的经济联系，也只有通过商品生产和商品交换的方式去进行。在商品交换的条件下，等价交换的原则是不能否定的，价值规律的作用，是不能忽视的。在国家和公社之间，在公社和公社之间，按照等价的原则去进行商品交换，是在经济生活中和政治生活中正确处理人民内部矛盾的一个重要方式。正确地认识价值规律并自觉地去利用它，是政治挂帅的重要内容之一。政治挂帅并不是说人们可不按照客观经济规律办事，可以不经过科学分析而只凭主观热情来处理经济问题。政治挂帅和善于考虑客观经济规律的要求是统一的，而不是对立的。

中共八届六中全会在"关于人民公社若干问题的决议"中，批判了企业过早地否定商品、价值、货物、价格的积极作用的看法。在中共中央和国务院《关于适应人民公社化的形势改进农村财政贸易管理体制的决定》中，更明确指出："在现阶段，利用商品生产、商品交换、货物制度、价值规律等形式，有利于促进社会主义生产，有利于向社会主义的全面的全民所有制过渡（在现时，还只是在国营工业、运输业及其他国营企业和事业方面存在着全民所有制，所以还不是全面的），有利于为将来向共产主义过渡逐步地准备条件。"

在我国现阶段，应该从哪些方面来利用价值规律的作用呢？

第一，我们在根据社会主义基本经济规律和国民经济按比例发展规律来安排社会主义的生产和流通的时候，还要利用价值规律来正确处理国家和人民公社间的关系。例如以人民公社生产的主要农副产品来说，它们不是由价值规律调节的，而是由国家计划来指导的。人民公社在进行生产时，首先要考虑到完成国家的统购和统一收购任务。但是，国家对这些产品的收购价格是否适当，仍然有重要的作用。如果收购价格规定得太低，就会在一定程度上影响公社和社员的生产积极性，生产计划即便可以完成，但产品的质量以及生产计划以外超产的数量，是会受到影响的。所以，国家在规定这些产品的收购价格的时候，必须利用价值规律，保证公社在出售的时候能够得到等价补偿，这才能促进这些产品的发展，才能保证它们的指标的完成。

除去国家统购和统一收购的主要农副产品以外，人民公社还要根据本地具体情况，大力开展多种经营，生产那些零星的小宗土副产品。国家收购人民公社的这一类产品，是通过合同制度来进行的。在签订合同并规定这些小土副产品的价格的时候，就更需要利用价值规律，保证公社按照合同规定出售这些小土副产品时，能够得到等价补偿。如果只是单纯地强调合同的作用，忽视合理的价格，那么，就不能鼓励人民公社开展多种经营的积极性，若干小土副产品就可能减产或停产。

在人民公社大办工业的情况下，生产出来的工业产品和手工业产品，除去满足公社本身的需要以外，由国家收购的也会越来越多。国家在收购人民公社的这一类工业产品和手工业产品时，同样也要利用价值规律和等价原则。规定的收购价格应该是：既要有利于公社工业的发展，又要有利于产品的销售；既要使人民公社有适当的利润，又要照顾使用单位和消费者的负担合理。

公社和公社之间的商品交换，以至以管理区（生产大队）为单位的商品交换，是要在国家统一领导下，通过广泛的合同制度来进行的。国家对这种商品关系的统一领导，也要利用价值规律，使双方按照等价原则进行交换，达到公平合理，双方有利。

此外，国家和个人之间也存在着商品关系。这主要表现在个人领取工资以后用来购买生活消费品上，它是和按劳分配的分配制度密切相关的。既然消费品还不可能按照需要直接分配给劳动者，而是经过曲折的道路，通过商品、货物的形式分配给消费者，那么，消费品的价格，就成为人民经济生活中的一个重要问题。国家在规定各种消费品的价格的时候，就不能不考虑价值规律的作用；这不仅关系到各生产部门的生产和积累，而且直接关系人民的生活。可以设想，如果我们对消费品任意作价，而不是按货论价，就会立刻影响各收入水平不同的人民之间的生活状况。

第二，在一定条件下利用价值规律在流通领域中的调节作用。在我国现阶段，由于有些产品退出了流通过程，价值规律在商品流通中的调节作用也大大地缩小了。例如，那些不通过市场交换的调拨物资（主要是生产资料），是由国家通过计划进行分配的；人民公社中自己生产而直接地分配给社员的供给品如粮食菜蔬等，也退出了市场。价值规律对这些物资的分配都不发生调节作用。但是，我们不能因此就说，价值规律在我国的商品流通中已经完全不起调节作用了。事实上，价值规律在某些个人消费品的范围内，还有着一定的调节作用。以棉布而论，它是按定量分配的，价值规律的调节作用受到很大限制。但是，在花色品种之间，我们仍然可以利用价值规律的作用，从价格上使购买力不至于过分集中在某些紧张的品种上，或鼓励消费者购用代用品。对某些数量不足的奢侈消费品，国家也可以制定较高的价格，来调节消费者购买，并为国家积累资金。对某些季节性较大的商品（如蔬菜），国家可以通过掌握季节差价，在上市较少的时候，使消费者少购买一些；在大量上市的季节，鼓励消费者多购买一些。

第三，价值规律通过等价的要求，对企业进行经济核算，促进企业提高劳动生产率和降低单位产品费用的作用，需要继续加以利用。社会主义的生产和交换，还不是直接用劳动量来计算，仍然是用价值形式来计算和通过价值形式来补偿的。这就是说，社会主义企业必须通过价值形式，精确地反映出活劳动和物化劳动消耗的真实情况；在这个基础上，规定出提高劳动生产率的指标和增加积累的指标。当然，社会主义生产并不是为了取得利润。国家计划规定的重要产品，并不因为个别工厂的劳动生产率较低，因而就减少其生产；在某些情况下，甚至暂时得不到完全补偿的，也仍然要继续扩大生产。可是这并不是说，社会主义生产就可以不计算成本，不计算利润，不去提高劳动生产率。相反，提高劳动生产率，扩大积累，是社会主义生产中最重要的问题。这只是说，在社会主义制度下，价值规律不是自发地对劳动生产率发生作用，而是在社会主义经济核算中，被人们利用去促进劳动生产率的发展。因此，社会主义的经济核算，也就较之私有制经济的成本和利润核算，有着更重要的意义和更重要的作用。

在私有制经济下（尤其是在资本主义制度下），各生产单位之间是对立的和竞争的关系。价值规律在这方面作用的结果，实际上是使劳动生产率较高的企业处于优势地位，而使劳动生产率较低的企业破产。在社会主义制度下，各生产单位之间是合作互助的关系，利用价值形式去进行经济核算，具有发挥和鼓励先进，以及鞭策落后的作用。

对于人民公社来说，价值规律在这方面的作用也是十分重要的，农业生产合作社发展为人民公社以后，变成了一个大型的综合性的经济组织，工农商学兵互相结合，农林牧副渔全面发展，它就更需要利用价值形式，通过经济核算，来检查、统计和监督各种经济活动和劳动成果。原来在分散生产时不需要什么核算的副业生产现在都集中起来而成为集体生产，这就需要利用价值形式来进行经济核算了。利用价值规律的这种作用，能够在公社内各部门之间，各生产队之间，鼓励先进的部门和生产队继续前进，推动落后的部门和生产队，努力改变自己的落后状况，去赶上先进的部门和生产队。这样一来，人民公社的劳动生产率就会不断地向前发展了。

在我国今后一个必要的历史时期内，商品生产和商品交换不但还会存在，而且还会有很大的发展。因之价值规律也要继续存在，和继续发挥它的一定作用。正确认识和自觉地利用价值规律的积极作用，有利于提高社会劳动生产率，发展社会生产；有利于处理国家和个人之间的关系，调节积累、消费和满足社会需要；有利于处理全民所有制和集体所有制之间的关系，促进人民公社发展商品生产，和逐步地向社会主义全面的全民所有制过渡，而这一切，都是为着我国由社会主义向共产主义过渡逐步地准备条件的。

（原载《经济研究》1959 年第 5 期）

利用价值规律为社会主义服务

利用价值规律为社会主义服务，是一个重要的问题。

伟大领袖和导师毛主席曾经指示我们，价值规律是一个伟大的学校，只有利用它，才有可能教会我们的几千万干部和几万万人民，才有可能建设我们的社会主义和共产主义。否则，一切都不可能。毛主席的这一教导，要我们从建设社会主义和共产主义的高度，去看待价值规律，意义是极其深远的。

大家知道，在社会主义制度下，占主导地位的经济规律，是社会主义基本经济规律和国民经济有计划、按比例发展的规律，而不是价值规律。但是，由于社会主义社会保留着商品生产和货币交换，价值规律对生产和流通都还具有重要的作用。否认价值规律的存在，不在我们的工作中估计到这个规律的作用，就会出现盲目性，就不能很好地领导和组织国民经济。

祸国殃民的"四人帮"及其党羽，用主观唯心主义对待价值规律，反对利用价值规律为社会主义服务，给国民经济造成了严重的恶果。我们必须彻底清算"四人帮"在价值规律问题上散布的谬论，端正对价值规律的认识，以加速建设社会主义。

一

价值规律是商品经济的固有规律。在私有制经济中，价值规律对商品生产和流通起着调节的作用。

大家知道，商品具有使用价值和价值，价值的实体是人类的抽象劳动，即生产某一使用价值所花费的劳动时间。这个劳动时间不是某一个生产者的个别劳动时间，而是社会必要劳动时间，即在现有的社会正常的生产条件下，在社会平均的劳动熟练程度和劳动强度下制造某种使用价值所需要的劳动时间。价值规律的作用，就是体现了社会必要劳动时间决定商品的价值量这一要求。

以一个商品来说，如果生产它时所支出的劳动时间，超过社会的必要劳动时间，按照价值规律的要求，超过的那部分劳动时间，就不被社会所承认，从而就不能形成价值。反之，如果在生产它时所支出的劳动时间，少于社会必要劳动时间，按照价值规律的要求，也要以社会必要劳动时间来计算它的价值。

以一个生产部门来说，价值规律要求它所生产的某一类商品在劳动量的支出上，必须同社会总劳动量应分配给它为生产这类商品所应得的劳动量相适应，因为在各个生产部门之间，在社会总劳动量的分配上，是存在着一定的比例关系的。马克思说，"不仅在每个商品上只使用必要的劳动时间，而且在社会总劳动时间中，也只把必要的比例量使用在不同类的商品上。"① 如果某一种商品，在生产上所占去的劳动量超过社会总劳动量应分配给它的部分，也就是说，这种商品的产量，超过社会对它所需要的数量，那么，超过的那一部分商品的劳动量，就不会被社会所承认。在这种情况下，"这个商品量在市场上代表的社会劳动量就比它实际包含的社会劳动量小得多。"② 反之，如果某种商品在生产上所占去的劳动量小于社会劳动总量应分配给它的部分，那么，这种商品在市场上代表的社会劳动量，就比它实际包含的劳动量要大。

在资本主义社会，价值规律对于商品生产者的盲目的调节作用，是通过商品的市场价格同它的价值（生产价格）背离的运动来实现的。某个生产部门的生产者，因为其所生产的商品数量，超

---

① 《马克思恩格斯全集》第二十五卷，人民出版社 1974 年版，第 716 页。

② 同上书，第 209 页。

过了社会对它们的需要，不得不在它们的价值（生产价格）以下出售，就得不到平均利润，甚至亏本，只好减少生产。反之，另一个生产部门，产量少于社会对它的需要，得以在它的价值（生产价格）以上出售，不但能够得到平均利润，甚至能够得到超额利润，就会增加生产。价值规律的这种调节作用，驱使资本家的资本，盲目地在各个生产部门之间，不断地流进或流出。由于存在着生产社会性和私人资本主义占有的矛盾，这种竞争和生产无政府状态，使各生产部门的比例关系经常遭到破坏，只有经过周期性的经济危机，才使之达到暂时的平衡。这是资本主义的不治之症。

二

在社会主义制度下，价值规律的盲目调节作用，被国民经济有计划、按比例发展规律所代替了。但是，它对生产还起一定的影响作用。

建立在生产资料公有制基础上的社会主义生产的目的是满足劳动人民的需要。它使社会用在一种产品上的社会劳动总量所占的份额，和社会要求这种产品得到满足的需要的范围之间，确立了一种直接的联系。因为有了这个直接的联系，无产阶级国家才能订出计划，把社会的总劳动时间，在各个不同的生产领域之间按比例进行分配。这就是说，只有在社会主义条件下，客观地存在于各个生产部门之间的比例关系的必然性，才能表现为国民经济有计划、按比例地发展。在我国，这些条件是实现了的，因而，价值规律的盲目调节作用，就被国民经济有计划、按比例发展的规律所代替了。

现在需要进一步研究的是在社会主义生产中，价值和价值规律还有什么样的作用？

首先，价值规律是计划工作的工具。马克思在《资本论》中说过："在资本主义生产方式消灭以后，但社会生产依然存在的情况下，价值决定仍会在下述意义上起支配作用；劳动时间的调节和社会劳动在各类不同生产之间的分配，最后，与此有关的簿记，将比以前任何时候都更重要。"① 在社会主义社会，由于还实行商品制度，马克思说的劳动时间的调节和社会劳动在各类不同生产间的分配，就仍然需要借助于价值形式进行。国民经济的平衡，不但要有实物的平衡，还要有价值的平衡。还要利用价值范畴进行劳动耗费和有用效果的计算和比较，等等。

其次，价值规律是实现国民经济计划的辅助手段。在社会主义社会里，一个采取商品形态的使用价值，并不同资本主义生产和小商品生产一样，盲目地由市场的供求关系去形成其价格，而是由国家自觉地有计划地制定价格的。无产阶级国家的计划价格就是人们自觉地反映商品价值的具体形态。我们国家历来采取计划第一，价格第二的方针。为了有计划按比例地发展各种产品的生产，除了主要靠计划调节以外，无产阶级国家也有必要使某些商品的价格，超过它们的价值，或者低于它们的价值，以适当影响生产单位的生产。例如，为了使某种产品的生产得到更快的发展，除了主要靠计划安排外，有时也采取适当提高该种产品价格的办法，鼓励生产单位多生产这种产品。这样，某些商品以至部分商品的计划价格，同它们的价值，就会发生背离，就会不一致，但是，这种不一致，并不否定社会在一定时期中，商品的价格总和，同它们的价值总和是一致的。

最后，利用价值规律搞好企业的经济核算，提高经济活动效果。为了促使社会主义工矿企业，精打细算，厉行节约，提高劳动生产率，无产阶级国家利用货币形式，对社会主义企业实行经济核算制度，通过各种经济指标包括价值形式指标如成本、利润等去计算，去比较，去监督各个企业的生产经营。经济核算要求我们的社会主义企业，在生产一定量的产品（使用价值）的过程中所消耗的活劳动和物化劳动，不超过并尽可能低于国家规定的指标，这

---

① 《马克思恩格斯全集》第二十五卷，人民出版社 1974 年版，第 963 页。

样，就能够促使企业在同一劳动时间里，用同量的物化劳动和活劳动，去生产更多的产品；而在这些产品出卖以后，就能够以货币形式，为国家提供更多的税金和利润。在这里，可以看出，在我们的社会主义企业里，正是利用价值规律的作用，通过进行经济核算，去比较先进与后进，并且推动后进的赶先进，先进的更先进。

"四人帮"为了破坏我国社会主义事业，竭力反对我们很好地利用价值规律。政治野心家马天水说，"老讲价值规律做什么?"又说，"对价值规律"，"符合我们的目标就利用它"，"否则就不用"。"四人帮"的舆论工具胡说价值规律"就是大利大干，小利小干，无利不干"，"抓经济核算就是利润挂帅"，由于价值规律的作用，"就会出现'价值追逐狂'"，这样，"货币就重新转化为资本"等。"四人帮"散布这一套谬论，就是要我们违反客观经济规律，使我们的经济工作陷于盲目性；就是反对我们用较少的劳动消耗创造更多的社会财富，想挖空社会主义的物质基础。在"四人帮"影响下，我们有的同志在一段时间里，不敢讲利用价值规律，不敢抓经济核算，现在是打碎这个精神枷锁的时候了。我们一定要在理论上批判"四人帮"的反动谬论，在实际工作中更好地利用价值规律，提高经济管理水平，严格企业经济核算制度，使我们的经济工作符合客观经济规律的要求，越做越细。

三

在社会主义社会，价值规律在流通过程中还起着重要的作用。

价值规律在流通过程中的要求，是等价交换，即等价物同等价物的交换。等价物的交换，是价值规律在生产中对于商品价值的决定这件事，在流通领域的延伸。

在社会主义社会，由于工业和农业，基本上是建立在两种不同的社会主义公有制的基础上，国营工业和集体农业之间的经济联系，只能采取商品交换（在这里，货币的媒介，暂时被舍象）的形式。既然如此，价值规律必然要求等价交换。我们在购销工作中必须遵守价值规律的上述要求。毛主席在《论十大关系》中说："我们对农民的政策不是苏联的那种政策，而是兼顾国家和农民的利益。……工农业品的交换，我们是采取缩小剪刀差，等价交换或者近乎等价交换的政策。"实践证明，国家对于农副产品的收购价格，如果规定得过低，如果不是优质优价，如果不是在大体上贯彻等价交换的原则，那么，国营商业部门在收购工作中就会遇到困难，一些需要收购的物资就有可能转移到集市上去卖高价。等价交换也是社会主义再生产和社会主义积累的不可缺少的条件。如果国家在同集体的经济联系中，从集体取得的农产品，在价值量上，大大超过应给予集体的工业品，那就会使集体经济的相当一部分农产品的价值转化为国营经济的"超额"利润，而上缴给国家，从而，就会影响集体经济的积累，甚至会影响集体经济的再生产和社员的生活。反之，如果国家从集体取得的农产品，在价值上，小于它给予集体经济的工业品，那就会使国家的工业品的一部分价值转化为集体的收入，从而，就会减少国家的社会主义积累，就会影响国家的社会主义建设的高速度发展。实践证明，在国营经济与集体经济的商品关系上，党的等价交换的政策，正确地反映了价值规律在社会主义流通过程中的客观要求，并成为高速度地发展社会主义工农业生产的必要条件。

在社会主义全民所有制的范围内，由国家按计划在各个生产部门或企业间直接调拨生产资料，是要计价算账的。这个货币量所代表的价值量，同包含在这一定量的生产资料本身中的社会必要劳动量，在数量上，大体是相等的。这在实质上，也是等价交换。在商品价值没有变化的条件下，如果调拨价格不能表现这一定量的生产资料所包含的价值量，而是低于后者，那么，生产并调出这种生产资料的部门或企业，就不能完全补偿其在生产过程中所消耗的全部物化劳动和活劳动，影响它们在货币形式上取得本部门、本企业的劳动群众为国家、为社会提供的剩余劳动了。这就有可能影响这个部门及其企业的正常生产经营，以至影响扩大再生产。反之，如果调入并使用这种生产资料的部门及其企业，在价值以上支付货价，那就会使这个部门及其企业，减少企业盈利，影响它们对国家上缴的税金和利润，以至影响它们在生产规模上的扩大。由此可见，在国营企业间直接调拨的生产资料的问题上，等价交换的原则，还是客观存在着的，必须得到重视。

在劳动群众以消费者的资格，以其所得的工资，向国营商店购买生活资料的时候，也存在着等价交换的要求。消费者用一定量的货币，换取商店的一定量的生活资料，两者之间，在价值上，也必须是大致相等的。如果其他一切条件都没有变化，而某些生活必需品的价格提高了，那就会在实际上减少工人的工资收入；反之，如果某些生活必需品的价格降低了，那就会在实际上增加工人的工资收入。这两种情况，都会影响劳动产品的按劳分配和国营商业的企业利润。因此，在消费者同国营商业之间消费资料的等价交换，是实现按劳分配的一个条件，也是国营商业为国家上缴利润的一个条件。我国制定消费品价格，一贯采取基本稳定，个别调整的方针，使基本生活资料的价格稳定，就是为了保证劳动人民的生活在生产发展的基础上逐步有所改善。

在集体所有制的范围之内，价值规律的等价交换的要求，明显地表现在生产队与生产队之间，生产大队与生产大队之间以及公社和公社之间的社会主义劳动协作中。以农村的大中型水利建设来说吧，它们都是由许多生产单位共同协作来兴建的。在这里，由于各单位所处的地位不同，有的单位，受益的面积很大，有的单位，受益的面积较小；有的单位，不但没有受益，甚至还要受到损失。实践证明，坚持无产阶级政治挂帅，发扬社员群众的共产主义风格，是我国各地能够顺利地完成农村水利工程建设的大前提。只有在这个大前提之下，受益面积较少的单位，没有受益甚至还要受到损失的单位，才能在思想上以大局为重，积极参加协作。但是，为了工程的更加顺利进行，还要在这个大前提之下，正确地处理不同单位之间在经济上的协作关系，这就是，按照各个参加协作的单位，在这个水利建设上受益面积的大小，合理地安排负担，坚持等价交换的原则。协作当中的等价交换和流通当中的等价交换有所区别，但在自觉地利用价值规律这一点上是相同的。

如上所述，无产阶级国家在流通过程中，有必要利用价值规律关于等价交换的要求，去处理国营经济和集体经济之间的经济联系，处理全民所有制范围内各个具有相对独立性的国营企业之间在产品调拨或事前订货上的计价算账关系，处理国营商业对广大消费者在购买消费品上的买卖关系。在这里，国家规定的价格，在原则上，是等价的或者近于等价的。这是流通过程中问题的主要方面。与此同时，无产阶级国家还有必要考虑某些商品在全国范围内和在较长时间内的供求现状，利用价值规律对于供求关系的反作用，这就是马克思所说的"需求按照和价格相反的方向变动，如果价格跌落，需求就增加，相反，价格提高，需求就减少"[1] 的原理。例如，通过适当提高或降低某一种农产品的收购价格，来影响这种农产品的收购数量，或者通过适当提高或者降低某一种消费品的销售价格，来影响这一种消费品的销售数量。对于国营工业企业所制造的产品，有时也有必要调整价格，通过这种办法来达到增产节约的目的。这些措施都是有利于社会主义建设的。

"四人帮"一贯破坏党的价格政策，否定价值是我们制定价格的基础或出发点，鼓吹自由定价。谁都知道，没有大体上反映价值的计划价格，就很难实行计划经济。"四人帮"鼓吹这一套，就是要否定我国社会主义计划经济。"四人帮"还攻击国家收购农副产品是什么"对农民的变相税收，变相剥削"，反对社会主义公有经济之间交换产品需要计价算账。他们的罪恶目的，是破坏社会主义商业的购销工作，破坏工农联盟，搞乱整个社会主义经济，复辟资本主义。这都是必须深入批判的。

---

① 《马克思恩格斯全集》第二十五卷，人民出版社 1974 年版，第 213 页。

四

我国在 1956 年生产资料所有制的社会主义改造高潮以前，因为存在着资本主义经济成分和大量个体经济成分，价值规律在这些经济成分的商品生产和商品交换中，还发挥相当大的调节作用。生产资料所有制的社会主义改造基本完成以后，原来的资本主义企业，实现了公私合营，直接由国家领导，纳入国家计划的轨道，广大农村的个体农业则实现了集体化。这样，价值规律对于生产的调节作用范围，就大大地受到了限制，大大地被缩小了。但是，这并不是说，价值规律的自发性，从此就在我国宣告绝迹。

例如，某些集体农业的基本核算单位，某些国营企业，如果国家计划调节受到破坏时，那么，价值规律的自发性，它的对于生产的盲目调节作用，就会在这种集体农业的基本核算单位中，或者在这种国营企业单位的经济活动中，呈现出来。从国家计划来说，如果计划价格同价值严重背离，如果计划的安排没有适应那个客观地存在于各个生产部门之间的比例关系，那么价值规律也会在计划经济的反面，"后发地，无言地"发作起来。实践证明，无产阶级国家的国民经济计划越是正确地反映了客观地存在于各个生产部门之间的比例关系，越是正确地反映了国民经济有计划，按比例发展规律的要求，价值规律对于社会生产的那种自发的、盲目的作用，就越会受到限制。

我国许多地方现在还存在着农村集市贸易。对于农村集市贸易，价值规律无疑是在发挥其一定的调节作用的。随着供求关系的变化，集市的价格也在起着变化。一般说来，农村集市的价格是比国营商店所经营的同种商品的价格要高一些的。这种情况，具有诱发资本主义倾向和冲击社会主义统一市场的消极作用。最突出的一点，就是国家收购的产品，往往因为受到这种影响，而不能如期完成任务。因此，我们在发挥集贸市场作为社会主义商业的补充作用的同时，必须加强管理，适当限制，把这种贸场严格地限制在国家政策允许的范围内，只准自产自销，产销直接见面，取缔弃农经商，取缔无证商贩，打击投机倒把；制止机关、企业、团体等在农村集市采购农副产品。还要进一步发展集体农业的多种经营和国营商业及供销合作社的业务，以便使社会主义牢固地占领农村的商业阵地。

"四人帮"一方面否定我们利用价值规律为社会主义服务，另一方面又鼓吹自由价格，自由生产，自由贸场，其目的，就是反对我们按照社会主义经济规律的要求调节社会主义生产，而放手让价值规律像在资本主义社会那样自发地调节社会生产和流通。

价值规律在社会主义社会里，是客观存在着的。毛主席说，"人们要想得到工作的胜利即得到预想的结果，一定要使自己的思想合于客观外界的规律性，如果不合，就会在实践中失败。"对待价值规律也是这样。为着实现华主席提出的抓纲治国的战略决策，高速度地发展我国国民经济，我们必须采取科学态度来对待价值规律，研究它，认识它，使自己的思想合乎客观规律性，这样就可以利用这个规律很好地为社会主义服务。

（原载《红旗》1978 年第 3 期）

有关运用价值规律的几个问题

一

为什么要强调自觉地运用价值规律？因为这个经济规律在社会主义制度下是客观地存在着的，我们不能违反它，而必须自觉地加以利用，使它为社会主义生产和社会主义流通服务。

要运用价值规律为社会主义服务，就必须认识这个规律的要求，根据马克思主义，可以归纳为两点：一是商品的价值决定于生产它的社会必要劳动量，以一个商品来说，不管某一个生产者在生产这个商品时所支出的劳动时间有多少，它的价值（价值量）只能由当时生产同种商品的社会必要劳动时间来决定。以一个生产部门来说，价值规律要求它所生产的某一类商品，在劳动量的支出上必须同社会总劳动量（或总劳动时间）应分配给它为生产这类产品所应得的劳动量（或劳动时间）相适应，因为在各个生产部门之间，在社会总劳动量的分配上，是客观地存在着一定的比例关系的。二是商品对商品的交换必须以等价为原则。在社会主义制度下，价值规律是不是客观地存在着呢？这在认识上并不一致。有的人，否定了价值规律在社会主义社会里的存在，从而，否定了物价工作有自觉地运用这个规律的问题。他们这种认识，是毛主席的思想，完全对立的。毛主席曾指示我们，算账才能实行那个客观存在的价值法则，这个法则是一个伟大的学校。只有利用它才有可能教会我们的几千万干部和几万万人民，才有可能建设我们的社会主义和共产主义。否则，一切都不可能。

马克思在分析商品生产的时候明确地指出了价值规律的客观存在。马克思还说道："在资本主义生产方式消灭以后，但社会生产依然存在的情况下，价值决定仍会在下述意义上起支配作用：劳动时间的调节和社会劳动在各类不同生产之产的分配，最后，与此有关的簿记，将比以前任何时候都更重要。"① 在我们的社会主义社会里，由于还实行着商品制度，马克思所说的劳动时间的调节和社会劳动在各类不同生产间的分配，就有必要借助于价值形式来进行。不仅如此，所谓"劳动时间的调节和社会劳动在各类不同生产间的分配"，在社会主义制度下，还包含有如下一个意义，这就是一个商品以至一类商品的价值量，也必然要决定于"社会必要劳动时间"或"社会必要劳动量"。

但是，在社会主义社会里，一个采取商品形态的使用价值的价值量，并不同资本主义和小商品生产社会一样，盲目地由市场的供求关系去规定其价格，而是由国家自觉地有计划地去安排其价格的。自觉地运用价值规律去安排我们的计划价格，显然是以客观存在的价值规律作为根据的。

价值规律同其他经济规律一样，抚之无形，听之无声。如果我们的计划价格符合于客观实际，反映了价值规律的要求（即社会必要劳动时间决定商品的价值），那么，它就没有什么表示，在表面上，好像它并不存在。反之，如果我们的计划价格不符合于客观实际，违反了价值规律的要求，那么，它就会通过群众的活动或者从反面表示它的态度。用马克思的话来说，那就是"在事后作为一种内在的、无声的自然必然性起着作用"②。收购农副产品的实践证明：收购价格如果不合理，或者说，同价值规律的要求差得太远，社员群众就会减少这些农副产品的生产，或者把他们拿到集市

---

① 《马克思恩格斯全集》第二十五卷，人民出版社1974年版，第963页。
② 《马克思恩格斯全集》第二十三卷，人民出版社1972年版，第394页。

去出卖。由此可见，客观地在社会主义社会里存在的价值规律，是不能忽视的。只有自觉地运用它，才能做好我们的经济工作。

实践证明，自觉地运用价值规律去搞好企业的经济核算，有利于多快好省地实现我们的社会主义生产和社会主义建设。自觉地运用价值规律关于等价物交换等价物的要求，使我们能够正确地处理国营经济和集体农业之间的经济关系；能够正确地处理全民所有制范围内各个具有相对独立性的国营企业之间在产品调拨上的付价关系；能够正确地处理国营商业在对广大消费者在购买消费品上的买卖关系；也能够正确地处理集体经济各个基本核算单位之间的经济关系。而所有这一切，都是实现四个现代化和高速度发展国民经济所必要的。

二

要自觉地运用价值规律，首先，要明确地认识这个规律，在社会主义社会里还是客观地存在的。为什么要强调这一点？因为这个规律的客观存在，还没有被许多同志所认识。如果不承认它的客观存在，那怎能谈得上对这个经济规律的自觉地运用呢？

其次，认识了价值规律的客观存在之后，还要自觉地运用价值规律关于商品价值量，决定于"社会必要劳动量"的要求。什么是社会必要劳动量或社会必要劳动时间呢？根据马克思的指示，那就是在现有的社会正常的生产条件下，在社会平均的劳动熟练程度和劳动强度下制造某种使用价值所需要的劳动时间。怎样具体地理解这种必要劳动时间呢？那就是"正常生产、合理经营情况下的中等成本"加上计划利润。以这种"中等成本"加上计划利润作为依据而制定的价格，能够发挥价格对生产的促进作用，因为它能够使那些低于社会平均成本的技术先进和管理得好的企业，获得较高的利润；反之，那些高于社会平均成本的技术落后和管理得不好的企业，利润就低，甚至亏本。要改变这种低利润或亏本的情况，那些原来技术和管理都落后的企业，就必须改善管理水平、改善技术设备，搞好经济核算，提高经济效果。这样做，对于增加国家的利润收入和积累，对于高速度发展国民经济，是有利的。

最后，价值规律要求某一生产部门所生产的某一类商品，在劳动量的支出上，必须同社会总劳动量应分配给它为生产这类产品所应得的劳动量相适应。但是，在生产无政府状态的私有制社会里，特别是在资本主义社会里，价值规律的这个要求，是没法实现的，它"只是当作这个平衡不断破坏的反映来证实它自己"它只能通过盲目的自发的调节作用，来证实它自己。我国已经实现了生产资料的社会主义公有制，社会用在一种产品上的社会劳动总量所占有的范围，同社会要求这种产品得到满足的需要的范围之间，已经确立了"一种必然的联系"，因而，我们能够在各个生产部门之间实现按比例的计划生产。只要我们的计划工作，反映了客观地存在于各部门之间的比例关系，那么，价值规律的盲目调节作用，就发挥不出来。无产阶级国家的国民经济计划越是正确地反映了客观地存在于各个生产部门之间的比例关系，越是正确地反映了国民经济有计划按比例发展规律的要求，则价值规律对于社会生产的那种自发的、盲目的调节作用，就越会受到限制。在这里，我们可以看出在国民经济有计划、按比例发展规律同价值规律之间，是存在着一种关系的。到底价值规律和国民经济有计划按比例发展规律之间存在着什么关系呢？我们将在后面再谈。

无产阶级国家对于国民经济的安排，主要是依靠生产计划来实现；但是，这并不否定我们把价值规律作为辅助手段来利用。毛主席说过，"我们是计划第一，价格第二"。计划第一，指的是国民经济各部门的生产安排，要以国民经济按比例发展规律作为根据，价格第二，指的是我们要做好物价工作，贯彻党的物价政策，并用此去保证计划的实现。这就要求我们在国家统一计划的指导下，自觉地运用价值规律，正确地处理各类商品的比价关系。各类商品之间的比价关系，在实质上，就是价值规律在流通过程中关于等价物同等作物的交换的要求的具体表现。马克思在分析简单价值形态的时候，用"二十码麻布等于一件上衣"作为例子，就具有比价关系的意义。为什么不是十码麻布而是二十码麻布，等于一件上衣呢？因为在价值量上，十码麻布只等于半件上衣。关于工农业产品的剪刀差问题，在理论上，也是一个比价问题，也是一个等价物对等价物交换的问题。

很明白，在社会主义制度里，某些商品的计划价格，同它们的实际价值（即由社会必要劳动时间所形成的价值量），并不是完全一致的。为了社会主义建设的需要，为了发展某种产品的需要，为了调整某些商品在供销平衡上的需要，无产阶级国家有必要通过计划，使某些商品的价格超过它们的实际价值；或者低于它们的实际价值。在这里，某些商品以至部分商品的计划价格。同它们的实际价值，显然是背离的，是不一致的。但是，这种不一致，并不否定社会在一定时期中，商品总量的计划价格，同它们的总量的实际价值的一致，或近于一致，这就是说，无产阶级国家的计划价格，在理论上，还是以马克思关于"价值决定"的科学论断，作为基础的。

我们国家规定的价格，在原则上，是符合于价值的，或者近于价值的。这是价值规律在流通过程中的要求的反映，这是国家对于价值规律的自觉运用，但是，与此同时，国家还有必要考虑某些商品在全国范围内和较长时间内的供求状况，通过适当提高或降低某一种农产品的收购价格，来影响这种农产品的生产和收购的数量，或者通过适当提高或者降低某一种消费品的销售价格，来影响这一消费品的销售数量。有人可能问：国家规定的价格，大体等于价值或者近于价值，是自觉地运用价值规律；而高于价值或低于价值的价格，即价格与价值互相背离，为什么也是自觉地运用价值规律呢？这不是矛盾吗？我认为可以这样回答，国家规定的价格，大体等于价值或者近于价值，是自觉地运用价值规律关于价值决定于社会必要劳动量，和在流通过程中等价交换的要求。可以说，这是这个规律的关于价值决定的作用。而国家规定的价格，高于或低于价值，则是自觉地利用价值规律对于供求关系的反作用。马克思指出：需求按照和价格相反的方向变动，如果价格跌落，需求就增加，相反，价格提高，需求就减少。当然，价格的这种调整，是有条件的，必须考虑到某些商品在全国范围内和在较长时间内的供求状况，必须考虑到价格的调整对于国民经济各部门所发生的影响和作用。因此，把运用价值规律简单地理解为全面提价，是不正确的，因为正确地运用价值规律，不仅有提价的问题，而且有降价的问题。

自觉地运用价值规律的反面，是盲目地跟着价值规律的指挥棒而乱转。有些人，在口头上，不承认在社会主义制度下有价值规律的存在。而在行动上，却是盲目地跟着价值规律的指挥棒在乱转，甚至一心一意地为价值规律的盲目自发性服务。例如，有些生产单位，不是不顾国家的计划安排，专门为生产产值很高的产品而奋斗吗？有些工业管理机关，为了争产值，不是对所属企业下达一种既没有产品的品种（规格）指标，又没有产量指标的空头产值指标吗？从这些情况来看，大力宣传在社会主义制度下还客观地存在着价值规律，大力宣传自觉地运用价值规律为社会主义服务，是很必要的。

三

价格是价值的货币表现。商品不仅要有价值，而且要有使用价值。商品是使用价值和价值的统一体。使用价值是价值的物质基础，没有使用价值，就没有价值。这是马克思主义政治经济学的一个基本原理。要做好物价工作，我们必须严肃地对待这个科学的基本原理。

资本家的商品，也是使用价值与价值的统一体；但是，资本家之提供使用价值，只是为了它的价值，为了实现包含在商品中的剩余价值。价值和剩余价值，是资本家追求的目的；而商品的使用价值则是实现价值和剩余价值的手段。在经济危机来临的时候，资本家经常毁灭大量使用价值，却保存价值，便是明证。反之，社会主义社会的生产目的，是为了物质财富，为了使用价值，而不是为了价值，在这里，商品的价值形式，只是作为一种便于核算的工具而已。社会主义制度（特别是生产资料的社会主义公有制）的性质，决定了它的生产的目的性。

但是，社会主义生产的这个目的性，并不为一些同志，特别是某些企业的负责人所记取。这些同志，在口头上是不反对社会主义生产应以物质财富（使用价值）的生产作为目的的；但是，在生产经营的实践中，他们却把价值作为追求的目标。归纳起来，至少有两种表现：其一是不考虑生产（和消费）的需要，大量生产不对路，不合规格而产值较高的产品；其二是无视产品的使用价值，经常产生次品和废品。

不对路的不合规格的产品，虽然它们本身的使用价值并不坏，而事实上，它们的使用价值，却被它们本身的不对路，而被打了折扣。如果从价值来说，那也是成为问题的，因为这种不对路的产品，不为社会所需要，从而为生产这些产品的劳动量，就不会被社会所承认，就不能形成价值。这是马克思主义政治经济学关于价值规律的又一个基本原理。马克思说过："如果某种商品的产量超过了当时社会的需要，社会劳动时间的一部分就浪费掉了，……这些商品必然要低于它们的市场价值出售，其中一部分甚至会根本卖不出去。"[①] 具有使用价值并且只包含生产它所必需的社会劳动量而超过社会需要的商品，尚且如此，何况不合规格、没有销路的商品呢？这难道不是白白地把社会劳动时间的一部分浪费掉了吗？

出产次品和废品，不但浪费了社会的活劳动，而且浪费了社会的物化劳动（原材料和机器设备）；同时也使一部分运输部门的劳

① 《马克思恩格斯全集》第二十五卷，人民出版社 1974 年版，第 209 页。

动，成为无用劳动。消费品的质量好坏，直接影响到职工个人生活。职工用他们的工资去购买消费品，如果是丧失了使用价值的废品或降低了使用价值的次品，这在实质上，是把他们从按劳分配而得的一部分工资白白地报销了。生产资料质量的好坏，直接影响到社会主义生产和社会主义建设。马克思不止一次指出，原材料质量不好，会使商品的生产，超过社会必要劳动时间。实践证明，生产资料的质量如果不好，不但会浪费国营或集体的生产单位的资金，而且会影响生产，会带来危害，会出现事故。经常或大量出产废品或资品，会破坏国民经济各部门的产品的比例关系；会阻碍国民经济的高速度发展，也会严重地影响四个现代化的实现。

由此可见，我们是不能离开使用价值来谈价值的。有些企业的负责人，对于其所生产的废品、次品，几乎若无其事。他们说："质量虽然不好，不愁没人要"。这难道不是证明他们是离开使用价值而谈价值吗？离开使用价值而谈价值。在实质上是一种资产阶级思想。

为了多快好省地进行社会主义生产和社会主义建设，我们既反对那种"不惜工本"，浪费活劳动和物化劳动的做法，同时，也反对那种粗制、减料的做法。废品和次品是粗制、减料的结果。而粗制、减料就是在生产过程中，对于制造这种商品的必要的活劳动和物化劳动，打了折扣。制造这种商品的必要活劳动和必要物化劳动，既然打了折扣。那么，它们的价格。有什么理由要同那些支出了社会必要劳动量而质量优美的商品，等量齐观呢？"按质论价，优质优价"的政策，是有科学根据的。

四

要理解价值规律同国民经济有计划、按比例发展规律之间的关系，必须理解马克思如下一段话："人人都同样知道，要想得到和各种不同的需要量相适应的产品量，就要付出各种不同的和一定数量的社会总劳动量。这种按一定比例分配社会劳动的必要性，决不可能被社会生产的一定形式所取消，而可能改变的只是它的表现形式。这是不言而喻的。自然规律是根本不能取消的。在不同的历史条件下能够发生变化的，只是这些规律借以实现的形式。"① 这一段话，不仅为我们理解国民经济有计划发展规律提供了钥匙；也为我们理解价值规律同客观存在的比例关系的关系，提供了钥匙。

在资本主义社会里，各个生产部门之间的比例关系，也是客观地存在的，生产是在无政府状态中进行，因而，那个客观地存在各生产部门间的比例关系。就没法得到实现。在这种情况下，价值规律就必然会自发地发挥它的盲目的强制作用。马克思说道，"各不同生产领域之间确乎会不断企图保持平衡；一方面因为，固然每个商品生产者都必须生产一种使用价值，必须满足一种特别社会需要，各种需要的范围又有数量上的差别，但其中仍然会有一个内部的连带，让各种不同的需要量连结成为一个体系，一个自然发生的体系。另一方面因为，商品的价值规律结局会决定，社会所可支配的总劳动时间有多少能用在每一种特殊商品的生产上。不过，各生产领域这种保持平衡的不断趋势，只是当作这个平衡不断破坏的反应来证实它自己。"在这里，要求我们倍加注意的是，"商品的价值规律结局会决定，社会所可支配的总劳动时间有多少能用在每一种特殊商品的生产上"这一句话。掌握了这一句话，问题就会迎刃而解。

在社会主义社会里，价值规律对于社会生产的盲目的调节作用，被国民经济有计划按比例发展规律所代替了。生产资料的社会主义公有制，在一方面，使社会用在一种产品上的社会劳动总量所占有的范围，和另一方面，社会要求这种产品得到满足的需要的范围之间，确立了一种必然的联系。因为有了这个必然的联系，国民经济有计划、按比例发展规律才能发生作用。也就是说，只有在社

① 《马克思恩格斯选集》第四卷，人民出版社 1972 年版，第 368 页。

会主义生产方式的条件下，客观地存在于各个生产部门之间的比例关系的必然性，才能表现为国民经济有计划、按比例发展规律。因为有了这个必然联系，无产阶级国家才能定出计划，把社会的总劳动时间，在各个不同的生产领域之间，按比例地进行分配。在这种情况之下，价值规律的自发的、盲目的调节作用，就被国民经济有计划、按比例发展规律所限制，所代替了。

实践证明，价值规律同国民经济有计划、按比例发展规律，在作用上，有矛盾的一面，也有一致的一面。价值规律起着自发的。盲目的调节作用，而国民经济有计划，按比例发展规律的作用，则是按比例的计划性。但是，这两个矛盾着的规律是存在着一致性的。这种一致性的根据就是马克思所说的，"社会所可支配的总劳动时间有多少能用在每一种特殊商品的生产上"，也就是说，社会总劳动时间，必须根据社会需要，按比例地分配在各个不同的生产领域之间。国民经济有计划发展规律是从正面反映了这个客观存在的比例要求；而价值规律则是从反面来表达这个客观存在的比例要求的。如果我们的计划安排，符合于国民经济按比例、有计划发展规律的要求，那么，价值规律的盲目的自发作用，就会受到限制，以至没法表现出来。反之，如果我们的计划安排，违背国民经济按比例、有计划发展规律的要求，那么，价值规律的盲目的自发的调节作用，就会"无言地"从反面发作起来。这种情况，表现了这两个规律的互相转化。这种互相转化，就是它们之间，存在着一致性的无可争辩的证明。

有的人，否认了价值规律和国民经济按比例、有计划发展规律之间的一致性。他们只看见两者之间的矛盾，从而，就一刀两断地把这两个规律分割开来。他们问道：如果在社会主义制度下，价值规律同国民经济有计划发展规律，还有一致性，那岂不是说我们的计划生产，要受到价值规律的指挥吗？我认为，客观地存在于这两个规律之间的一致性是没法否定的。承认这两个规律的一致性，并不是要求我们服从价值规律的盲目的自发作用，而是要求我们从实际出发，更好地安排国民经济各部门的比例关系。这样，我们就能够更有力地推动国民经济的高速度发展，更有力地限制价值规律的盲目的调节作用。

五

要认识客观地存在于社会主义社会的价值规律和其他经济规律，就必须向马克思、恩格斯、列宁和毛主席的著作学习。我们的无产阶级革命导师，已经在他们的著作中，对于客观地存在于社会主义社会的经济规律，作了科学的说明。只有深刻地学习马列主义经典著作的有关论述，我们才能系统地对这些客观经济规律有所理解。

但是，要使我们对于客观经济规律的认识，能够成为有血有肉的东西，能够在我们的工作中发生深刻的作用，那只有向人民群众学习，向我国社会主义革命和社会主义建设的实践经验学习。实践是检验真理的唯一标准。如果离开了实践，对于客观经济规律的认识，那就只能停留在"纸上谈兵"的阶段上，只能保留在抽象的空虚的水平上。列宁很重视理论的作用，他说过，没有革命的理论，便没有革命的行动；但在同时，他辩证地指出了理论和实践的关系。他指出：理论在变为实践，理论由实践赋予活力，由实践来修正，由实践来检验。对于客观经济规律的深刻认识，也何尝不是如此？只有经过正反两方面的经验的实践，我们才能深刻地全面地认识社会主义制度下价值规律及其他经济规律的客观存在及其作用。既然客观经济规律只有在人们违反它们的要求的时候，才从反面出来表示它的抗议，那么，对于它们的认识，只有在那种情况下，才能得到更深刻的印象。斯大林说道，一般说来所有的规律都是在被破坏时才令人感觉到，而破坏规律不能不遭殃。斯大林的话是正确的。如果离开了社会实践，我们对于价值规律及其他经济规律，就没法得到比较全面，比较深刻、比较准确的认识，对于它们的自觉运用，那就更加谈不到了。

　　只有通过学习和实践，我们才能全面地、准确地认识客观地存在于社会主义社会中的价值规律及其他经济规律，才能运用自如地利用它们为社会主义生产和社会主义建设服务。

（原载《经济研究》1978 年第 8 期）

论"穷过渡"

一

我国集体农业的基本核算单位，现在一般是生产队，将来要采取适当的形式，例如，从生产队向大队，又从大队向公社基本核算单位过渡，再从公社的集体所有制向全民所有制过渡，实现全国单一的全民所有制。这是我国社会主义发展的必然规律，是我们必然要走的道路。

实践证明，要逐步地实现这种过渡，并不是人们的主观意志所能任意决定的。集体农业的基本核算单位的过渡，只能决定于农业生产力的发展水平，只能决定于各个基本核算单位之间贫富差距的缩小，只能决定于社员群众大多数人的社会主义觉悟以及他们对过渡的自愿。如果农业生产力有了很大的发展，以至于现在作为基本核算单位的生产队的生产规模和关系，成为桎梏，那么，不过渡就会犯错误，就会障碍农业生产力的进一步发展。如果在大队的范围内各个基本核算单位之间的经济力量，由于农业生产力的发展，而在贫富程度上的差别有着显著的缩小，以至基本消失，那么，把基本核算单位从生产队向大队过渡，就不会发生大队"共"生产队的产和穷队"共"富队的产的问题。在那种情况之下，实现基本核算单位从生产队向大队过渡，在队与队之间，在财产关系上，就不会发生矛盾。如果农业生产力的发展水平，有着显著的提高；如果富队与穷队之间的差别，有着显著的缩小，而社员群众的社会主义觉悟水平又有了进一步的提高，绝大多数人对于基本核算单位的过渡，不但没有怀疑和反对，而且踊跃地加以支持，那么，实现基本核算单位的过渡，就成为瓜熟蒂落，水到渠成的事情。

1961年，中央提出我国农村人民公社的根本制度的时候，最初是以生产大队作为三级所有中的基本核算单位。但是，经过调查研究之后，毛泽东同志就指出，在现阶段，农村人民公社的基本核算单位，一般还是以生产队为适宜。实践证明，在农村人民公社的三级所有中，以生产队为基本核算单位，是适合现阶段我国农业生产力的发展水平和群众的社会主义认识水平的。

"四人帮"为了破坏我国的社会主义农业经济，大搞其"穷过渡"。"穷过渡"的内容是什么？第一是否定农业生产力发展水平对于生产关系的决定作用，认为可以不顾生产力发展水平的情况，只凭长官意志，就可以把集体农业中的基本核算单位，从生产队一下子过渡到生产大队。第二是不顾富队和穷队的差距，不顾穷队和富队在经济上的矛盾，硬把它们"拉平"。这么一来，不但穷队"共"了富队的产，而且大队也"共"了富队的产。这种做法，并不是什么"社会主义"而是严重的平均主义；这种做法，比"一平二调"平均得更加彻底。"四人帮"公然否定了生产关系一定要适合生产力性质规律的存在及其要求。这个客观规律要求在生产力进一步发展的条件下，必须改变生产关系以适应生产力的发展，但在同时，它还要求人们当生产关系适合生产力的发展的时候，必须稳定这个同生产力的发展相适应的生产关系。在我国现阶段，农村人民公社之以生产队为基本核算单位的生产关系，是适应农业生产力的发展水平的，是有利于农业生产力的进一步发展的。在当前这种情况之下，硬要把集体农业的基本核算单位，从生产队过渡到生产大队，明显地，那是违背生产关系一定适合生产力发展规律的要求的。用中国的一句老话来说，那就是"拔苗助长"。当禾苗长得不高的时候，硬把它拔起来，表面上好像高了一点，实际上，却在损坏苗的根子，使苗枯黄。"四人帮"的"穷过渡"，在实质上，就是这么一回事。

实践证明："穷过渡"不仅破坏了农业生产力，不仅违反了生产关系一定要适合生产力性质的规律的要求，而且也在破坏价值规律和社会主义按劳分配的规律的要求。

"穷过渡"必然要遇到过渡到大队的各个生产队的清产核资的问题。甲生产队有多少牲畜、多少农具、多少林木、多少耕地，还有多少积累的现金要归入大队呢？乙生产队有多少牲畜、多少农具、多少林木、多少耕地，还有多少积累的现金，要归入大队呢？甲队的资产有可能大大地超过乙队，但是，过渡之后，大家却享受一样的待遇——记在账册上，什么时候补偿，那是遥遥无期的。有的地方则干脆来一个"共产风"，"宣布无偿过渡"。这种做法，难道不是同党所规定的"自愿互利，等价交换"的原则，尖锐地矛盾吗？难道不是同社会主义时期价值规律的要求，尖锐地矛盾吗？为什么宣布"穷过渡"之后，一些地方的生产队悄悄地卖掉牲畜，砍掉树木呢？因为它们受到了不平等、不公平的待遇。因为要求等价物交换的价值规律在这里受到了严重的破坏！

"穷队"和富队的生产规模、产品总量以及全队收入，是不相同的。因而，富队社员的工分所代表的实际价值，同穷队社员的工分所代表的实际价值，是不相等的。富队社员一个劳动日的日值，有的是一元五角，有的超过一元五角。反之，穷队社员一个劳动日的日值，有的只有五六角，有的竟在三四角以下。"穷过渡"的实质，就是把原来富队和原来穷队的工分值和日值来一个拉平。既然基本核算单位已经从生产队过渡到生产大队，那么，社员的工分或日值就必然以生产大队为范围，就必然降低原来富队社员的工分值，而提高穷队社员的工分值。富队之所以富，有好多原因，但是，经营得好，积极劳动，是一个重要的因素。按照社会主义的分配原则，多劳就应该多得。但是，"穷过渡"一来。这个多劳多得的社会主义分配原则，就没法不被冲垮了。这种干法，怎能保持原来富队社员的社会主义积极性呢？又怎能不滋长原来穷队社员的依赖思想呢？在条件尚未成熟的时候要搞"穷过渡"，既然削弱了原来的富队的积极性，既然滋长了原来穷队的依赖性，那么，集体农业怎么有可能迅速地发展起来呢？

二

"四人帮"已经被打倒了，但是，"穷过渡"的主张，并没有跟着"四人帮"的覆灭而宣告结束。这些主张"穷过渡"的人们，其所坚持的论据，有不少是同"四人帮"差不多的。

第一，是把"穷过渡"说成是"革命"。王洪文不是这样说吗："不想搞穷过渡就是不想搞革命，就是反对所有制变革"。王洪文的这种说法，难道不是某些人现在坚持"穷过渡"的理由吗？许多坚持实事求是，因地制宜，把生产队维持在合适的规模的同志，不是受到了什么"不革命"，什么"右倾"，什么"没有共产主义大目标"的批判吗？这些批判的论据，哪一点不是同王洪文的说法一致呢？好大的帽子啊！搞"穷过渡"就是革命；不搞"穷过渡"就是反对社会主义革命，这是哪里来的理论根据？这是哪里来的逻辑？我倒要问，好好落实党的农村经济政策，好好把以生产队为基本核算单位的集体农业搞上去，好好发挥作为国民经济基础的农业的作用，难道这不是在搞社会主义吗？难道那种拔苗助长、破坏农业生产力的"穷过渡"反而是革命吗？马克思主义、毛泽东思想教导我们，必须把不断革命论同革命发展阶段论结合起来。如果按照这些人的说法，只有限时限日，马上过渡到大队核算；接着又要赶快过渡到公社核算，才算革命。从表面上看，那是相当"革命"的，但是，相信马克思列宁主义的人们，能这么办吗？能够用所谓的"不断革命论"去否定革命发展阶段论吗？实践证明，一个新的生产关系建立之后，需要有一个巩固的过程，以生产队为基本核算单位的集体农业，也是如此。而所谓"穷过渡"却正是破坏这个现在适合农业生产力发展水平的生产队核算的巩固。王洪文是存心破坏我们的社会主义集体农业，我们革命的同志怎能这么干呢？

第二，是认为以生产队为基本核算单位的集体农业，规模太小，资力不大，不能适应大搞农田水利基本建设的需要；只有"并队"，只有把基本核算单位从生产队过渡到生产大队，才能适应农田水利基本建设的要求。1970 年前后，林彪、"四人帮"在一些地方所煽起的"突击并队"，就是以这种所谓"适应论"作为论据的。这个论据，现在还有市场，还成为"穷过渡"的理由之一。事实证明，这个论据是站不住的。许多地方的规模不小的农田水利基本建设，并不是以"并队"作为条件，而是在生产队核算的条件下完成的。事实证明，只要正确地处理参加农田基本建设的生产队之间的经济关系，只要按照各个参加协作的生产队在水利建设上受益的大小，执行"自愿互利、等价交换"的原则，合理地安排负担，那么，以生产队为基本核算单位的集体农业，依然是能够把农田水利基本建设搞好的。因此，以"不适应"农田基本建设作为理由，来否定现阶段的三级所有、队（生产队）为基础的农村根本制度，理由是不坚实的。

第三，是认为集体农业基本核算单位的过渡，可以不考虑经济条件。张春桥提出过渡"要抓各种典型，特别是穷队的典型，有全国意义"。在他的鼓动之下，一些卖身投靠的家伙，就大叫"不够条件不能说不可以过渡"，"物质基础不是主要的，主要的是穷精神"，"穷队要靠穷精神过渡"。张春桥及其爪牙的那个"穷过渡"的精神，难道现在就已经消失了吗？所谓只要领导班子好，至于经济条件，穷过渡也好，富过渡也好，都可考虑；所谓"如果等富了再过渡，就没有意思"的说法，说穿来，都不外是"四人帮"的"穷过渡"精神的翻版罢了。如果"穷过渡"以后，穷队就立即能富起来，那是值得欢迎的。问题是这种希望，终于只能是一种希望而已。实践证明，穷队的过渡在实质上，只能是把富队的财富，把富队社员的分配收入，拿出来同穷队拉平。在这种情况下，穷队是能够"富"起来的，但是，从整个生产大队来说，财富并没有增加，劳动总收入也并没有增加。其结果不外是拉穷了富队，增强了"穷队"的依赖性。这对于整个国民经济来说，有什么好处呢？

第四，既然集体农业基本核算单位的过渡可以不考虑经济条件，那么，长官意志就必然成为决定穷过渡的决定因素了。"四人帮"在上海附近所搞的"穷过渡"难道不是张春桥这个特务的意志决定的吗？"四人帮"被打倒之后，他们的意志当然不能起决定作用，但是，现在坚持"穷过渡"的人们，虽然同"四人帮"有别，但在贯彻长官意志这一点来说，却很难说不是相同的。事实证明，有些地方的长官正是在"穷过渡"这个问题上，大搞长官意志的，他们不顾客观条件，不经群众讨论，强制其所控制的地区内的生产队限期搞过渡。在"穷过渡"之后，在许多矛盾冒出来之后，还要继续搞下去，集体农业生产怎能有发展的希望呢？

第五，强迫社员"穷过渡"是不承认农民集体所有制的最突出的行动。"四人帮"是社会主义制度的死敌，他们大搞极"左"，农民的集体所有制当然不在他们的眼里。"四人帮"被打倒以后，一些地方的干部仍然通过各种方式，去否认农民的集体所有制，有的地方，任意对生产队搞摊派，搞一平二调，有的地方，任意从上面来一个一刀切，大搞瞎指挥，有的地方，使用各种办法，使许多生产队增产不增收，按劳分配成为只看得到而拿不到的"镜花水月"；有的地方，则在学习先进的名义之下，一下子把生产队都过渡到生产大队。在这种情况之下，生产队的资金、物资、人力的支配权和生产经营的管理权都被上面所掌握了。既然失去了资金、物资、人力的支配权和生产经营的管理权，那么，农民的集体所有制，怎能不陷于名存实亡的境地呢？农民的集体所有制既然名存实亡，长官要他们"穷过渡"，他们怎能提出不同意见，不搞"穷过渡"呢？

我国《宪法》明确规定"农村人民公社经济是社会主义劳动

群众集体所有制经济，现在一般实行公社、生产大队，生产队三级所有，而以生产队为基本核算单位"；明确地规定"国家保障社会主义全民所有制经济和社会主义劳动群众集体所有制经济的巩固和发展"。宪法是国家的根本大法。不根据客观条件，不经群众讨论，不得到群众大多数人的同意，而用长官意志决定生产队的过渡，不仅是用主观唯心主义去否定历史唯物主义，而且是公然违反国家宪法的明文规定。

实践是检验真理的唯一标准。"穷过渡"给社员群众带来什么呢？是带来"富裕"，还是造成灾难呢？《人民日报》的读者来信回答得很明白：第一是"富队不干了，穷队等'共产'"；第二是"给较好的队加重征购任务，多劳不能多得"；第三是"牲畜、农具大量损失，副业生产管理混乱"。"大队核算，牲畜成了没娘的儿，争着使，拼命用，没人关心，"富有的队"悄悄地把几条牲畜卖掉了"，"大农具也损坏了不少"。第四是"生产受到严重损失，社员生活无法保障。由于生产队没有了自主权，副业又被收归大队，生产资金没着落"，电费交不起，电管部门不给送电。社员吃水、磨面都困难。这封来信的评语是："这就是'穷过渡'给生产队和社员带来的七灾八难"。这个评语是什么意思呢？这难道不是在说，当条件尚未成熟的时候，当农业生产力的发展水平还没有达到一定程度的时候，当大队范围内各个生产队的穷和富的差距尚未达到明显缩小的时候，当社员群众大多数人在思想认识上还没有同意过渡的时候，用长官意志去强迫"穷过渡"，不但不能使穷队富起来，不能使大队的生产发展起来，反而会使富队以至整个大队的生产力——从牲畜、大农具到劳动力，都受到严重的损害吗？说在条件尚未成熟的时候，"穷过渡"，在内容上，就是对于农业生产力的破坏，难道会过分吗？当然，在形式上，农业集体所有制是"上升"了的，因为它的基本核算单位从生产队到了生产大队。但是，这种形式上的提高，能够补偿农业生产力的损失吗？如果不是为了欺世盗名，那么，在条件尚未成熟的时候，怎能强迫社员去搞

"穷过渡"呢？

三

现在坚持"穷过渡"的人，也有些论点是同"四人帮"不一一样的。"四人帮"反对社会主义建设，反对四个现代化，而这些同志则是拥护社会主义建设，拥护四个现代化的。他们认为，赶快实现生产队到生产大队的过渡，有利于农业实现现代化，理由是生产队过渡到大队之后，大队的财力就更加雄厚，就有力量可以购买现代化的农业机械。很明白，作为国民经济基础的农业，现在仍然是国民经济中的薄弱环节。农业如果上不去，整个国民经济就不可能迅速发展，国家的四个现代化也就没法实现。但是，农业机械化必须因地制宜，必须根据各地不同的条件，先化什么，后化什么，必须有个计划，不能一哄而上。以农业机械化来说，方式可以是多种的。有的农业机械站，它的机械，可以由社、队自己出钱购买；有的农业机械站，它的机械，可以由国家银行提供部分低利贷款，实行"民购公助"；有的农业机械站，可以全由国家经营，建立国营拖拉机站，为生产队耕作，收取一定费用。如果按照这种情况来说，以购买农业机械作为理由，而把基本核算单位，一下子从生产队过渡到生产大队，在理论上，是不完全站得住的；在实践上，是不完全行得通的。难道"穷过渡"是解决农业现代化的唯一关键吗？难道"穷过渡"能够一下子就增强生产大队的财力吗？根据客观事实，建立了拖拉机站的生产大队，并不是少数，而能够把拖拉机站管理得好，使它在农业生产中发挥作用的，却不是多数。如果不搞好农机的管理，如果不搞好科学种田，如果不搞好集体农业的经济管理和经济核算，如果在这种情况之下，就急急忙忙去实现生产队到生产大队的过渡，带来的将不是农业现代化的高速度生产，而是管理混乱，浪费日增，成本增加，以至收入不能跟着投资的增长而增长。实践证明，只要落实党对集体农业的经济政策，只要把作为基本核算单位的生产队的经营管理和经济核算搞好，只要因地制宜地进行科学种田，那么，集体农业的生产，就会迅速地发展起来，集体农业的积累就会跟着农业生产的发展而增加起来。如果这样，实现农业现代化的资金，在基本上，不是就得到解决了吗？何必在条件未成熟的时候，就去搞那种损害农业生产力的"穷过渡"呢？

回顾一下我国社会主义集体农业的历史吧！陈伯达在"大跃进"中刮起了"一平二调共产风"；1970年前后，林彪，"四人帮"在不少地方煽起了"突击并队过渡风"；之后又在许多地方大搞"穷精神过渡"。"四人帮"被打倒以后，直到党的十一届三中全会以前的几年间，"穷过渡"在有的地方依然还成为不容讨论的禁区。实践是检验真理的唯一标准。实践已经向我们提出了大量使人不能不深思的问题：为什么在有些地方多年发展起来的农林牧副渔业遭到了严重的破坏？为什么集体积累起来的固定资产多次遭到巨大的损失？为什么大队和生产队的经营管理时好时坏，甚至经常陷于混乱？为什么农业生产不能实实在在的增产？为什么一些社员群众的干劲，不是越来越大，而是越来越小？为什么一些生产队的干部，甚至一些生产大队的干部在变化无常中感到不知所措？这难道不是因为在林彪、陈伯达，"四人帮"的破坏及其影响下，多次不顾农业生产力的发展水平，不顾富队与穷队之间的差距和矛盾，不顾社员群众的思想情况，而层出不穷地搞什么"并队"，搞什么"突击过渡"，搞什么"穷精神过渡"，制造出来的吗？

既然以生产队为基本核算单位的三级所有、队（生产队）为基础的农村根本制度，是适合现阶段的农业生产力发展水平并且适应当前社员群众的政治思想水平的，那么，我们就有责任严肃地批判那种在表面上提高集体农业的公有化水平，而在实际上却在破坏农业生产力，破坏客观经济规律的什么"穷过渡"。那么，我们就有责任坚持现阶段的生产队核算，让它有一个稳定的、巩固的时间，让它能够充分地发挥社会主义农业的优越性。

党的十一届三中全会公报明确地规定："人民公社要坚决实行三级所有、队为基础的制度，稳定不变"。这是一个极其英明的决定。这个决定是受到全国亿万农民的热烈拥护的。我们必须坚决地把它贯彻下去。只有如此，我国国民经济的高速度发展和社会主义现代化建设，才能顺利地得到实现。

（原载《经济研究》1979 年第 4 期）

论计划经济、商品经济和价值规律的统一性

党的十二届三中全会一致通过的《中共中央关于经济体制改革的决定》明确提出，我国社会主义的计划经济是在公有制基础上的有计划的商品经济。这使我们有必要对计划经济、商品经济和价值规律三者之间的关系，重新研究，重新认识。因为多年来，一些同志把计划经济同商品经济对立起来，又把计划经济同价值规律对立起来。而实践证明，把这三者分割开来，并把它们对立起来的传统观念，是违背客观现实的，是阻碍社会主义经济的顺利发展的。

为了再认识计划经济、商品经济和价值规律三者之间的关系，我认为有必要先把商品经济和价值规律的性质和要求认识清楚。

一　充分发展商品经济的重大意义

资本主义经济是以最发达的商品生产（扩大的商品再生产）作为特征的。但是，商品生产和商品交换，已经在五千年至七千年之前，早就出现了。因此，把商品生产和资本主义生产等同起来，是不符合人类历史的客观事实的。

事实上，在社会主义时期就废除商品生产和商品交换，是不可能的。利用商品关系有利于保持全民所有制经济与集体所有制经济的联系，有利于处理各个集体经济之间的经济关系，有利于处理全民所有制范围内、各个经济实体之间的经济关系；有利于处理国营

商业、集体商业以及个体商业对广大消费者在购买消费品上的买卖关系。这也就是说，有利于在具体形式上实现按劳分配的原则。在社会主义社会里，如果用支付实物的形式去实现按劳分配，那是极其复杂、极其困难的。通过商品买卖的形式，从按劳分配而得到工资的人，他就可以根据自己的需要，去购买商品，以满足自己的需要。根据上列情况，我们可以看出，在社会主义制度下，商品生产和商品交换之存在，是有其必然性的。

历史证明：商品生产和商品流通是极不相同的生产方式都具有的现象。这就是说，不同的生产方式中的商品生产，既具有共性，也各具有特性。商品生产的共性，指的是为了交换而进行的生产，社会分工是商品生产存在的一般基础。至于商品生产的特性，在不同的社会形态中，那是很突出的。在个体农民的前提下，生产一般是自足的，只有自己用不完的部分，才作为商品拿到市场上去出卖。在资本主义制度之下，资本家不仅是为了生产商品，而且是为了在生产过程中榨取剩余价值，在流通过程中"实现"其所榨取的剩余价值。在社会主义制度下，商品生产中的剥削性质被否定了，劳动者无论在全民所有制和集体所有制中，他们所提供的剩余产品（或剩余劳动），是为社会主义事业的发展而提供的社会基金。

我国在中华人民共和国成立前，广大农民基本上是在自然经济中生活的。中华人民共和国成立以来，农村的自然经济已经受到限制和削弱，但是，自然经济还没有从根本上被否定。自然经济是生产力落后、停滞的表现。社会主义生产和社会主义建设，是不可能建立在自然经济的基础上的。只有充分发展商品经济，才能把经济搞活，才能提高社会生产力，实现我国经济现代化。

必须强调指出，商品经济虽然是资本主义生产的基础，但是，商品经济同资本主义经济并不是一个同一的东西。前面已经说过，在五千至七千年前，早就存在着商品交换和生产。既然资本主义能利用商品经济作为它的物质形式，为什么社会主义不能利用商品经济作为发展生产力的物质形式呢？当然，在资本主义商品经济同社会主义商品经济之间，在实质上是有差别的。资本主义商品经济是以生产资料的资本家所有制为前提，而社会主义商品经济则是以生产资料的社会主义公有制作为前提的，在为什么样的生产目的服务上也是根本不同的。至于商品的价值和使用价值的两重性，无论在资本主义制度和在社会主义制度，都是相同的。

二　价值规律的客观要求

商品经济是不能离开价值规律的，按照价值规律的要求。第一，一个商品，不管某一个生产者或企业，在生产它的时候，支出的人类劳动时间有多少，它的价值，只能由当时生产同种商品的社会必要劳动时间去决定。如果某一个商品在生产上所支出的劳动时间，超过社会的必要劳动时间，按照价值规律的要求，超过的那部分劳动时间，就不被社会所承认，从而，就不能形成价值。反之，如果另一个商品在生产上所支出的劳动时间，少于社会必要劳动量，按照价值规律的要求，还是以社会必要劳动时间去计算它的价值。价值规律的这种作用，要求生产者和企业必须提高技术、提高工人的熟练程度，精打细算，使自己所生产的商品，在劳动时间上至少不超过社会必要劳动时间。因此要讲经济效益，要讲企业的经营管理。第二，从各个生产部门来说，价值规律要求它所生产的某一类商品在劳动量的安排上，必须同总劳动时间分配给生产这类产品所应得的劳动时间相适应，因为在各生产部门之间，在社会总劳动量的分配上，根据社会需要，在客观上是存在着一定比例关系的。如果某种商品的生产量超过客观要求的比例关系，就是说，供大于求，这些商品必然要低于它们的市场价格出售，其中一部分，甚至根本卖不出去，因此，马克思指出，价值规律所影响的不仅在每个商品上只使用必要的劳动时间，而且在社会总劳动时间中，也只把必要的比例量使用在不同类的商品上。

价值规律的要求，正是国民经济按比例、有计划发展规律的要求。社会生产的安排如果按比例地适合于社会需要，那么，价值规律是不表示什么态度的，如果社会生产的安排不适应社会需要的比例要求，那么，它就会在事后作为一种内在的无声的自然必然性起着作用，或者说，作为一种自发的强制性，在市场物价的波动中表现出来的。在资本主义制度下，由于生产无政府状况，价值规律的要求得不到实现。由此可见，价值规律本身的要求，同它所表现的作用，是不相同的。正确地认识价值规律的要求同它所表现形式之不同，才能正确地认识和自觉运用这个规律，才能使我们在安排生产计划上，按比例地适合于客观存在的社会需要。

三　社会主义计划经济必须自觉地依据和运用价值规律

马克思和恩格斯对于资本主义制度废除后的"价值"问题，极其重视。马克思在《资本论》中说道，在资本主义生产方式消灭以后，但社会生产依然存在的情况下，价值决定仍会在下述意义上起支配作用，劳动时间的调节和社会劳动在各类不同生产之间的分配，最后，与此有关的簿记，将比以前任何时候都更重要。在社会主义的我国，由于需要充分发展商品经济，马克思所说的劳动时间的调节和社会劳动在各类不同生产间的分配，更有必要借助于价值形式来进行，更有必要运用价值规律的这种依照客观需要，把生产资料和社会劳动按比例地在各部门之间分配的要求。这就是说，为了发展我国的社会生产力和增强企业的活力，我们必须突破把计划经济同商品经济对立起来的传统观念，明确认识社会主义计划经济必须自觉依据和运用价值规律。

我国的社会主义经济，是有计划的商品经济，在这里，完全由市场调节的生产和交换，主要是部分农副产品、日用小商品和服务修理行业的劳务活动，它们在国民经济中起着辅助的作用。在计划经济中，包含着指令性计划和指导性计划两个部分。指导性计划主要依靠运用经济杠杆的作用，即运用价值规律的调节来实现。就是硬性的、必须执行的指令性计划，也必须自觉地运用价值规律的要求。实践证明，大大小小成千上万种商品的产、供、销，都纳入国家计划，经常地保持平衡，是很难办得到的。因此，只有对关系国计民生的重要产品中需要由国家调拨分配的部分，只有对关系全局的重大经济活动部分，才实行指令性计划，对其他大量产品和经济活动，则分别实行指导性计划或完全由市场调节。

完全受着价值规律调节的那一部分商品运动，盲目性是不可避免的。在资本主义社会里，商品生产的盲目性，经常使这种社会的经济活动陷于晕头转向的地步。广泛发展的社会主义商品经济，也会或多或少出现某种盲目性。但只要我们自觉地掌握运用价值规律的要求和动向，做好对经济计划的指导和调节，发展市场信息的业务，做好工商行政管理的辅导工作，商品经济带来的盲目性，是能够受到限制的。

实践将会证明，实行计划经济同运用价值规律、发展商品经济，不是互相排斥，而是统一的。我国的社会主义经济就是计划经济、商品经济和自觉运用价值规律的统一体。这种提法是多年的实践中得出的，也是马克思主义基本原理同我国社会主义建设的具体实践相结合的成果。

可能有人根据陈旧观念，认为运用价值规律的有计划的商品经济，同资本主义的商品经济没有什么区别。在现象形态上，发展商品经济和运用价值规律，在社会主义制度同资本主义制度之间，固然有一些相同之处，但是，资本主义的商品经济是以生产资料的资本家所有制为根据的；而在社会主义的我国，商品经济是以生产资料的社会主义公有制作为根据的。在资本主义社会里，劳动人民在资本的支配之下只能当奴隶、作马牛，成为被剥削者；而在社会主义社会里，劳动人民在政治上、经济上，当了家，做了主，他们共同占有生产资料，成为生产的主人。在资本主义社会里，在资本的发展中，价值规律从等价交换，转化为榨取工人剩余价值的剥削规律，而在社会主义社会里，价值规律的主要作用，在于它成为按劳分配的依据，在于它规定社会所支配的全部劳动时间，在各个生产部门之间怎样按比例去分配，人们能经常通过调整，自觉地保持国民经济各方面的平衡。在社会主义社会里，劳动人民是为国家和社会提供剩余劳动产品的，但是，这种剩余劳动产品，并不是劳动者的劳动力价值的剩余。在资本主义社会里，资本家为了在市场上不吃亏，千方百计进行预测，但是，谈不到自觉地运用价值规律；在社会主义社会里，由于生产资料的公有化，由于生产（至少是最关键的部分）"受到社会实际的预定的控制"，由于用来生产某种物品的社会劳动时间的数量，同要由这种物品来满足的社会需要的规模之间建立起联系，因而，人们才有可能自觉地运用价值规律，在各部门间，按比例进行生产。

事实证明，计划经济、商品经济和运用价值规律这三者之间是统一的。

（原载《探求》1984 年第 2 期）

社会主义制度下的经济规律

经济规律客观地存在于不同的社会制度之中。在资本主义社会里，客观地存在着经济规律；在社会主义社会里，也客观地存在着经济规律。由于生产方式在性质上的不同，社会主义社会里的经济规律的要求及其借以实现的形式，同资本主义的经济规律是不相同的。但是，这不是说，曾经在资本主义社会存在的经济规律，在社会主义社会里，完全绝迹，价值规律就是例证。本文仅就如下几个问题进行初步探讨。

一 社会主义基本经济规律的作用

马克思反复地指出，剩余价值的榨取，就是资本主义生产的直接目的和决定动机，那么，剩余价值规律，就必然成为资本主义的基本经济规律，也就必然对其他在资本主义社会存在的经济规律起着领导作用了。事实正是这样，如果离开了剩余价值规律就不可能理解资本主义的工资性质和内容，就不可能理解以剩余价值为实质的平均利润规律，就不可能理解资本主义地租的性质和内容，就不能理解资本主义积累规律的作用，就不可能理解周期性经济危机的必然性和资本主义必然灭亡的命运。所有这些都在证明：剩余价值规律是资本主义经济中起着主导作用的基本经济规律。

在社会主义生产方式中，有没有基本经济规律的存在呢？斯大林根据马克思、恩格斯和列宁关于社会主义生产方式的学说，根据苏联当时进行社会主义建设的实践，肯定了社会主义基本经济规律的存在，并表述了这一规律的内容。对于社会主义基本经济规律的表述，虽然尚待进一步去完善，但是，斯大林对于这一规律的肯定与阐述，从马克思主义政治经济学的发展来说，不能不说是一种贡献。

所谓基本经济规律，指的是社会生产的目的，同达到这一目的的手段之间的内在联系。在社会主义生产方式中，由于生产资料的公有化，社会主义生产的目的，就必然是为了满足社会及其成员的日益增长的物质和文化的需要，而达到这个目的的手段必然只能是在提高技术基础、提高群众的觉悟和提高社会生产力的条件下，不断地发展、扩大社会主义生产。列宁多次指出，满足社会主义社会的成员经常增长的物质和文化需要的主要手段和重要前提，只能是不断地改善社会主义的物质基础、提高劳动生产率、发展社会主义生产。由此可见，在社会主义生产方式中，生产的目的和达到这一目的的手段，是辩证地统一着的。

在资本主义社会里，社会生产和社会需要之间存在着对抗性的矛盾，这个矛盾周期地爆发为经济危机；而在社会主义制度里，社会生产同社会需要之间的矛盾，不是对抗性的矛盾，它可以经过社会主义制度本身，不断地得到解决。实践证明，在社会主义制度里，社会生产的发展，不但保证了社会需要的满足，而且不断地促进新的社会需要的发生。社会需要的经常增长，成为促使社会生产不断向前发展的因素。恩格斯在《共产主义原理》中说道，超出社会当前需要的生产余额不但不会引起贫困，而且将会创造出满足这种所需要的手段。这种生产余额将是进一步前进的条件和刺激，它会实现这种进步，同时也不会因此（像过去那样）而造成整个社会秩序的周期性混乱。社会主义生产之所以能够高速度地、持续地发展，就是社会主义基本经济规律的生动表现。

社会主义革命否定了生产资料的资本家所有制，从而，就否定了资本的剥削，否定了剩余价值规律之存在。我国的社会主义革命和社会主义建设的实践，就证明了这一点。由于解放战争在全国的胜利，国民党四大家族的国家垄断资本被人民所没收，而成为以工人阶级为领导（通过中国共产党）的人民民主专政的国家为代表的全民所有制。随着生产资料的全民所有制的建立，以满足社会及其成员的日益增长的物质需要作为目的的社会生产，就在我国开始了，从而，社会主义基本经济规律也就在我国开始发生作用了。由于党在过渡时期总路线的胜利，广大的个体农业和个体手工业，实现了合作化；而资本主义工商业则经过国家资本主义的形式，最后改造为全民所有制的国营企业。这就为社会主义基本经济规律扩展其作用范围，提供了物质条件。

实践证明，社会主义基本经济规律并不是孤立地发生作用，而是同其他经济规律互相联系并发生作用的。

第一，社会主义基本经济规律发展社会生产以满足日益增长的社会和人民的需要的要求，是通过国民经济有计划发展规律所确定的比例关系而表现出来的。很明白，要使社会主义经济能够顺利地实现高速度的发展，就必须使一定量的生产资料和劳动力，在国民经济各部门之间，按比例地进行合理的分配；要使社会生产和社会需要之间的矛盾，能够得到合理的解决，就必须使生产资料和消费资料两大部类的生产之间的比例关系经常实现必要的、相对的平衡。在社会主义经济的发展进程中，所谓高速度和按比例的统一，在实质上，是社会主义基本经济规律同国民经济有计划、按比例发展规律的结合。

另外，国民经济有计划、按比例发展规律中的比例性质，是由社会主义基本经济规律的要求所决定的。如果离开了社会主义基本经济规律的要求，则国民经济发展的比例关系，就会失去其内容。斯大林所说的：国民经济有计划发展规律的作用，只是在它以社会主义基本经济规律为依据时，才能发挥起来，是合乎客观事实的。

第二，社会主义基本经济规律所要求的满足社会及其成员的日益增长的物质需要，并不离开当时的生产力发展水平。在社会主义时期，由于生产力的发展水平不够高，社会生产的产品还未达到极大丰富的程度；由于人们的政治觉悟水平还不够高，劳动尚未成为人们生活的第一需要，因此，社会成员在消费品的分配上，还不能实现"各尽所能，按需分配"，而只能实现"各尽所能，按劳分配"。在社会主义时期，实现按劳分配是不可避免的，也可以说是必然的。

第三，社会主义基本经济规律关于发展生产满足社会需要的要求，在社会主义的流通过程中，表现为全民所有制同集体所有制（还有个体经济）之间的商品关系，而在这种商品关系中还是通行着等价交换的价值规律的。因此，价值规律必然要同社会主义经济规律，特别是同社会主义基本经济规律发生关系。很明白，价值规律在资本主义社会以前的几千年，早就存在着，因而价值规律并不是社会主义社会所特有的规律，但是，它在社会主义社会里，还是有其作用的。社会主义国家在制订国家计划、制定物价政策、处理工农业产品的比价，一句话，要发展社会主义国民经济，都必须考虑价值规律的要求。这就说，遵守价值规律，实现价值的要求，是实现社会主义基本经济规律的必不可少的条件。

二　国民经济有计划按比例发展规律与价值规律的关系

马克思在谈到社会分工的时候说道：不同的生产领域经常力求保持平衡，一方面因为，每一个商品生产者都必须生产一种使用价值，即满足一种特殊的社会需要，而这种需要的范围在量上是不同的，一种内在联系把各种不同的需要量联结成一个自然体系，另一方面因为，商品的价值规律决定社会在它所支配的全部劳动时间中能够用多少时间去生产每一种特殊商品。马克思在这里，从各种社会需要及其数量的角度，同时，还从社会可以支配的总劳动时间的角度，说明纵然是在生产无政府状态中——资本主义社会里，在各个不同的生产领域之间，在劳动时间和生产资料的分配上，客观地还是存在着一种比例关系的。这个比例关系，是客观地存在于各种不同社会制度的生产中，而不以人们的主观意志为转移的。他在致路·库格曼的一封信中，极其明确地指出了这一点。他说道，人人都同样知道，要想得到和各种不同的需要量相适应的产品量，就要付出各种不同的和一定数量的社会总劳动量。这种按一定比例分配社会劳动的必要性，绝不可能被社会生产的一定形式所取消，而可能改变的只是它的表现形式，这是不言而喻的。

在资本主义社会里，因为生产资料是属于资本家私人所有的，资本家的生产是在无政府状态中进行的，因此，客观地存在于各个不同生产领域之间的比例关系就不可能实现它们彼此间所要求的平衡，而只能当作这个平衡不断被破坏的反映来证实自己。在社会主义制度里，由于生产资料私有制和生产无政府状态的被否定，由于生产资料实现了社会化和社会生产实现了计划化，这个客观地存在于社会需要与社会生产之间，存在于各个不同的生产领域之间的比例关系，就有可能通过工人阶级（通过中国共产党）领导的人民民主国家的自觉计划和自觉调节，得到实现。生产资料的社会主义公有制和计划生产，一方面，使社会用在一种产品上的社会劳动总量，也就是社会用在这种生产上的总劳动力支出的部分，另一方面，社会要求由这种产品得到满足的需要范围之间，确立着一种必然关系。马克思在分析资本主义产生的无政府状态时说道：只有在生产受到社会实际的预定的控制的地方，社会才会在用来产生某种物品的社会劳动时间数量，和要由这种物品来满足的社会需要的规模之间，建立起联系。因为有了这个必然的联系，社会主义国家才能定出计划，才能把社会的总劳动时间，在各个不同的生产领域之间，按比例地进行分配。国民经济有计划发展规律的要求，就是这样地实现的。

斯大林根据马克思的理论，指出了国民经济有计划发展规律在社会主义生产中的必然性，以及国家实际计划同这个规律之间的关系。他说道，国民经济有计划发展的规律，是作为资本主义制度下竞争和生产无政府状态的规律的对立物而产生的。它是当竞争和生产无政府状态的规律失去效力以后，在生产资料公有化的基础上产生的。它之所以发生作用，是因为社会主义的国民经济只有在国民经济有计划发展规律的基础上才能得到发展。这就是说，国民经济有计划发展的规律，使我们的计划机关有可能去正确地计划社会生产。但是，不能把可能同现实混为一谈。这是两种不同的东西。要把这种可能变为现实，就必须研究这个经济规律，必须掌握它，必须学会熟练地应用它，必须制订出能完全反映这个规律的要求的计划。

要使社会生产比较准确地适应社会需要，要避免劳动力和生产资料在生产上的浪费，只有在实践中、在不断地总结经验教训中实现。社会主义制度的优越性只能给我们提供一种可能性，而要使这种可能变为现实，如果离开这在实践中不断地总结经验教训，那是不可能的。

国民经济按比例有计划发展规律要求我们正确处理社会生产与生产需要之间以及在各个不同生产部门之间的平衡，即它们间的一定的比例关系。这种关系不是固定不变，而是经常发生变化的。毛泽东同志指出：在客观上将会长期存在着社会生产与社会需要之间的矛盾，就需要人们时常经过国家计划去调节。我国每年作一次经济计划，安排积累和消费的适当比例，求得生产和需要之间的平衡。所谓平衡，就是矛盾的暂时的相对的统一。过了一年，就整个说来，这种平衡就被矛盾的斗争所打破了，这种统一就变化了，平衡成为不平衡，统一成为不统一，又需要作第二年的平衡和统一。我国社会主义生产和社会主义建设的实践证明，社会主义国民经济发展过程就是一个矛盾不断出现、又不断解决的辩证规律的发展过程，就是一个充满着平衡的相对建立、平衡的经常被打破和在人们自觉调整达到新平衡的相互交错的不断发展过程。

在社会主义生产中，各种平衡经常地被打破，是以新的科学技术的应用和广大劳动群众的社会主义积极性的提高作为根据的。新的科学技术的应用和劳动群众的社会主义的积极性的提高，必然会不断地打破原来规定的生产定额。这样，它同原来其他有关产品的平衡，当然也要被打破。这样，就必然会推动其他部门、其他产品的发展。当然，由于脱离实际，计划安排的错误，也会出现平衡的破坏。但是，我们绝不应把社会主义生产的积极表现——旧平衡的被打破，同那种由于主观错误而引起的平衡破坏，混为一谈。因此，在社会主义国民经济的发展进程中，害怕出现不平衡，是不正确的。因为害怕不平衡，在实质上就是害怕新的科学技术在生产上的应用和劳动群众的生产积极性的提高。反之，从主观主义出发，故意制造不平衡（例如，一向被称为"积极平衡"的"缺口"的安排和扩大），更是错误的，因为这种做法，在实质上，就是在绝对地否定平衡，就是在破坏社会主义生产的计划性。列宁指出：经常地、自觉地保持平衡，实际上就是计划性。因此，否定相对平衡，把不平衡绝对化，是设法不使社会主义的计划生产发生混乱的。

有必要说明国民经济有计划、按比例发展规律同价值规律之间的关系。这两个规律，在作用上是矛盾的，是相互对立的。在生产无政府状态中，价值规律起着自发的、盲目的调节作用。用马克思的科学的语言来说，那就是在事后作为一种内在的、无声的自然必然性起着作用，这种自然必然性可以在市场价格的晴雨表的变动中觉察出来。而国民经济有计划按比例发展规律则是要求人们在事前对国民经济各部门的生产，按比例地实现计划性。但是，我们不能因此就绝对地把它们完全割开。事实上，这两个矛盾着的规律之间，是存在着一致性的。这种一致性的根据，就是马克思反复说明的商品的价值规律结局会决定，社会所可支配的总劳动时间有多少能用在每一种特殊商品的生产上。也就是说，社会总劳动时间，必须根据社会需要，按比例地分配在各个不同的生产部门之间。国民经济有计划发展规律是从正面反映了这个客观存在的比例要求；而价值规律则是从反面表达这个客观存在的比例要求的。如果我们的计划安排，符合于国民经济按比例、有计划发展规律的要求，那么，价值规律的盲目的自发作用，就没法表达出来。反之，如果我们的计划安排，违背国民经济有计划、按比例发展的规律的要求，那么，价值规律的盲目的自发性，就会"无言地"从反面发作起来。这种情况，难道不是在表现这两个规律的互相转化吗？而这种互相转化，难道不是在证明这两个规律之间存在着一致性吗？

有人否认了价值规律同国民经济有计划、按比例发展规律之间的一致性。他们只看见这两个规律之间的矛盾，从而就一刀两断地把这两个规律分割开来。他们问道：如果在社会主义制度下，价值规律同国民经济有计划、按比例发展规律还有一致性，那岂不是说，我们的计划生产，也要受到价值规律的支配吗？我认为，客观地存在于这两个规律之间的一致性，是没法否认的。承认这两个规律之间的一致性，使我们的计划，能够更好地安排我国国民经济各部门间的比例关系，从而更有力地去限制价值规律的盲目自发性。

我们的国家在社会主义公有制基础上实行计划经济。计划经济是我国国民经济的主体，同时，还利用市场调节作为辅助作用，借以保证国民经济按比例地协调发展。在这里，计划经济的综合平衡是以国民经济有计划、按比例发展规律作为根据的；而市场调节则是价值规律的作用。如果这两个矛盾着的规律没有一致性，则市场调节怎能对于作为国民经济主体的计划经济发挥其辅助作用呢？如果计划经济对于社会总劳动时间，不根据社会需要，按比例地在各生产部门之间进行分配，那么，计划性的综合平衡，又从何处谈起呢？这两个规律的一致性，不仅能说明市场调节为什么能作为我国计划经济的补充，而且也说明了计划经济的本身也必须以马克思所说的"商品价值规律结局会决定社会所可支配的总劳动时间有多少能用在每一种特殊商品的生产上"，这个原理，作为处理问题的指针。

三　社会主义按劳分配的规律与资产阶级权利

马克思在《资本论》第一章，分析那个以用公共的生产资料进行劳动，并且自觉地把他们许多个人劳动力当作一个社会劳动力来使用。作为前提的"自由人联合体"的时候指出：这个公社的总产品，在扣除了用作生产资料的部分之后，余下的部分，就作为消费品在社员之间进行分配，而"每个生产者在生活资料中得到的份额是由他的劳动时间决定的"。他说道：劳动时间又是计量生产者个人，在共同劳动中所占份额的尺度，因而也是计量生产者个人在共同劳动产品中所占份额的尺度。马克思所说这种"自由人公社"的生产方式，实质上，就是社会主义生产方式；"自由人公社"的社员在生活资料分配上的原则，就是社会制度下，各尽所能、按劳分配的原则。

马克思在《哥达纲领批判》中，对社会主义的按劳分配原则，作了更为系统、更为深刻的发挥。他在批判拉萨尔的所谓"不折不扣的劳动所得"的反动理论之后说道：我们这里所说的是这样的共产主义社会，它不是在它自身基础上已经发展了的，恰好相反，是刚刚从资本主义社会中产生出来的，因此它在各方面，在经济、道德和精神方面都还带着它脱胎出来的那个旧社会的痕迹。所以，每一个生产者，在作了各项扣除之后，从社会方面正好领回他所给予社会的一切。他所给予社会的，就是他个人的劳动量。例如，社会劳动日是由所有的个人劳动小时构成的；每一个生产者的个人劳动时间就是社会劳动日中他所提供的部分，就是他在社会劳动日里的一份。他以一种形式给予社会的劳动量，又以另一种形式全部领回来。

在社会主义制度里，人们在消费资料的分配中所以能够实现按劳分配的原则，是以生产资料的社会主义公有制作为根据的。在资本主义社会里，劳动者除了劳动力以外，是一无所有的。他从资本家那得到的工资，是出卖劳动力的价格。这当然谈不到按劳分配。劳动者所提供的剩余价值，是通过平均利润的形态，在资本家之间按资本量进行分配的。只有在否定了生产资料的资本家所有制和资本主义生产方式之后，只有在物质的生产条件是劳动者自己的集体财产的社会主义制度里，消费资料才能在各个生产者之间，根据他们各自向社会提供的劳动的质量和数量，进行分配。这个"按等量劳动领取等量产品"和"不劳动者不得食"，都是社会主义的原则。这些社会主义原则之实现，是否定了资本剥削劳动的结果，是否定了人剥削人的结果。就是因为否定了人对人的剥削制度，人们才能依靠自己的劳动，去获得维持生活的消费品。

按劳分配的原则，在实质上，就是价值规律在消费品分配领域中的延伸。马克思说道：显然，这里通行的就是调节商品交换（就它是等价的交换而言）的同一原则。内容和形式都改变了，因为在改变了的环境下，除了自己的劳动，谁都不能提供其他任何东西；另一方面，除了个人的消费资料，没有任何东西可以成为个人的财产。至于消费资料在各个生产者中间的分配，那么这里通行的是商品等价物的交换中也通行的同一原则，即一种形式的一定量的劳动可以和另一种形式的同量劳动相交换。在这种情况下，每个人只要付出同别人相等的一份社会劳动，他就能够领取一份相等的社会产品（在扣除了社会基金之后）。在这一点上，大家都拥有平等的权利。

但是，马克思同时又指出："在这里平等的权利按照原则仍然是资产阶级法权"。它同任何权利一样，是以"不平等为前提"的。他说道：一个人在体力或智力上胜过另一个人，因此，在同一时间内提供较多的劳动，或者能够劳动较长的时间；而劳动，为了要使它能够成为一种尺度，就必须按照它的时间或强度来确定，不然它就不成其为尺度了。这种平等的权利，对不同等的劳动来说是不平等的权利。它不承认任何阶级差别，因为每个人都像其他人一样，只是劳动者，但是它默认不同等的个人天赋，因而也就默认不同等的工作能力是天然特权。所以就它的内容来讲，它像一切权利一样是一种不平等的权利。权利，就它的本性来讲，只在于使用同一的尺度，但是不同等的个人（而如果他们不是不同等的，他们就不成其为不同的个人）要用同一的尺度去计量，就只有从同一个角度去看待他们，从一个特定的方面去对待他们，例如在现在所讲的这个场合，把它们只当作劳动者；再不把它们看作别的什么，把其他一切都撇开了。

在按劳分配中，我们首先看到的是，无论哪一个有劳动能力的社会成员，都是以同一尺度——劳动——来计量他对社会所提供的劳动量，都是同样地在扣除了他为社会基金而进行的那部分劳动（剩余劳动）之后，从社会领取相当的消费资料。这就是马克思所说的"他以一种形式给予社会的劳动量，又以另一种形式全部领回来"。但在体力和智力上各个成员是并不相同的，因而，在同一时间里所提供的劳动也并不相同。如果能力和强度相同的话，只要劳动时间不同，他们对社会所提供的劳动，也不相同。按"一种形式一定量的劳动可以和另一种形式的同量劳动相交换"的原则，他们从社会所领得的消费品，也就不相同。

在社会主义时期，在社会成员中间，不仅因为体力或智力上的差异，不仅因为劳动时间或劳动强度之不同，而以社会取得不同量的消费品，因而在他们中间形成经济上的不平等；而且在取得同量消费品的条件下，在他们中间也还会出现经济上的不平等。一个劳动者已经结婚，另一个则没有，一个劳动者的子女较多，另一个的子女较少，如此等等。在劳动成果相同、从而由社会消费品中分得的份额相同的条件下，某一个人事实上所得到的比另一个人多些，也就比另一个人富些，如此等等。按劳分配的这种不平等的权利是以同一尺度——劳动去计量他对社会所提供的劳动量作为根据的。

这种以资产阶级权利为特点的按劳分配在社会主义时期的存在是必然的。不可避免的，是不以人们的意志为转移。马克思在指出这种权利的弊病之后说道：但是这些弊病，在共产主义社会第一阶段，在它经过长久的阵痛刚刚从资本主义社会里产生出来的形态中，是不可避免的。权利永远不能超出社会的经济结构以及由经济结构所制约的社会的文化发展。列宁对于马克思的这一科学论断作了发挥，他说道：在共产主义社会的第一阶段（通常称为社会主义），"资产阶级法权"没有完全取消，而只是部分地取消，只是在已经实现的经济变革的范围内，也就是在对生产资料的关系上取消。"资产阶级法权"承认生产资料是个人的私有财产。而社会主义则把生产资料变为公有财产。在这个范围内，也只有在这个范围内，"资产阶级法权"才不存在了。但是它在另一方面却依然存在，依然是社会各个成员间分配产品和分配劳动的调节者（决定者）。"不劳动者不得食"这个社会主义原则已经实现了；"按等量劳动领取等量产品"这个社会主义原则也已经实现了。但是，这还不是共产主义，还没有消除对不同等的人按不等量的（事实上是不等量的）劳动给予等量产品的"资产阶级法权"。如果不愿陷入空想主义，那就不能认为，在推翻资本主义之后，人们立即就能学会不需要任何法权规范而为社会劳动，况且资本主义的废除不能立即为这种变更创造经济前提。接着，列宁用斩钉截铁的语气指出，在这个时期，除了"资产阶级法权"以外，没有其他规范。甚至用火一般的语言说道："可见，在共产主义下，在一定的时期内，不仅会保留资产阶级法权，甚至还会保留没有资产阶级的资产阶级国家。"在这里，列宁是从资产阶级权利的意义提出这个问题的。所谓"没有资产阶级"就是说，资产阶级在社会主义社会里已被打倒，国家政权掌握在工人阶级手里。但是，打倒了资产阶级的无产阶级专政的国家，由于经济前提还未具备，因而还要维持一部分资产阶级权利，因而，它就具有"没有资产阶级的资产阶级国家"的性质。

列宁在指出社会主义时期，"除了'资产阶级权利'以外，没有其他规范"之后，进一步指出：所以在这个范围内，还需要有国家来保卫生产资料公有制，来保卫劳动的平等和产品分配的平等。这分明是在说，工人阶级领导的人民民主专政的国家，除了利用这个权利去保卫生产资料公有制之外，还要利用这个权利，去保护人们的劳动平等和消费品的按劳分配。实践证明，对这个权利的利用，有利于调动人民的积极性。去发展社会主义生产；有利于把我国国民经济迅速地搞上去，有利于巩固我国人民民主专政的经济基础，并且有利于为将来消灭这个资产阶级权利准备条件。

江青反革命集团利用"左"倾指导思想，片面地否定资产阶级权利在社会主义时期的不可避免性和必要性，片面地突出这个权利所带来的不平等的弊病，大叫要"破除"或"取消"这个具有资产阶级权利的按劳分配。目的很明白，那就是用平均主义的分配去代替按劳分配的社会主义原则。实践已经证明，不管干和不干，干多和干少、干好和干坏，都要在工资上一律平等，乃是一种开倒车的做法。它同调动广大劳动群众的社会主义积极性，同提高社会的生产力和劳动生产率，同发展我国社会主义生产事业，同巩固我国人民民主专政的经济基础，都是尖锐地矛盾的。平均主义为懒汉大开方便之门，为工人吃企业的"大锅饭"开辟了合法的途径。这难道不是在破坏我国的社会主义生产和建设吗？

平均主义的分配，在表面上，似乎是平等的，因为大家所得是一样多。但是，在实质上，平均主义的分配将会给群众带来更为严重的不平等，第一，平均主义的分配，取消了以劳动作为计量报酬的同一尺度。马克思说道：生产者的权利是和他们提供的劳动成比例的；平等就在于以同一的尺度——劳动——来计量。而平均主义的基本点，正是在于否定了这个平等的标志。如果劳动者各个人所提供的劳动，在数量上和质量上，并不一致；而在报酬上，却硬加以拉平。这样，劳动提供得较少、较差的人，同劳动提供得较多、较好的人，取得同样的报酬，这不是在另一形式上的不平等吗？第二，平均分配并不能取消已经结婚同尚未结婚的劳动者之间、子女较多和子女较少的劳动者之间的差别，因而并不能取消在平均分配的条件下，"某一个人事实上所得到的比另一个人多些，也就比另一个人富些"的矛盾。如果一个人劳动得更好，或劳动得更多，而子女又较多，在平均主义的分配之下，他同另一个劳动得不好、劳动得不多而子女又少的人相比，不是更加不平等吗？实践早已证明平均主义并没有取消分配上的不平等，而是在另一种方式上产生了一种比资产阶级权利带来的不平等更加尖锐的矛盾。事实难道不是这样吗？

长期的"左"倾指导思想，特别是十年动乱，人为地破坏了按劳分配的社会主义原则。几乎所有的全民所有制的国营企业，都实行了干与不干、干多干少、干好干坏都拿到同等工资的平均主义分配"制度"。不少人把平均主义看成"社会主义"；而把按劳分配的社会主义原则却看成"资本主义"，理由是因为它以具有不平等的资产阶级权利作为特点。为了实现国家的社会主义现代化建设，为了调动广大劳动人民的生产积极性，必须反复说明平均主义的分配是违反马克思主义的；而按劳分配则是社会主义时期的马克思主义原则。

四　必须认识并按照经济规律处理社会主义经济问题

斯大林曾经指出：是不是在我们之外客观地存在着不以人们的意志和意识为转移的经济发展的规律性呢？马克思主义对这个问题的回答是肯定的。马克思主义认为，社会主义政治经济学的规律是存在于我们之外的客观规律性在人们头脑中的反映。实践证明，斯大林的这段话是正确的。

在资本主义制度下，存在着客观经济规律，那是没有什么争论的，现在的问题是，在社会主义制度下，是否也是客观地存在着经济规律呢。

有一些同志是满腔热情地要发展社会主义经济的，但是，他们并不承认社会主义制度下存在着客观经济规律。在"大跃进"时候，有的同志公然提出"人有多大胆，地有多大产"，公然提出

"不是能不能而是敢不敢"，就是例证。这种提法显然是唯意志论的提法。在唯意志论者的眼里，只看见无产阶级国家的威力，而看不见无产阶级国家的威力是以社会主义制度下的社会主义经济基础和客观经济规律作为条件的，他们只看见上层建筑，特别是国家政权的作用，而忘记了上层建筑是不能违反社会主义制度下的客观经济规律的。实践已经证明，对经济问题采取唯意志论的态度，已经不止一次受到客观经济规律的惩罚了。

批判唯意志论同我们坚决贯彻无产阶级的阶级意志是不是矛盾的呢？我们知道，在社会主义时期，无产阶级的阶级意志就是团结一切可以团结的力量，调动一切可以调动的积极因素，推翻资本主义制度，发展社会主义生产，并通过对社会主义的发展，消灭资产阶级，逐步过渡到共产主义。无产阶级的这个负有伟大历史使命的阶级意志是以生产关系一定要适合生产力性质的规律、社会主义基本经济规律和其他经济规律作为根据的，是同各个国家的客观具体情况结合起来的。由此可见，无产阶级的阶级意志同唯意志论是没有相同之点的。

有的同志，在坚持政治挂帅的名义之下，否定了经济规律的客观存在。这是"左"倾错误在作怪。列宁明确地指出，"政治是经济集中的表现"，如果肯定列宁这句话的话，那么，所谓无产阶级政治挂帅也就是社会主义经济的集中表现。如果离开了社会主义经济，无产阶级政治挂帅，用什么东西来作为它的集中的内容呢？如果离开了运行于社会主义经济中的客观规律，无产阶级政治挂帅怎能正确地发挥其对于社会主义经济基础的反作用呢？

否定社会主义制度下客观经济规律的存在，必然会带来极大的盲目性和严重的混乱。斯大林指出：否定社会主义制度下有客观经济规律的存在，会使我们陷身在混乱和偶然性的王国，使我们处在奴隶似的依赖于这些偶然性的地位，使我们不仅失去了理解事情的可能性，而且简直无法在这偶然性的混乱中找出头绪来。他还指出，否认社会主义制度下客观经济规律的存在就会使我们取消政治经济学这门科学，……取消了科学，我们就没有可能预见国内经济生活中事变的进程，即没有可能把哪怕是最起码的经济领导工作做好。

　　肯定社会主义制度下的经济生活中有客观规律性的存在，会不会否定人们的主观能动性呢？会不会损害人们的积极性呢？实践证明，人们的活动，如果违反了客观存在的社会主义经济规律，那么，他们的那种积极性和主观能动性所带来的，并不是社会主义经济的高速度发展，而是对于社会主义经济高速度的损害和破坏。人们的活动如果符合于客观存在的社会主义经济规律的要求，那么，他们的主观能动性和社会主义积极性，就会取得可喜的成果，就会有力地推动社会主义经济的高速度发展。肯定社会主义制度下经济规律的客观存在，同发挥人们的主观能动性和积极性，是客观与主观的辩证统一。

（原载《中州学刊》1985 年第 1 期）

论《资本论》的生命力

世界无产阶级革命导师马克思的《资本论》一问世，资产阶级及其学者，就恨之入骨。在一个不短的期间里，对它采取了抹杀的态度。但是，对《资本论》这一部伟大的巨著，是谁也抹杀不了的，于是他们采取了攻击的办法。他们攻击《资本论》的火力，集中在"劳动价值论""剩余价值论""无产阶级贫困化""资本主义必然灭亡的理论"几个关键性的问题上。他们的攻击，前后几十年，直到现在还在继续。这就使我们不得不接受他们丢下来的挑战的手套。

西方资产阶级经济学家攻击《资本论》，首先对准了劳动价值论。因为劳动价值论不仅是马克思主义经济学说的极其重要的组成部分；而且是马克思主义经济学资本主义部分的基石——剩余价值论的前提。他们所以否定劳动价值论，无非是为了推翻马克思的剩余价值论，无非是为了要替他们的资本产生利润和利息以及土地产生地租那一套，"铺平"道路，企图证明，资本家和地主的剥削，具有"千古不磨"的合理性罢了。

剩余价值理论是马克思经济学的基石。它揭穿了资产阶级发财致富的秘密是对剩余价值的榨取。它像一把利剑，插进资本主义剥削制度的胸膛，这当然要引起老板们的刻骨仇恨！资产阶级经济学者，除了通过对劳动价值论的否定，进而否定剩余价值理论之外，还制造形形色色的理论，直接地同剩余价值理论对抗，企图证明资产阶级所得的利润和利息，不是来自剩余价值，不是来自资本对劳动的剥削，而是来自他们的"节欲"，来自他们对企业的经营管理和"服务"的"报酬"。如果这些理论站得住了，那么，马克思的剩余价值论，不是不攻自倒吗？但是，无论所谓"节欲"，还是资本家利润是来自对他组织生产的"报酬"的谎话，是掩盖不了资本家对工人的剥削的。

还有人认为，"在现代化生产的条件下，机器和工人都是剩余价值的源泉，机器和工人共同创造剩余价值"。这种提法不仅对于剩余价值论，制造混乱，而且对于劳动价值论，创造混乱。机器生产也好，自动化生产也好，甚至机器人也好，在实质上，还是一种生产工具，还是人的手臂的延长，并没有改变商品价值是物化于其中的抽象劳动这一本质。因此，用机器和自动化生产这个"法宝"，是没法推翻劳动价值论和剩余价值论的。

西方经济学家否定资本主义社会里无产阶级贫困化的理论。在资本主义社会里，跟着资本有机构成的提高，对于劳动力的需要，必然会出现下降的趋势，长期地被资本从生产过程中抛到十字街头的失业大军，他们过的是什么生活呢？当然也不否定还有人在就业，也不否定工人的工资可能增加一点，他们的生活可能改善一点。但这决不意味着资本主义剥削制度有什么变化。特别是当资本主义进入危机和萧条的时候，他们中的一部分人，不仅出现相对贫困化，而且出现生活一年不如一年的绝对贫困化。

至于马克思提出的资本主义必然灭亡的理论，从资产阶级来说，无疑是一种莫大的威胁，因此他们从各个角度，用各种方式，去反对、去否定马克思的这一论断，是必然的。但是从历史唯物主义的观点来看，这只是徒劳的。世上哪有什么事物，哪有一种社会制度，不是在发生、发展、灭亡的过程中度过呢？就算资本主义制度，是一个"千年王国"吧，也没法逃避这样的命运。第二次世界大战以后，国际局势的紧张与经济危机的深刻化，难道不是在证明资本主义这个"千年王国"，早就度过了它的壮年时期了吗？在人类社会发展的长河中，几十年以至一二百年，只是"白驹过隙"而已，用生物学的眼光去理解"帝国主义是垂死的资本主义"的论断，是不可能得到正确的理解的。

在 19 世纪最后 30 年中，由自由竞争占统治地位的资本主义完成了到垄断资本主义的过渡。虽然马克思在《资本论》中已指出了资本集中的趋势：但是他来不及看到垄断资本主义的最终形成。列宁根据《资本论》的科学分析，根据资本主义发生、发展、灭亡的规律，总结了世界资本主义在《资本论》出版后半个世纪中发展的情况，进一步对资本主义的这个最高阶段——帝国主义的政治、经济本质，作了科学的分析。列宁的著作，发展了《资本论》。

第二次世界大战以后，世界资本主义在矛盾中的发展又出现许多新的情况。是不是《资本论》对我们已经"过时了"，已经失去了指导作用了呢？垄断资本主义虽然有别于自由竞争的资本主义，但是，垄断资本主义的矛盾，正是蕴含在自由竞争时期资本主义的矛盾的发展。《资本论》对于自由资本主义的科学分析，正是我们认识垄断资本主义的基础理论。

因此，无论劳动价值论、剩余价值论。无产阶级贫困化以及资本主义必然灭亡的理论，从 19 世纪 70 年代以来西方许多资产阶级经济学家，呕尽心血，出尽主意，有谁能把马克思在《资本论》中的基本原理推翻呢？如果他们真的打倒了《资本论》，真的奏凯荣归了，那又何必到现在仍是搞腹愤恨，仍是刻毒谩骂，这不是多此一举吗？

马克思的《资本论》，直到现在，不仅还是分析现代资本主义的基础理论，而且是社会主义国家进行社会主义生产和社会主义建设的理论指针。马克思在《资本论》中提出的关于"剩余劳动"的理论，"按劳分配"的理论，"资本循环和周转"的理论，以及关于"再生产"的理论，对社会主义生产和建设具有重要的指导作用。当然马克思在《资本论》中，直接、间接对社会主义经济的运行所提出的原理，决不仅仅只限于上述四个方面。我在这里的举例，只是为了证明：《资本论》不仅是解剖现代资本主义的基础理论，而且也是我们进行社会主义生产和建设的理论指针。

由此可见，尽管西方一些资产阶级学者在大叫《资本论》"过时"，但这部光辉的巨著仍然充满着生命力，仍然在为前进的人们照耀道路。

世界资本主义是不断地在发生变化的；我国的社会主义生产和社会主义建设，是日新月异地在进展着的。新事物的不断出现，要求我们必须依据党的理论结合实际的方针，去学习、去研究《资本论》，做到能够用《资本论》的基本原理，去解剖国际资本主义的新形势、新矛盾；做到能够用《资本论》中直接、间接有关社会主义的理论指针，为我国社会主义现代化建设服务。

（原载《光明日报》1983 年 3 月 13 日）

马克思对待资产阶级经济思想的科学态度

1983 年是世界无产阶级革命导师、科学社会主义的创建人马克思逝世一百周年。一百年来，整个世界、整个中国都发生了翻天覆地的变化。这是同马克思的科学理论，同他对人类社会发展的预见的方向密切联系的。中国革命的成功就是马克思主义的普遍真理同中国的具体情况密切结合的成果！

马克思在科学上对人类社会的贡献是伟大的，是多方面的，我现在要谈的是马克思对待资产阶级的经济思想的科学态度。同志们都是研究西方经济思想的专家，怎样学习马克思对待西方经济思想，早已胸有成竹。我只能在这方面，提出一点不成熟的意见，请大家指正。

马克思主义的哲学、政治经济学和科学社会主义，并不是一个人关在房子里面，独自创作出来的。列宁在《马克思主义的三个来源和三个组成部分》中指出，"马克思的学说是人类在十九世纪所创造的优秀成果——德国的哲学、英国的政治经济学和法国的社会主义的当然继承者。"马克思无论对于德国哲学，对于英国古典政治经济学以及对于法国的社会主义的继承，并不是全盘地接受，而是批判地吸收的。

我在这篇论文中，并不是全面地研究马克思主义的三个来源和三个组成部分，只是研究马克思在政治经济学中，对于价值、剩余价值和生产价格这几个根本问题；是怎样批判英国古典学派的错误，怎样克服英国古典学派的局限性，怎样解决英国古典经济学的一些不能克服的矛盾，而建立了充满着战斗性和生命力的政治经济学。

一

以亚当·斯密和大卫·李嘉图为代表的英国古典学派，在价值论方面，是有着巨大贡献的，因为他们奠定了劳动价值论的基础；但是，无论斯密也好，李嘉图也好，他们的劳动价值论，是有缺陷的，是包含着不可克服的矛盾的。亚当·斯密提出了耗费劳动构成"真实价格"的观点，这是正确的，但是，他在同时又提出了同耗费劳动完全矛盾的"购买的劳动论"和"收入构成论"等非科学观点，这就为后来庸俗学派开了大门。在这个问题上，李嘉图比斯密要高明得多。他否定了"购买的劳动论"和"收入构成论"，而肯定了斯密的关于耗费劳动的科学观点，并且把它发展成为资产阶级古典学派经济学中卓越的价值理论。

李嘉图的劳动价值学说，解决了亚当·斯密的三种价值观点同时并存的自相矛盾的困难。这是价值论的一个不可低估的进步。但是，李嘉图同亚当·斯密一样，把资本主义的商品生产当成人类社会的永恒制度。他混淆了交换价值与价值之间的现象与本质之间的区别，因而，他不理解人类的一般抽象劳动，不理解不同种商品（不同的使用价值）的量，只有转化为同一的抽象劳动，只有转化为同一的单位，才能在量上互相比较。不仅如此，李嘉图还错误地把最劣等的条件下为生产一定量商品所必要的劳动，当成社会的必要劳动。这就混淆了农业产品与工业产品，在必要劳动量上的区别。

马克思克服了李嘉图的价值论本身所包含的缺陷和矛盾，严密地论证并透彻地发展了劳动价值论。他不仅证明资本主义生产是一个历史性的社会制度，而且证明商品生产也是一个历史性的经济范畴。他论证了商品的交换价值与价值，是两个具有密切关系，而又互相区别的东西，商品的价值是本质，而交换价值则是前者的现象形态。他论证了商品的价值虽然是以生产它们所消耗的劳动量作为实体，但是，它们的价值并不是由个别生产者生产它们的劳动量所决定，而是由生产这种商品所消耗的社会必要劳动时间的数量决定。这么一来，劳动价值理论，便成为政治经济学中的颠扑不破的真理了。

亚当·斯密的所谓"购买的劳动论"为马尔萨斯等人所接受；他的所谓"收入构成论"则为萨伊等人所接受。马尔萨斯和萨伊等人把斯密在价值论上的庸俗观点，作为反对劳动价值论的武器。他们在这个问题上，用尽一身的气力，但是，他们攻击劳动价值论的火力，曾几何时，就烟消云散了。当然，资产阶级及其在经济理论上的代言人，是决不因此就罢休的。在19世纪70年代初期，由英国杰文斯等人提出，而20世纪初期由奥国庞巴维克集大成的所谓"边际效用价值论"，就成为资产阶级攻击马克思劳动价值论的新式武器了。这个"边际效用价值论"。不仅抹杀了交换价值同价值的区别，而且把使用价值作为价值，不仅否定了价值是一个历史的社会制度的客观范畴，把它说成是一种自然的永恒的心理范畴，而且把价值同物质生产领域的劳动消耗，完全切断，完全以寄生虫的消费心理作为理论根据。这种主观唯心主义的说法，竟然成为资产阶级反对劳动价值论的救命稻草，这就证明资产阶级庸俗经济学派堕落到何等地步了。试问每一个人的主观心理，怎能从数量上测量商品的价值呢？怎能成为商品的价值量的尺度呢？

二

无偿劳动的占有是资本主义生产方式和通过这种方式对工人进行剥削的基本形式。马克思发现了资本对劳动的剩余价值的榨取，从而揭露这一生产方式内部一直隐蔽着的性质。列宁说道，剩余价值学说是马克思经济理论的基石。

亚当·斯密在他的《国富论》中已经在雏形的形态上提出了

剩余价值的存在。斯密认为"劳动者加入原料中去的价值，在这里，会分成二部分，其中一部分支付他们的工资，另一部分则按雇主在原料和工资上面垫付的全额资本支付雇主的利润"。他又说，在土地私有的条件下，劳动者"不得不把他们的劳动所采集或生产的东西的一部分，交给土地所有者，这一部分构成地租"。由此可见，亚当·斯密是知道"资本家的剩余价值是从何发生"，也知道土地所有者的剩余价值是从何发生的。李嘉图比斯密进了一步，把剩余价值的理论建立在斯密手里虽已萌芽，但临到应用几乎总被他忘却的价值理论的基础上。李嘉图从商品价值要由商品中体现的劳动量决定这一点，引导出由劳动加入原料中去的价值量在劳动者和资本家间的分配，也就是它在工资和利润（这里是指剩余价值）间的分配。但是，无论斯密也好，李嘉图也好，他们都没有从根本上，从本质上，在绝对的形式上，把剩余价值确定下来，没有把利润和利息等现象形态同作为本质的剩余价值，区别出来。他们只研究劳动产品在劳动者和生产资料所有者之间，在分配上的数量关系。

恩格斯用科学家拉瓦节（Lavoisier）发现氧气在自然科学中的重要性，来证明马克思发现剩余价值在政治经济学中的重要性。他说道，马克思在前人认为已有答案的地方，他却认为只是问题所在。他认为，这里摆在他面前的不是无燃素气体，也不是火气，而是氧气，这里的问题不是在于要简单地确认一种经济事实，也不是在于这种事实与永恒公平和真正道德相冲突，而是在于这样一种事实，这种事实必定要使全部经济学发生革命，并且把理解全部资本主义生产的钥匙交给那个知道怎样使用它的人。马克思的剩余价值理论，的的确确使全部政治经济学发生了根本性的革命。

很明白，要认识剩余价值是什么，就必须先认识价值是什么。如上所说，李嘉图对于劳动价值理论是有贡献的。但是，他不理解在资本主义社会里，劳动力也成为商品，他更不理解劳动与劳动力之间的联系和区别。他把劳动和劳动力混为一谈。因而，在涉及利润的时候，在遇到劳动和资本交换的时候，他就没法不陷入一个不能自拔的矛盾之中。如果按照价值规律的等价的要求，去进行劳动同资本的交换，那么，利润就无从发生，如果肯定了利润的客观存在，那么，价值规律的等价交换的要求，就必然受到破坏。李嘉图的劳动价值学说在利润问题上就没法不碰壁了。

马克思第一次确定了什么劳动形成价值，论证了价值不外是这种凝结在商品中的社会必要劳动，他进而说明了商品和货币的关系，说明了货币向资本的转化，并且说明这种转化是建立在劳动力的买卖上，在这里，马克思以劳动力这一创造价值的属性代替了劳动，因而一下子就解决了使李嘉图学派破产的一个难题，也就是解决了资本和劳动的相互交换与李嘉图的劳动决定价值的这一规律无法相容的这个难题。他确定了资本分为不变资本和可变资本，就第一个详尽地阐述了剩余价值形成的实际过程，从而说明了这一过程，而这是他的任何一个前人都没有做到的。马克思不仅在剩余价值理论的基础上，展开了科学的工资学说，而且在剩余价值理论的基础上，科学地说明了它的现象形态——利润、利息和地租。

马克思的剩余价值理论，揭露了资产阶级发财致富的秘密，这就必然引起资产阶级及其在经济理论领域的代言人的愤恨和攻击。奥国庞巴维克的所谓"时差利息论"，就是资产阶级对抗、攻击马克思的剩余价值论的破烂武器。

庞巴维克从那些靠剪息票为生的寄生虫和无所事事的消费者的主观心理出发，把物品区分为直接满足当前需要的"现在货财"（消费品）和满足将来需要的未来货财（生产资料），认为人们对"现在货财"的估价，通常大于未来货财的估价。这种由于对现在和未来两种不同时间的主观估价的差异而带来的价值上的差异，叫作"时差"。"时差"的存在，要求未来货财的所有者必须向现在货财的所有者支付等于价值时差的贴水。这种贴水就是利息。按照庞巴维克的这种说法，利息来源于时差，而同劳动者在生产过程中支出的劳动，完全无关。他并且把这种时差利息的唯心主义的观点，推广到企业利润和包括地租在内的各种租金的领域中去。庞巴维克的时差利息论的谬误，不仅在于把利息、利润和地租混为一谈，而且在于抹杀利息、利润和地租的物质来源，在于否定利息、利润和地租都是剩余价值的转化形态，在于否定资本家和地主对雇佣劳动者的无偿劳动的榨取。事情很明白，作为消费者个人的主观估计，是没法通过时差因素而创造出价值来的。试问躺在沙发上的消费者，怎能通过时差因素，把他的主观估价，创造成为价值呢？试问在物质生产过程之外的主观心理，怎能生产出具有价值的商品来呢？试问与物质生产和剩余价值相绝缘的"时差利息"，从何处去取得它的价值来源呢？庞巴维克为了掩盖资本主义的剥削关系，为了对抗马克思的剩余价值理论，的确是挖空了心思的。可惜的是，他的玄而又玄的谬论，是建立在沙滩上的大厦，经不起天风海浪的冲击的！

三

在资本主义的自由竞争的条件下，商品价值必然转化为生产价格。亚当·斯密所说的"自然价格"；李嘉图所说的"生产成本"，在实质上，指的就是生产价格。但是，古典学派对于价值和生产价格之间的区别，没有作出科学的说明，因而，没有在劳动价值这个基础上，说明它的转化为生产价格的必然性。

马克思通过价值转化为生产价格的理论，解决了资产阶级古典学派未能解决的矛盾。马克思科学地说明了在资本主义生产方式的前提下，生产价格就是商品的成本价格加平均利润。在资本周转时间不变的条件下，在各生产部门的剩余价值率相同，而不变资本价值也同样全部转移到资本的年产品的条件下，它们的资本是按照可变资本的比例，每年都实现着同量的剩余价值的，这样，由于资本的有机构成各不相同，利润也就不相同。但是，在资本可以自由转移的情况下，利润率较低的部门的资本，必然会向利润率较高的部门转移。通过竞争，通过资本的转移，各个生产部门间的利润率必然趋于平均化，而形成平均利润率。这样，归于各个生产部门的利润，就不是各该部门的个别利润，而是通行于各个部门的平均利润。这个平均利润同各部门的成本价格，加在一道，就成为各部门的生产价格。通过资本在各生产部门间的不断转移而形成的平均利润，是资本主义社会里客观存在的事实。但在这里，不仅存在着平均利润率与各部门的个别利润相背离的现象，而且存在着生产价格与价值相背离的现象。这种背离是不是证明平均利润和生产价格，同劳动价值和价值规律相互矛盾呢？从每个特殊部门来看，利润是背离了剩余价值的，生产价格是背离了价值的。我们并不抹杀这种背离。但是，从整个社会来看，这种背离，在各部门之间，是互相抵销的，从而，社会的利润总量同社会的剩余价值总量，是相等的，社会商品的生产价格总量同社会商品的价值总量，是相等的。列宁对于这个问意，用极其简练的语言说道，价格离开价值和利润平均化这个众所周知的、无可置辩的事实，就为马克思根据价值规律充分说明了，因为一切商品的价值总量是与价格总和相等的。然而，价值（社会的）转化为价格（个别的），不是经过简单的直接的道路，而是经过极其复杂的道路，因为很自然，在只有通过市场才能把各个分数的商品生产者联系起来的社会内，规律性只能表现为平均的、社会的、普遍的规律性，至于个别偏差情形则会相互抵销。资本主义社会的生产是社会化的生产，而不是彼此不发生关系的孤立化的生产，对于资本主义的这种社会化的、彼此发生密切关系的经济，如果孤立地只看见个别企业的商品价值与价格的关系，只看见个别企业的剩余价值量与利润量的关系，那就是只看见一棵树而看不见森林的形而上学的观点。马克思关于价值转化为生产价格的理论，就是从资本主义的社会化生产，就是从各个生产部门、各个生产企业之间的相互关系，去抓住它的必然性的。

从奥国庞巴维克到现在美国的萨缪尔逊，都在攻击马克思的生产价格论和劳动价值论，认为马克思的生产价格论同他的劳动价值论之间，存在着不可克服的矛盾。按照萨缪尔逊的说法，《资本论》第三卷的生产价格，是可以离开劳动价值而独立的，甚至说，马克思的劳动价值学说，是一个不必要的东西。很明白，萨缪尔逊之痛恨劳动价值学说，乃是他痛恨剩余价值学说的一种表现方式。剩余价值学说是以劳动价值学说作为前提的，否定了劳动价值学说，对于剩余价值学说的否定，不是迎刃而解了吗？回到价值与生产价格的问题来吧。萨缪尔逊所提的这个问题，不外是商品价值同价格的关系问题，不外是本质同现象的关系问题。无论庞巴维克也好，无论萨缪尔逊也好，都是只看见现象而否定了本质的。现象同本质，一般说，是一致的；但在不少场合上，它们彼此间是不一致的，甚至是矛盾的。但是，这种不一致，这种矛盾，并不否定本质之客观存在。价值和价格是经常不一致的，但是，如果离开了价值，价格就失去其内容。马克思反复地指出，价值规律在调节生产价格。他说道：价值规律支配着价格的运动，生产上所需要的劳动时间的减少或增加，会使生产价格降低或提高。马克思的科学分析是资本主义经济的客观事实的逻辑发展的反映。剩余价值是以劳动价值作为前提的；而平均利润（从而生产价格），则是以剩余价值作为前提的。这就是说，如果离开了劳动价值论，那么，剩余价值就会成为无源之水、无根之木，如果离开了剩余价值论，那么，一般利润率（从而商品的生产价格）就是一个没有意义、没有内容的概念。马克思明确地指出了劳动价值、剩余价值和生产价格之间的规律性的相互关系。既然商品的总价值调节总剩余价值，而总剩余价值又调节平均利润从而一般利润率的水平，——这是一般的规律，也就是支配各种变动的规律，——那么，价值规律就调节着生产价格。客观存在的价值规律调节生产价格的这个一般性的规律，在什么地方，在哪一点上，存在着不可克服的矛盾呢？

萨缪尔逊为了攻击马克思的劳动价值转化为生产价格的学说，竭尽了挖苦的能事。他竟然编造了一个主观唯心主义的方式，说马克思"首先写下了一个体系，然后取出橡皮把它擦去，由于擦去了它而使它转形，然后再写入一个体系。这就行了"。这并不是什么科学的探讨，而是一种挖苦和谩骂！难道这样的挖苦，就能把马克思关于价值转化为生产价格的反映客观事实的科学理论推翻了吗？难道这样的挖苦，不是在证明萨缪尔逊对于马克思的价值到生产价格的转化的科学理论的攻击，是一种政客式的狂妄和武断吗？

四

马克思关于资本主义的政治经济学是以资本主义生产方式的客观运转，是以资本主义生产关系与生产力的矛盾，是以资本对劳动的剩余价值的榨取及其矛盾的发展，作为根据的。与此同时，他还从资产阶级古典经济学中，批判地吸取它的合理的、科学的成分。恩格斯在《反杜林论》中论述科学社会主义的时候说道："和任何新的学说一样，它必须首先从已有的思想材料出发，虽然它的根源深藏在经济的事实中"。马克思主义政治经济学的建立，也正是这样。

在资产阶级的经济学说中，具有科学见解而被马克思所肯定，被马克思所吸取的，只是古典学派。但是，自从法国和英国的资产阶级夺得政权以后，"阶级斗争在实践方面和理论方面，采取了日益鲜明的和带有威胁性的形式。它敲响了科学的资产阶级经济学的丧钟！"从此以后，资产阶级的经济学论坛，就被一个接一个的庸俗学派所占领了。马克思对于庸俗学派的经济学，同对于古典学派的经济学，在对待上，是根本不同的。如上所述，马克思对于古典学派的经济思想，采取了批判地吸收的态度；而对于死心为资产阶级服务的庸俗学派，则采取了根本否定的态度。庸俗学派不仅千方百计地要调和不能调和的东西，而且千方百计地要掩盖不能掩盖的矛盾，要使雇佣劳动者俯首接受资本家的剥削。在庸俗学派经济学家眼里，问题不再是这个或那个原理是否正确，而是它对资本有利还是有害，方便还是不方便，违背警章还是不违背警章。马克思在

《资本论》第 1 卷第 2 版跋文中，就这般一针见血地把庸俗学派经济学说的实质，点出来了。对于资产阶级庸俗学派（从萨伊、马尔萨斯一直到 20 世纪的凯恩斯等）的基本理论，采取否定的态度进行严肃的批判，是马克思主义者们责无旁贷的任务。但是，他们所提出的一些个别论点，或具体方法，在一定的具体条件下，在马克思主义的指导下，我们并不放弃对于这些个别论点或具体方法的利用。在这里，我举出如下例子：

（一）马尔萨斯是英国早期资产阶级庸俗经济学家。他站在土地贵族和工业资产阶级的立场上，反对无产阶级；又站在土地贵族的立场上，反对工业资产阶级。他的为土地贵族和工业资产阶级卖力的"人口论"，把资本主义制度所造成的过剩人口，不仅归咎于自然，而且归咎于无产者群众的生育。他论证了劳动群众贫困化的合理性，他否定了失业工人的生存权利，甚至说法什么在大自然的筵席上已经没有穷光蛋的席位。马尔萨斯对人口问题的这种基本观点，我们能不加以反对吗？他拼命反对避孕的节制生育，我们能不加以反对吗？但是，我们决不能因为这个极端反动的牧师主张晚婚，从而就在我们的计划生育中不把晚婚作为一项重要措施。

（二）由庞巴维克集大成的所谓"边际效用论"，把使用价值说成是价值，把价值这样一个客观经济范畴，变成一种主观臆断。对于这种否定客观事实的、主观臆断的价值论，我们能不加以反对吗？在马克思的劳动价值论同心理学派的"边际效用论"之间，是矛盾的，是水火不相容的。但是，对于心理学派的个别论点，却不能一概拒绝，因为它可以作为分析的工具去利用。例如，研究产量的增加与它所引起的成本增加之间的依存关系的"边际成本"；研究产量的增加与它所引起的收入增加之间的依存关系的"边际收入"，它们对于改善企业的经营管理，对于企业在进行扩大投资与生产的决策时，作为分析工具，是值得重视的。这就要求我们采取分析的态度，把边际分析方法从边际效用论的主观唯心主义的糟粕里提取出来。

（三）在 20 世纪 30 年代资本主义经济大危机的条件下出现的凯恩斯主义，也是资产阶级经济思想中的一个庸俗学派。凯恩斯的危机理论是建立在他的庸俗的"有效需求"理论的基础上的。他掩盖了资本主义的周期性经济危机是来源于资本主义生产关系与生产力之间的矛盾所形成的生产过剩；他从庸俗观点出发，认为"总的有效需求"是由"消费需求"和"投资需求"两部分"有效需求"所组成的。所谓"有效需求不足"，是指"消费需求"和"投资需求"两者都不足，是指人们对消费品的购买，对资本物品的购买，都不足以吸收掉资本主义企业所生产的大量商品。那么，人们对消费品和资本物品的"需求"（或购买）为什么会不足呢？凯恩斯认为那不是社会的原因，而是人们的心理原因。他进一步认为经济危机的根源，不在于资本主义制度所固有的、不可克服的矛盾，而在于人们所固有的"基本心理规律"。他所提出的三条所谓"基本心理规律"，在实质上，哪一条不是唯心主义的东西呢？哪一条不是主观臆测的东西呢？凯恩斯把他的经济理论称作"通论"，无非是为了要把他所制造的那一套"原理"，当成超历史的永恒的东西，无非是为了要把他所制造的基于人性的"基本心理"，去掩盖资本主义制度的历史性和资本主义社会里消费的阶级性。真理是不怕考验的，凯恩斯的那一套如果是真理，那就不怕考验。可惜的是，他的那一套以"基本心理"作为论据的充分就业，实行不到半个世纪，就在"滞胀"的打击之下，被人唾弃了。

凯恩斯主义的基本理论是同马克思主义的政治经济学尖锐地对抗着的。曾经有些学者，要把马克思的经济学说同凯恩斯的庸俗学说，调和起来。这是一种主观主义的徒劳的做法。但是，凯恩斯的个别理论，如"乘数论"，那是值得注意的。"乘数论"本来是同他的所谓决定"有效需求"的"心理因素"交织在一起的，但它所要说明的是一次投资的变动会对需求、就业收入，产生连锁的影响。这种连锁的效应，在经济生活中，是客观地存在的。只要把"乘数论"从凯恩斯的唯心主义的理论体系中剥离开来，那么，它所反映的再生产过程中的这种连锁效应，对于我们研究社会主义再生产问题，是有参考价值的。

我国人民，在中国共产党的领导下，正在致力于社会主义的现代化建设。对于那些反映社会化大生产的过程与技术经济关系的理论和方法，凡是有利于社会主义现代化建设的，必须给予应有的注意和重视。列宁指出泰罗制是"资产阶级剥削的最巧妙的残酷手段"，但同时，又指出它"是一系列的最丰富的科学成就"，主张在无产阶级取得国家政权以后，有必要采用它的合乎科学进步的方法。列宁对于泰罗制的态度，正是马克思对待资产阶级经济思想的态度。为了我国社会主义现代化建设的利益，我们必须在坚持马列主义、毛泽东思想的前提下，对于国外资产阶级经济思想，采取分析的态度，否定其庸俗的基本理论，而利用其有用的个别成分。

（原载《世界经济》1983 年第 9 期）

再论《资本论》的生命力

在第二次世界大战以后，发了战争财的美国经济有了使人夺目的发展，而战败国日本和西德，也在 20 世纪 60 年代初期，在经济上出现了使人惊异的起飞。面对着这种情况，有些人便怀疑马克思在《资本论》中所提出的原理；有些人认为马克思对资本主义的理论分析已经成为历史陈迹；有的人甚至说"《资本论》已经过时了"。

《资本论》已经过时了吗？要回答这个问题，不仅要看看资本主义国家和资本主义世界的客观存在的基本情况，而且还要看看马克思对于社会主义经济的预见，在我国的实践中，是否已经不发生作用。

一

我认为，马克思在《资本论》中，对于资本主义所指出的基本原理，还是客观地在发生作用的。这可以从如下三个方面来证明：

第一，马克思通过剩余价值，揭露了资本主义生产的秘密。恩格斯对于马克思的这一科学发现，给予了充分的评价。他说到，已经证明，无偿劳动的占有是资本主义生产方式和通过这种生产方式对工人进行的剥削的基本形式；即使资本家按照劳动力作为商品在市场上所具有的全部价值来购买他的工人的劳动力，他从这劳动力榨取的价值仍然比他为这劳动力付出的多；这种剩余价值归根到底构成了有产阶级手中日益增加的资本量所由积累而成的价值总量。资本家购进雇佣劳动者的劳动力，而榨取劳动者的剩余价值，并且通过积累，使剩余价值转化为资本，不断地形成资产阶级手中日益增长的价值总量，这种情况，直到现在，还是继续地在资本主义制度下存在着。也就是说，马克思所发现的资本家对于雇佣劳动者的剩余价值剥削，还是在资本主义国家和资本主义世界，客观地存在着。在第二次世界大战以后，美国、日本和西德的经济起飞，在实质上，正是资本家在高度的资本有机构成的条件下深刻地榨取剩余价值的新发展。

　　早在 18 世纪初期，出现于欧洲的股份公司，也是以剥削剩余价值作为内容的。股份公司是加速资本集中，促进资本主义生产发展的有力杠杆。西方资产阶级经济学家把股份公司的发展，说成是"资本民主化"，把部分小额股票分散在一部分工人和其他居民手中，说成是什么"人民资本主义"，企图以此去掩饰资本主义，去掩饰垄断资本榨取劳动者的实质。事实证明，股份公司仍然是以生产资料的资本家所有制作为基础的，只不过是从单个资本家所有制，变成资本家的集体所有制罢了。在表面上，股份公司的最高权力机关是股东大会，但在股东大会上，分散的小股东并不能产生什么作用；股份公司的实权完全操纵在占有较多股票的大股东手里，因此，即使工人购买少量股票，也改变不了被统治、被剥削的地位。列宁说得极其明确，"当资本主义的教授和辩护士们看到小股东的人数在增长时就说私有者的人数在增加。事实上，是百万富翁对'小股东'的资本控制的加强（和百万富翁收入的增加）"。股份公司到垄断资本阶段，有了急速的发展，不但在发达国家，股份公司如雨后春笋，而且在发展中国家，也有股份公司的出现。但是，不论股份公司怎样发展，并不动摇马克思关于资本家剥削剩余价值的科学分析。

　　马克思的剩余价值论是以劳动价值论，作为理论基石的。现在某些技术发达的资本主义国家，如日本等国，正在制造机器人以代替人类劳动。有人便因此而怀疑劳动价值论的科学性。不仅如此，还有人通过对于劳动价值论的怀疑，进而否定剩余价值理论的存在。我认为这种看法和做法，也是站不住的。机器人并不能创造价值，只能把它本身的价值（制造机器人的社会必要劳动），转移到产品上去。机器人纵然能大量地代替工人去进行物质生产，但是，它的本身，还是技术工人使用最新生产技术所生产的产品。机器人的性能越好，则它所转移给每一个产品单位的价值，也就越小。这一点，马克思在分析商品价值的构成时，早就说得清清楚楚了。在资本主义制度下，机器人纵然大量用于物质生产，马克思关于资本家剥削剩余价值的基本理论是不会因之而动摇的，因为作为前者的基石的劳动价值论，并不发生动摇。

第二，马克思在《资本论》中，反复地论证资本主义积累的一般规律。他说到，社会的财富即执行职能的资本越大，它的积累的规模和能力越大，从而工人阶级的绝对数量和他们的劳动生产力越大，产业后备军人数也就越多。发展资本的膨胀力的同一些原因，也会产生出可供支配的劳动力，因此，产业后备军必然会同财富的增长一起增大。但是同现役劳动军相比，这种后备军越大，常备的过剩人口也就越多，他们的贫困同劳动折磨成正比。最后，雇佣工人阶级中这个贫困阶层越大，官方认为需要救济的贫民也就越多。这就是资本主义积累的绝对的、一般规律。

资本主义积累的一般规律是以资本主义的基本经济规律，即剩余价值规律作为根据的。资本积累是资本家对雇佣劳动者榨取剩余价值的必然结果及其表现。马克思指出："生产剩余价值的方法同时就是积累的方法，而积累的每一次扩大又反过来成为发展这些方法的手段。由此可见，不管工人的报酬高低如何，工人的状况必然随着资本的积累而日趋恶化。最后，使相对过剩人口或产业后备军同积累的规模和能力始终保持平衡的规律把工人钉在资本上，比赫斐斯塔司的楔子把普罗米修斯钉在岩石上钉得还要牢。这一规律制约着同资本积累相适应的贫困积累。因此，在一极是财富的积累，同时在另一极，即在把自己的产品作为资本来生产的阶级方面，是贫困、劳动折磨、受奴役、无知、粗野和道德堕落的积累。"事实明明白白，资产阶级的财富的巨大积累是以剩余价值的榨取，作为内容的，是以劳动人民的贫困的巨大积累作为条件的。没有劳动者所提供的剩余价值，没有劳动者的贫困积累，就不可能有资产阶级巨大财富的积累。进入垄断资本时代，资本积累的一般规律，不仅没有什么减弱，反而更加强化起来。财富积累在少数人手里和贫困积累在大多数人身上的两极分化，更加尖锐地呈现出来了。

雇佣劳动者的相对贫困化，是这个阶级在资本主义社会里的社会总收入中所占比重相对地降低，而资产阶级所占比重则不断地在增长。在这里，虽然劳动阶级的收入同社会财富的增长速度是在相对地降低，但在绝对量上，可能还有些增长。进入垄断阶段，这种情况更加突出。不论在美国或在英国（以及其他资本主义国家），这些国家的劳动阶级的工资总收入，在绝对数上，是一年比一年有所提高的（高级职员和技术工人的工资，可能提得还要高些），但若从其在国民收入中所占比重来看，则不断地在降低着。有人只注意到劳动阶级的工资总收入，特别是看到一些高级职员和技术工人的工资收入，逐年在提高，就大叫资本主义国家的工人生活已经发生根本的变化，而忘记资本主义国家劳动阶级的工资总收入，在国民收入中所占比重，较诸资产阶级，是年复一年地在相对地降低。在资本主义制度下，在劳动阶级中，在某一时期工资的提高，并不意味着资本主义生产方式的根本被否定。马克思说道，"待遇高一些，食物丰富一些，衣服体面一些，特有财产多一些，不会消除奴隶制的锁链，同样，也不会消除雇佣劳动制的锁链。由于资本积累而带来的劳动价格上升的运动，不过表明，资本家给雇佣工人戴上的、雇佣工人不停地铸造的金锁链已经够长，容许把它略微放松一点"罢了。

有的同志由于只看见在资本的积累过程中，雇佣劳动阶级的工资总收入，在绝对量上有所增长，就否认劳动阶级的绝对贫困化的存在。资本主义国家里劳动阶级的绝对贫困化，并不会因为他们的工资收入在绝对量上有所提高而不存在。事实上，工人的货币工资虽然在某一时期有所提高，但是，由于生活必需品价格的不断上涨，由于房租的不断提高以及税收的不断加重，特别是由于通货膨胀政策的日益恶化，工人的实际工资是在逐年下降的。因此，否定资本主义国家工人的绝对化贫困，是不合乎事实的。

在资本主义国家中，是长期地存在着失业后备军的。失业工人虽然得到官方的一点救济，但是，这一点救济，只能保持不致饿死而已（还有不少人是领不到救济金的）。被资本家榨干了血液而被抛到工厂门外的年老工人，处境更为悲惨！这难道不是绝对化贫困化吗？这种贫困化并不是一个理论问题，而是一个活生生地存在着的问题。美国国情普查 1983 年的调查结果表明，在美国，贫困率为 15.2%。这意味着美国存在着 3530 万穷人，也就是说，1978—1983 年，穷人增加 110 万人，穷人占美国人口的 1/7。没有政府救济的穷人，人数是 2080 万，两者加起来就是 5610 万，即占美国全体人口的 1/4。更为严重的是，穷人正在变得更加贫困。据美国《洛杉矶时报》1958 年 10 月所载，1968 年在所有的家庭中，1/5 最穷困户的收入能满足基本生活需求的占 91%；到 1983 年，他们的收入，只能满足基本生活需求的占 63%。在贫困的成年人中，60% 以上是妇女；而不满十八岁的、生活在贫困中的美国青年，竟达 1380 万人。这些贫困的美国人当然不是相对贫困的人，他们并不是每月有工资收入，并不是工资的绝对量有所增加的人。列宁曾经说过，资本主义国家"工人的贫困化是绝对的，就是说，他们愈来愈穷，生活更坏，吃得更差，更吃不饱，更要挤在地窖上和阁楼里"。有不少人连阁楼也住不起，成为无家可归的人。1985 年 2 月春寒的时候，美国就有 385 万人躺在马路边过夜，有不少人就在严寒的马路边结束了生命。而美国全国四百个大富翁的净收入，约为 1340 亿美元（平均每人净收入为 3350 万美元），这难道不是在证明马克思关于资本积累一般规律的财富与贫困的两极分化，富人更富、穷人更穷的原理，在资本主义制度下，不是自然在发生作用吗？只看见职工中有一部分人在某些时期的工资收入，在绝对数上有所增加，而抹杀工人群众有相当大的部分，陷在绝对贫困泥坑里的看法，是不符合事实的。只看见资本主义经济有所发展，而抹杀在财富积累的对面，存在着贫困积累，这难道合乎客观事实吗？

第三，周期性的经济危机，显示了发展的社会生产力同资本主义生产关系之间的尖锐的矛盾。因为在资本主义生产方式本身炸毁以前，矛盾得不到解决，所以它就成为周期性的了。经济危机给资本主义社会带来了生产力的巨大破坏。不但那些找不到销路的消费资料，如小麦、马铃薯、牛奶、牲畜和棉花等，大量遭到毁灭，而且大批工厂和设备，如高炉、平炉、造船厂、纺织厂等，也遭到毁灭性的破坏和停止使用。因而，每一次经济危机都使资本主义，特别是在生产规模上要倒退若干年。

资本主义国家的经济危机是从 1825 年开始的。在 19 世纪，经济危机的周期是十年左右来一次；每次经济危机只有一年左右。19世纪 70 年代，资本进入垄断阶段之后，经济危机的周期就逐渐缩短，涉及的国家也逐渐在扩大。1873 年的经济危机把美国和德国都拖入泥坑，而在时间上则拉长了五年。到第一次世界大战之前几年，由于准备战争，生产才有较快的发展。1914—1918 年的第一次世界大战使欧洲大陆各国几乎成为废墟，只有美国的垄断资本，在那次大战中获得了 350 亿美元以上的利润。

在 1919 年到 1938 年的两次世界大战之间，资本主义国家发生了三次经济危机，其中第三次危机，即 1929—1933 年的危机，可以说是资本主义历史上一次空前深刻、震撼整个资本主义世界的经济危机。那次经济危机的特点是：①工业生产的急剧下降。1932年整个资本主义世界的工业生产，如同 1929 年比较，跌落 36.2%，其中美国和德国跌落得最凶，分别跌落 48.3% 和 46.7%。②失业率空前增加。在 20 世纪 20 年代"繁荣"时期，大量失业人口已经存在。1929—1933 年，资本主义国家总失业人数，从 1000 万人增至 3000 万人，加上半失业人数，超过 4000 万人。③由于商品销路停滞，资本主义世界批发物价平均下跌 1/3，原料价格下跌 40%—50%。④生产能力遭到极大破坏。以美国为例，它在 1929 年以前，钢铁业的开工率只有 60%，汽车工业为 50%，机器制造业为 55%，到 1932 年年底，美国钢铁业的开工率降为 13%，汽车业降为 11%。不仅如此，当大量工人由于经济危机而失业的时候，大量的小麦、玉米等农产品，却任其腐烂、焚毁以至抛入大海，大量的牛羊和猪则在大屠杀之后，埋在地下作为肥料。⑤资本主义世界信用、货币体系的崩溃。1929 年 10 月，纽约证券交易所的崩溃，就是美国信用危机爆发的信号。至 1933 年美国倒闭的银行达 11730 家（企业倒闭 252000 家）。罗斯福就任总统的 1933 年 3 月 4 日，不得不宣布银行"休假"，并关闭纽约金融中心。

1929—1933 年的经济危机之后，来了一个达不到"复苏"程度的特殊的萧条。一直拖到 1937 年资本主义世界的工业产量仅仅超过 1929 年水平的 4%。但是就在这年夏秋，新的经济危机又在美国开始了，接着英国、法国和其他资本主义国家，也先后在经济危机中打滚。在这个时候，日本已经进攻了中国，德国和意大利正在准备打第二次世界大战，在扩大军需和武器的生产，因而，把 1937 年爆发起来的经济危机的进程打断了。

第二次世界大战使垄断资本大发其财。美国垄断资本的利润，从 1938 年到 1944 年达到 900 亿美元。美国的黄金储备额在 1950 年竟达到 228 亿美元（当时全资本主义世界的黄金共为 338 亿美元），这就是说，美国当时所掌握的黄金额竟占全资本主义世界黄金额的 2/3。真可称是"黄金王国"了！但是，垄断资本力量的壮大，并不能使它们避免周期性经济危机的袭击，反而使经济危机，来得更加频繁，更加严重，更加深刻。第二次世界大战之后，美国、日本、西德以及英法各国，都出现了频繁的经济危机。到 1983 年，美国出现了八次，日本出现了八次，西德出现了七次。

1979 年 4 月，美国的工业生产就出现了危机。这次危机在

1980 年有点回升，但是，回升是乏力的，1981 年 8 月又再度下降，一直下降到 1983 年第二季度，才出现缓和。在这个期间，西欧各国和日本，也在不景气中度过岁月。1979—1982 年历时四年的经济危机是一次资本主义周期性生产过剩与通货、信用膨胀日益恶化等因素交织而成的并发症的世界性经济危机。这次危机的复苏和"繁荣"期间，将近两年半。根据历年的经验，不少关心这个问题的专家，估计新的经济危机，很有可能在明年（1986）上半年到来。

垄断阶段的经济危机具有以前所没有的特点：

（一）在 19 世纪进入 70 年代以前，如上所说，经济危机的周期是十年；进入垄断阶段以后，周期的间隔已缩短为七年左右。第一次世界大战以后，周期的间隔又进一步缩短。在 1919—1921 年危机与 1929—1933 年危机之间，间隔是九年，但是，1929—1933 年危机与 1937—1938 年危机之间，间隔只有五年。第二次世界大战之后，美国经济危机周期竟缩短为平均间隔三四年；而危机时间则大大地长于恢复时间。美国战后的六次危机（1979—1983 年危机不算），危机时间平均是 79 个月，而恢复时间却只有 63 个月。从 1973—1976 年危机到 1979—1983 年最近这次危机，恢复期竟缩短到 48 个月，而危机竟持续近四年。垄断阶段的经济危机，较诸以前，来得更加频繁了。

（二）19 世纪 70 年代以前的经济周期，是由危机、萧条、复苏和繁荣四个阶段构成的。这就是说，在经济危机爆发之前，有一个比以前一个周期更为繁荣的时期。但是，这种情况在第二次世界大战以后，基本是消失了。好几次危机是在微弱的复苏阶段上爆发出来的。繁荣还没有到来，新的危机就抢先爆发。第二次世界大战以来，经济危机的周期阶段陷入混乱。这种混乱，并不是经济危机周期性的否定，而是危机的破坏性更加深刻。

（三）20 世纪 70 年代以来，许多资本主义国家加强了通货膨胀政策，形成了前所未闻的"停滞膨胀"。通货滞胀使资本主义生产关系与生产力之间的矛盾变得更加复杂而深刻。滞胀使物价在复苏时期难于下降，从而延长了萧条的时间。宣传使用通货膨胀去削弱危机影响的凯恩斯主义，在 70 年代的经济危机中，就被他的学生鲁宾逊夫人所唾弃了。

恩格斯曾经指出"在危机中，社会化生产和资本主义占有之间的矛盾达到剧烈爆发的地步"，"经济的冲突达到了顶点：生产方式起来反对交换方式，生产力起来反对已经被它超过的生产方式"。这种情况，活生生地在我们眼前表演着。有什么根据可以说，马克思在《资本论》中所指出的关于由资本主义生产关系与生产力的矛盾而周期地爆发的经济危机，已经失去了作用呢？已经成为历史的陈迹了呢？

马克思在《资本论》中对于资本主义生产方式的科学分析，对于资本主义生产关系同生产力之间的矛盾，并不仅仅只有上述三个侧面。但是，从这几个侧面来看，《资本论》对于资本主义生产方式的基本原理，还是客观地在发生作用的。对于资本主义生产方式来说，难道《资本论》已经过时了吗？

二

马克思在《资本论》中，不仅科学地分析了资本主义生产方式的发生、发展与灭亡，不仅指出资本主义生产方式必然为社会主义生产方式所代替；而且对于代替了资本主义的社会主义生产方式的许多根本性问题。也作出了科学的预见。

第一，从生产资料所有制来说，社会主义制度的建立，不仅由于资本主义的生产方式，已经暴露出自己无能力继续驾驭这种生产力，而且由于无产阶级群众的武装起义，推翻资产阶级的统治，否定资本主义生产关系对社会生产力的束缚。马克思和恩格斯在《共产党宣言》中指出："无产阶级将利用自己的政治统治，一步一步地夺取资产阶级的全部资本，把一切生产工具集中在国家即组织成为统治阶级的无产阶级手里，并且尽可能地增加生产力的总量"。马克思在《资本论》中不止一次提到在资本主义废除之后，必然出现生产资料社会主义公有制的问题。

我国在没收了官僚资本和改造民族资本的工商业之后，在 20 世纪 50 年代中叶，就已经建立起全民所有制的国营经济；在第一个五年计划成功之后，全国人民在中国共产党和政府领导下，先后建成了许多现代化的大型和中型工业企业，制造出旧中国所不能设想的现代化工业产品。这一点，是马克思关于在工人阶级取得政权后实现生产工具国有化并尽可能快地增加生产力总量的预见的实现。

有人认为引进外资，容许外国人在经济特区和开放城市独资创办企业，或中外合资设立企业，那是在否定马克思主义，那是在损害我国全民所有制国营企业。这种看法，是站不住的，因为①引进外资的目的，是引进国外的先进技术。经过消化和提高之后，这些新工艺、新技术，就会成为我们自己的东西，成为提高自力更生的重要因素。社会主义的经济基础也就日益坚强起来。这同马克思所提出的尽可能地增加社会主义国家的生产力的总量，是一致的。②我国的开放政策不但在经济特区和开放城市，容许外资设厂，而且也容许内地城市的个体手工业和个体商贩的存在。内地城市的个体经济，不仅能解决待业青年的就业，而且能使他们的业务经营，成为国营经济的补充。在这种情况之下，全民所有制的国营经济，在整个国民经济中依然处于主体的地位。实践已经证明，在我国国民经济中，社会主义国营经济作为主体的地位，是不会因为外资的引进和个体经济的存在而发生动摇的。

有人则从另一个角度看，认为容许外资和个体经济在国内存在，那是在证明，马克思关于在社会主义制度下，建立和发展国营经济的学说的动摇。这种看法是错误的，上面已经提到，在我国作为国民经济主体的社会主义国营经济，不但不发生动摇，而且由于生产技术和经营管理的改进，将会更加壮大。这就证明，怀疑马克思关于建立和发展社会主义国营经济的理论的正确性，是没有根据的。

第二，马克思在《资本论》中分析"自由公社"的分配时指出，这个公社的总产品，在扣除了用作生产资料的部分之后，余下的部分就作为消费品，在社员之间进行分配，而"每个生产者在生活资料中得到的份额是由他的劳动时间决定的"。他说道："劳动时间又是计量生产者个人在共同劳动中所占份额的尺度，因而也是计量生产者个人在共同产品的个人消费部分中所占份额的尺度"。后来，在《哥达纲领批判》中，马克思对于按劳分配的原则，作了更为系统，更为深刻的发挥。马克思在《哥达纲领批判》中论证了在共产主义第一阶段（即社会主义时期），按劳分配原则的必然性。列宁在《国家与革命》中从各方面论证按劳分配在社会主义时期的必然性。

在"左"倾错误的指导思想之下，用平均主义去否定按劳分配，去取代按劳分配，认为平均主义就是所谓社会主义的分配原则。实践证明，平均主义同按劳分配是矛盾的。平均主义破坏了劳动者的生产积极性。试问在"干与不干、干多干少、干好干坏"的分配办法之下，谁能积极地去劳动呢？事实上，平均主义的分配原则，并不会为劳动者带来平等。表面上，这种分配原则，似乎相当平等，但在实质上，却为劳动群众带来更严重的不平等。一是平均主义取消了以劳动作为计量报酬的同一尺度；二是平均分配并不能取消已经结婚同尚未结婚的劳动者之间，子女较多和子女较少的劳动者之间的差别，因为，并不能取消"某一个人事实上所得的比另一个人多些，也就比另一个人富些"的矛盾。

在经济体制改革的进程中，我们所遇到的阻力，其中就有平均主义的因素。那些醉心于平均主义，那些热衷于平均主义的人，当然要反对按劳分配，当然要把马克思所指出的按劳分配社会主义原则，说成过时的东西。

第三，长期以来，一些工业企业的负责人，只看见产量和产值，而忽视了商品的质量。这种看法，是因为"产值产量是硬指标，而质量品种却是软指标"。马克思教导我们，商品的使用价值是它的价值的物质基础。他说："没有一个物可以是价值而不是使用物品。如果没有用，那么，其中包含的劳动也就没有用，不能算作劳动，因此，不形成价值。"只看见产量和产值这两个硬指标的同志，对于马克思的商品理论，对于质量是商品的物质基础的原理，当然是不放在眼里的，甚至认为这种理论是过了时的，因为在卖方市场的条件下，商品不论好坏，一般都会被抢购而光。所谓"皇帝的女儿，不愁嫁不出去"，几乎成为工商企业的同志们的豪言壮语。事实早就在证明，轻视质量的结果，就会使大量商品的使用价值打了折扣，以至完全丧失了使用价值。完全丧失使用价值的是废品，使用价值打了折扣的是次品，难道我们的社会主义建设速度，能根据次品和废品的数量，去计算产量和产值吗？如果把马克思的商品理论，看成过了时的话，则我们的四化建设，在效益上，将是不可思议的。

第四，党的十二届三中全会的《中共中央关于经济体制改革的决定》（以下简称《决定》）总结了过去几十年的经验，突破了把计划经济同商品经济对立起来的传统观念，提出社会主义经济是在公有制基础上的有计划的商品经济，因而，必须自觉地依据和自觉运用价值规律。《决定》提出的这一理论，是正确的，是符合马克思主义的理论。但是，有人却因此认为马克思所说的价值规律是一种盲目调节的理论，同我们的自觉地运用价值规律去发展有计划的商品经济，存在着矛盾，因而马克思在这一方面的理论，是过了时的。我认为不能这样去理解问题。马克思在分析社会分工的时候，指出"商品的价值规律决定社会在它所支配的全部劳动时间中能够用多少时间去生产每一种特殊商品"。这就是说，社会劳动时间的分配，必须按照社会对于某种特殊商品的要求，这就是说，社会劳动时间的分配，必须根据社会需要，按比例地在各生产部门之间进行安排。而在小商品生产和资本主义社会里，生产是在生产资料私有制下进行的。社会生产与社会需要之间，不存在必然的联系，因而，社会生产同社会需要之间没法不经常失调，在各个生产部门之间的比例关系，也没法不经常失调。资本主义社会的生产无政府状态，自然没法使价值规律的要求得到实现，而只能"在事后作为一种内在的、无声的自然必然性起着作用，这种自然必然性可以在市场价格的晴雨表的变动中觉察出来"。由此可见，把价值规律只看成市场价格波动的规律，而无视它对社会生产与社会需要的平衡要求对生产部门之间的比例要求；从而把这个规律看成市场盲目变动的根源，是片面的，是不正确的。《决定》要求我们自觉地运用价值规律，去发展有计划的商品经济，并不同马克思关于价值规律的说明，有什么矛盾；反而要求我们必须全面地去认识价值规律的要求和作用。在实现我国的社会主义现代化建设中，在发展我国的社会主义国民经济中，在公有制的基础上，自觉地运用价值规律去发展有计划的商品经济的实践中，从什么地方看出马克思主义已经过时了呢？

第五，马克思在《资本论》第二卷中论述社会再生产的时候，在比例上，分析了两大部类之间的关系，对于社会主义国民经济的有计划按比例发展，具有重大的指导意义。但是，有的同志为了局部利益，没有从全国整体利益去考虑基本建设投资和生产的计划安排，以致发生"国家计划内的基建项目完成不了，而计划外的项目却控制不住"的局面。面对着这种情况，有人却认为这是马克思《资本论》过时的表现，而把自己破坏"全国一盘棋"的责任推给马克思的理论。这种自欺欺人的干法，是无法推卸责任的。从理论来说，我认为马克思的 $\mathrm{I}(y+m)=\mathrm{II}c$ 和 $\mathrm{I}\left(v+\dfrac{m}{z}\right)$ 对 $\mathrm{II}c$ 的关系，在社会主义国民经济的计划工作中，还是必须作为基本原理来同当年的客观事实相结合的。因而只顾本部门、本地区的干法，不仅破坏了马克思关于两大部类在扩大再生产中的比例关系的理论，而且也破坏了社会主义国民经济的整体利益。

　　马克思主义并不是教条，他的巨著《资本论》也不是教条，而是我们进行社会主义革命和建设的指针。马克思在《资本论》中是以商品不存在的情况下来预察社会主义经济的。这是时代的限制。列宁和斯大林在实践中，认为在无产阶级取得政权之后，要建立社会主义经济还需要利用商品和货币。中华人民共和国成立的实践也证明，要发展社会主义经济还必须把商品和货币作为工具来利用。但是，从"大跃进"到党的十一届三中全会以前的二十多年间，在"左"倾错误的统治下，商品经济受到极其严重的损害，社员的家庭副业和自留地几乎没法存在；集市贸易在绝大部分地区成为非法的活动；原来被承认的第三条流通渠道也是名存实亡。这一切，使广大农村基本上保留着自然经济。在党的十一届三中全会之后，那些阻碍生产力发展的"左"的错误，才逐步地得到纠正，发展商品经济的正确方针，才逐步得到落实，从而，整个国民经济才一天比一天地活跃起来。

（原载《中州学刊》1986 年第 2 期）

马克思主义经济学不能
分析现代资本主义吗

现代资本主义指的就是垄断资本主义。资本主义生产关系与社会生产力发展之间的矛盾，进入垄断阶段之后，非但没有被取消，反而更加尖锐起来。马克思所指出的资本主义积累的一般规律，在垄断资本主义条件下，不但没有受到削弱，反而更加深刻化、更加扩大化。

资本积累就是资本家对雇佣劳动者榨取剩余价值的必然结果及其发展的表现。马克思说过："一切生产剩余价值的方法，同时就是积累的方法，而积累的每一次扩大，又反过来成为发展这些方法的手段。由此可见，不管工人的报酬高低如何，工人的状况必然随着资本积累而日趋恶化。"事实很明白，没有雇佣劳动者所提供的剩余价值，没有劳动群众的贫困积累，就不可能有资产阶级巨大财富的积累。

现在我国某些经济理论工作者，由于只看见在资本的积累过程中，雇佣劳动者的工资总收入在绝对量上有所增长，就否定资本主义社会里雇佣劳动者的贫困化，同时，又否定资本积累的规律。按照他们的说法，现在发达资本主义国家的工人的实际工资不但有显著的提高，并且已经突破劳动力价值的界限。通过这种说法，他们不仅否定资本主义积累一般规律的存在，而且否定了剩余价值剥削的存在了。客观事实，难道真如我国这些理论工作者的所说吗？

我们并不否认资本主义国家中的雇佣劳动者，在某一时期里，工资有所提高。但是，这种提高，并不会影响资本家对劳动者的剩余价值的剥削，并不会削弱资本主义积累一般规律的作用。马克思早就说过，"待遇高一些，食物丰富一些，衣服体面一些，持有的财产多一些，不会消除奴隶制的锁链，同样也不会消除雇佣劳动制的锁链。由于资本积累而带来的劳动价格上升的运动，不过表明资本家给雇佣工人带上的、雇佣工人不停地铸造的锁链已经够长，容许把它略微放松一点"而已。

有的人只承认资本主义国家存在着工人的相对贫困化，而不存在着工人的绝对贫困化。这是不符合客观现实的。以曾经被称为"黄金王国"的美国来说吧。据 1983 年该国国情普查，贫困率是15.2%，这个数字意味着美国存在着 3530 万穷人：没有得到政府救济的穷人人数则是 2080 万。两者合计，就是 5610 万，占美国总人口的四分之一。更为严重的是，穷人正在变得更穷。1985 年 2月春寒的时候，美国就有 385 万穷人连地窖和阁楼都住不起，只能躺在马路旁边过夜，有不少人就在严寒的马路两边结束了生命！这难道不是绝对贫困化在美国这个花花世界的存在吗？美国全国的大富翁有四百个，他们的总收入，约为 1340 亿美元。这四百个大富翁的巨额净收入，难道不是在证明：财富积累的同时，存在着穷困的积累吗？只看见雇佣工人中有一部分人在某个时期的工资收入，在绝对数上有所增加，而抹杀工人、群众中相当大的一个部分陷在贫困坑里和少数大富翁在大发其财的看法，这能说是合乎客观事实吗？

我国有些理论工作者不从社会生产力同资本主义生产关系之间的矛盾去认识资本主义世界的周期性经济危机；而以资本集团之间的是否妥协，作为根据，认为这种妥协会缓和、会减少经济危机的严重性。资本主义的生产无政府状态和资本集团之间的矛盾，是经济危机的一种因素，但是，这并不是决定性的主要的因素。周期性经济危机之爆发，绝不是资本集团之间的暂时性妥协所能解决的。有人以 20 世纪 30 年代经济大危机没有再来作为论据，为资本主义制度呈献"安慰"。按照这种说法，好像资本主义生产是在风平浪静中行进。难道事实是这样的吗？第一，以前的不说，第二次世界大战之后，美国、日本、西德以及英、法各国，都出现了频繁的经济危机。截至 1983 年，美国出现了八次；日本出现了八次；西德出现了七次。经济危机的周期，在 20 世纪 70 年代以前一般是十年；进入垄断阶段以后，缩短为七年；第二次世界大战以后，有时间隔只有三四年左右，而危机时间则大大地长于复苏时间。美国在战后的六次危机（1979—1983 年不算），危机时间平均为 79 个月；而复苏时间却只有 63 个月。最近这次危机（1979—1983），在它爆发之前的复苏时间，只有 40 多个月，而危机的持续竟近四年。这是资本主义周期性经济危机严重性的标志之一。第二，在第二次世界大战以前，在经济危机来临之前经常有一个比以前一个周期较为繁荣的时期，但是，这种情况在第二次世界大战之后，可以说是消失了。20 世纪 70 年代的几次危机是在微弱的复苏阶段上爆发的。繁荣还没有到来，新的危机抢先爆发。经济危机的周期阶段陷入了混乱。这种混乱，并不是经济危机的严重性的减轻，而是经济危机的破坏性更加深刻。第三，在第二次世界大战以前，许多资本主义国家就已陷入通货膨胀的泥坑；第二次世界大战之后，通货膨胀更加严重，形成了前所未有的"停滞膨胀"。通货膨胀使资本主义生产关系与生产力之间的矛盾，变得更加复杂而深刻；使物价在复苏阶段仍动摇不定，从而延长了萧条的时间。客观事实是如此明确，如此严重，有什么理由可以说，马克思在《资本论》中所指出的关于资本主义生产关系与生产力的矛盾而周期地爆发的经济危机，已经失去了作用呢？那种替资本主义制度、替外国垄断资本提出"安慰"的说法，难道不使人齿冷了吗？

　　资本主义经济政治发展的不平衡是资本主义各个阶段所固有的。由于剩余价值规律、竞争和生产无政府状态规律的作用，在资本主义制度下，各个企业、各个部门以及各个国家的发展是不可能平衡地进行的。进入垄断阶段，由于生产和资本的高度集中，生产社会化的程度迅速提高，科学技术的发展日新月异，后起的资本主义国家能够利用最新的生产技术设备发展新兴工业部门，形成新的产业结构，加速国民经济的发展，把原先的老牌帝国主义国家，在经济上和军事装备上，抛在后头。如美国、德国和日本在 20 世纪初期，就开始超过英国和法国。列宁指出："经济政治发展的不平衡是资本主义的绝对规律"。我国的某些学者却否定列宁讲的帝国主义国家之间政治经济发展不平衡的规律，理由是"它既没有导致战争，也没有引起革命"。实际上，在第二次世界大战之后，帝国主义国家间经济政治发展不平衡的情况，不但比以前没有削弱，而且比以前更为加强。这是客观存在的现实。如果说没有战争，那么，以色列对阿拉伯国家的侵略，美国在中美和南美的公然出兵，这是什么呢？这难道不是战争？第三世界不少国家的人民正在争取彻底解放，这难道不是革命？在第二次世界大战之后，中国革命的胜利，东欧国家人民的翻身，这难道不是列宁所预见的"社会主义可能在少数或者甚至在单独一个资本主义国家内获得胜利"的证明？

　　不少人反对列宁关于垄断资本的停滞性和腐朽性，反对列宁关于垄断资本主义是垂死的资本主义的论断，他们片面地突出垄断资本的生产技术和生产力的发展，并且提出帝国主义是"垂而不死的"资本主义。因此，他们认为列宁的《帝国主义论》已经过时了。这些人完全曲解了列宁对于帝国主义的科学分析。列宁指出垄断资本害怕新技术的发明，因为新技术的发明会损害它们的垄断利益，会贬低它们投在生产中的巨额资本，这就使垄断资本具有停滞性和腐朽性。这是问题的一方面；在另一方面，列宁又指出，垄断资本间的竞争，而竞争又促使各个垄断资本集团采用新的生产技术和生产设备。他说道："如果以为这一腐朽趋势排除了资本主义的迅速发展，那就错了。不，在帝国主义时代，个别工业部门，个别资产阶级阶层，个别国家，不同程度地时而表现出这种趋势，时而又表现出那种趋势，整个说来，资本主义的发展比从前要快得多"。列宁对于帝国主义的特点和趋势，是全面地进行分析的，既指出它的停滞腐朽的一面；又指出它们在竞争中发展生产力的一面。某些学者从片面性出发，抹杀列宁关于垄断资本在竞争中发展生产力的论断，这难道是一种科学的态度吗？

在帝国主义时代，垄断资本不仅具有停滞性和腐朽性，而且在劳动与垄断资本之间的矛盾，帝国主义列强之间的矛盾以及第三世界国家同帝国主义之间的矛盾，是彼此相互推动的，是错综复杂地结合在一起的。在这种情况下，说帝国主义是垂死的资本主义，并不是同客观现实脱节的。从历史唯物主义的观点来说，在人类社会的历史长河中，资本主义生产方式必然被社会主义生产方式所代替。至于某一个国家的社会变革，那就不仅决定于当时的经济条件，而且决定于当时的政治条件、阶级力量的对比，特别是工人阶级政党的领导是否正确。但在这里，"帝国主义是过渡的资本主义"这一历史条件，是不容忽视的。不仅如此，列宁关于帝国主义是垂死的资本主义的提法，是从社会科学的意义出发，而不是从生物学的意义出发的。如果从生物学的观点出发，"垂死"的概念就是活不久的意思。一个人到了"垂死"的境地，那就只有几年甚至只有几个月的生命。而社会变革呢？那就不会这么迅速了当。在阶级斗争中，资产阶级是不会自动退出历史舞台的，如果不经过复杂、尖锐、艰苦的长期斗争，如果工人阶级政党的领导不正确，如果没有各方面的条件的配合，那是不可能的。对于这个复杂艰苦的长期斗争，怎能用生物学的观点去理解列宁关于帝国主义是垂死的资本主义的论断呢？

事实证明，马克思主义政治经济学关于现代资本主义生产方式的基本原理，是客观地在继续发生作用，它并不因为现代资本主义在某些方面的变化，而失去其生命力。

（原载《群言》1986 年第 6 期）

《广义政治经济学》序言

政治经济学是历史的科学。因而，这一门科学，不仅要研究人类社会的某一个生产方式，而且要历史地研究人类社会所经历过的和必然要到来的各种生产方式。恩格斯在《反杜林论》中指出，"研究人类各种社会进行生产和交换并相应地进行产品分配的条件和形式的科学"①，就是广义政治经济学。

资产阶级的经济学者是不承认有广义政治经济学之存在的，因为他们把资本主义生产方式不仅看成至善至美的"千年王国"，而且看成统治天下的永恒制度。资本主义生产方式是千年王国，是永恒制度，那么，接替资本主义的新的生产方式，就没有存在之可言。从而，政治经济学也就不能成其为历史的科学；政治经济学的研究也只能以资本主义生产方式作为极限了。马克思主义经济学者是不能同意这种说法，是反对这种说法的。因为人类社会的发展用铁一般的事实，早就把大人先生们的这种唯心主义打得粉碎了。

1938 年，我在汉口《新华日报》工作时，在读者来信的刺激之下，把主要注意力放在政治经济学的中国化上，而没有把政治经济学中国化同广义政治经济学的研究结合起来。到 1942 年我害了严重的肺结核病，党的南方局设法把我送到重庆郊外歌乐山休养。不久，周恩来同志因膀胱结石到歌乐山"中央医院"做手术。手术后，还在病房休养了好几天。我就利用这个机会，经常到病房去找恩来同志聊天，上天下地无所不谈，重点是治学问题。我向他汇

---

① 《马克思恩格斯选集》第三卷，人民出版社 1972 年版，第 189 页。

报青年读者对于政治经济学中国化的急切愿望。他很关心地听着，并不时提出启发性的问题和指示。经过恩来同志的启发，我才逐步认识到：研究广义政治经济学，并写出广义政治经济学著作的本身，就是在解决政治经济学的中国化问题。考虑了几天之后，我就在一次谈话中向恩来同志提出，想要系统地从原始社会写起，再写到奴隶社会、封建社会、资本主义社会，一直写到以苏联作为模式的社会主义生产方式。中国在鸦片战争以前是封建社会；在鸦片战争以后就沦为半殖民地、半封建社会，旧中国的生产方式，就会在广义政治经济学的研究和著作过程中得到阐明。在我的汇报过程中，恩来同志不但不厌其烦地听着，而且有时点点头。最后对我说到，研究广义政治经济学并写出专著，是一项巨大的工程，一方面要占有丰富的中外材料，另一方面更要深入地掌握马克思列宁的政治经济学原理。一年半载是完成不了这样著作的。这就要看你有没有这个决心，有没有这种锲而不舍的毅力了。本来是在闲谈，经恩来同志这么一说，空气就严肃起来了。恩来同志的这一场谈话，是对我的启发，对我的鼓励，又是对我的鞭策。40 年前的往事，直到现在还历历在目，时时在推动着我，在呼唤着我。

在抗日战争的重庆，党的南方局八路军驻渝办事处，党报《新华日报》和党刊《群众》的同志们，虽然不在火线上，但都在过着战斗的生活，哪里有时间坐下来，系统地研究一门科学呢？我的研究广义政治经济学的愿望，只好暗暗地藏在心里。但是，意外地却给我一个机会。1945 年，日本帝国主义投降之后，陶行知和李公朴两先生在重庆创办"社会大学"（以下简称"社大"），培养社会上的进步青年。他们两位通过董必武同志，要我到"社大"担任政治经济学的课程。我就利用这个机会，试用广义政治经济学体系讲课。公朴先生经常检查同学们的笔记，经常高兴地对我说，"你讲的课是同中国经济的实际结合的，这正是我们社大的要求和特点，希望你能把这门课讲完。"可惜的是，我并没有完成公朴先生对我的希望。1946 年 4 月中旬，我离开重庆，跟着中共代表团的同志到南京和上海（马斯南路）参加工作。我在重庆"社大"的政治经济学只讲到封建生产方式。中国化的特点虽然有一点，但是，广义政治经济学的科学性并没有表达出来。重庆"社会大学"给我提供一个机会，对广义政治经济学的教课作一次尝试。宋代爱国诗人陆放翁说"尝试成功自古无"。"社大"的这一次尝试，却给我一点信心，尝试是有成功的可能的。没有尝试，当然谈不到成功。对于广义政治经济学这一著作，我不敢相信，能在我的手里写成，但是，总算是一个"突破"，是一个"开步走"。

1946年秋，蒋介石撕毁"政协决议"，大举向解放区进攻。在日本帝国主义投降之后，战火又在全国各地燃烧起来了。那时，我奉命到香港工作。埋藏在心里的广义政治经济学的研究和写作的念头，在我稍为空暇的时候，经常在促进着我。于是，我就在这种压力之下执起笔来了。从1947年夏到1949年南京解放，从原始公社写到帝国主义和殖民地、半殖民地经济，形成《广义政治经济学》第一卷和第二卷。人民解放军的捷报天天在报上出现，我怎能有安静的心情把这部书写下去呢？这一年4月下旬，我奉命同潘汉年和夏衍两同志离港到京，又赶到丹阳华东局报到，跟着部队进入上海。兴奋与紧张，占领了我的全身，忙于接管，忙于打击投机，忙于市场管理，忙于开展对工商界的统战工作。在这种情况下，把时间用在工作上，那是天经地义的。两年之后，才重新执笔，把新民主主义经济作为第三卷的对象。这一卷是失败了的，因为过渡期很短的新民主主义经济是不能作为一个独立的生产方式去对待的。

1952年冬，我从上海调到中央统战部和中央工商行政管理局工作，忙碌的日子依然使我没法考虑《广义政治经济学》的问题。后来，由于整理《论社会主义的生产、流通与分配（读〈资本论〉笔记)》，挤不出时间，一直拖到1982年3月才着手从头重写，因为对第一卷和第二卷只作修修补补是解决不了问题的；至于第三卷要把社会主义生产方式作为对象来加以说明，对我来说，难度就更大了，因为它正在调整和发展中。

我国社会主义制度在 1956 年对资本主义工商业改造高潮之后，就在全国范围内建立了。但是，急于求成的"左"倾指导思想，对于社会主义建设长期地进行干扰。怎样正确地认识社会主义生产方式，怎样正确地认识社会主义生产和建设，就成为一个相当困难的问题。但是，困难是不能回避的。回避困难，并不能克服困难。

我就是抱着不回避困难的态度来写《广义政治经济学》第三卷的，方针还是马克思主义政治经济学的基本原理同中国社会主义经济建设的实际相结合。但是，历史的车轮是不停地前进的，许多新的经济问题在实践中经常出现。怎样去对待这些新出现的经济问题呢？全书的理论体系又怎样去设想呢？1984 年 8 月中旬我参加在墨西哥城召开的国际人口会议，只要有空，我就在"总统旅馆"的 42 层楼的房间里考虑这个问题。回国后不到两个月，我又参加中国社会科学院经济研究所在苏州召开的"社会主义政治经济学体系"讨论会。同志们的各种意见，给我以很好的启发。到这一年的秋冬之交，我就开始执笔，来偿还这一笔多年未偿还的债务了。快要进入 80 岁的我，杂务还是缠身。只好在杂务缠身中，向自己的生命争取时间，到 1986 年 1 月下旬，终于把第三卷初稿 30 多万字写出来了。

我虽然在 1962 年冬，根据七千人大会的精神，写了《论我国的社会主义经济》，虽然在"十年动乱"里，三次重读《资本论》，并把这三次笔记改写为《论社会主义的生产、流通与分配（读〈资本论〉笔记)》，虽然在墨西哥城的高楼里设想了社会主义政治经济学的体系，并在苏州的讨论会上重新修改这个理论体系的提纲，但是，对于这个新兴的、日在发展的社会主义生产方式的认识，把握还是不大的。我所提出的理论体系是不是站得住？我对一些问题的观点是不是符合马列主义？是不是适合我国社会主义现代化建设的现实？都是有待于同志们的批评的。

（原载《广义政治经济学》，人民出版社 1988 年版）

经 济 学

——《中国大百科全书·经济学卷》卷首

经济学（economics）是研究人类社会在各个发展阶段上的各种经济活动和各种相应的经济关系及其运行、发展的规律的科学。

经济活动是人们在一定的经济关系的前提下，进行生产、交换、分配、消费以及与之有密切关联的活动，在经济活动中，存在以较少耗费取得较大效益的问题。经济关系是人们在经济活动中结成的相互关系，在各种经济关系中，占主导地位的是生产关系。经济学是对人类各种经济活动和各种经济关系进行理论的、应用的、历史的以及有关方法的研究的各类学科的总称。经济学又可称为经济科学（economic sciences）。

经济学概述

词源及其演变

经济一词，在西方，源于希腊文 oikonomia，原意是家计管理。古希腊哲学家色诺芬的著作《经济论》中论述了以家庭为单位的奴隶制经济的管理，这和当时的经济发展状况是适应的。1615 年出现了以"政治经济学"（political economy）为名称的第一本书，即法国重商主义者 A. de 蒙克莱田（约 1575—1621）的《献给国王和王太后的政治经济学》。在整个重商主义时期，政治经济学的内容局限于流通领域，但也包括国家管理。到了重农主义和英国古典学派，政治经济学的研究重点转向生产领域和包括流通领域在内的再生产，从而接触到财富增长和经济发展的规律。古典政治经济学已经同政治思想、哲学思想逐渐分离，形成一个独立的学科，其论述范围包含了经济理论和经济政策的大部分领域。17—19 世纪末，政治经济学逐渐被用作研究经济活动和经济关系的理论科学的名称。马克思和恩格斯通常也都沿用这个名词。但是，他们不仅对政治经济学的内容进行了深刻的根本性的变革，而且在历史唯物主义的基础上，把政治经济学的研究贯穿于人类历史的各个发展阶段，从局限于资本主义生产方式，扩展为整个人类社会的各种生产方式。只研究资本主义生产方式发生和发展的政治经济学，称为狭义政治经济学；研究人类各种生产方式及其发生和发展的政治经济学，称为广义政治经济学。

19 世纪末期，随着资产阶级经济学研究对象的演变，更倾向于对经济现象的论证，而不注重国家政策的分析，有些经济学家改变了政治经济学这个名称。英国经济学家 W. S. 杰文斯在他的《政治经济学理论》1879 年第二版序言中，明确提出应当用"经济学"代替"政治经济学"，认为单一词比双合词更为简单明确；去掉"政治"一词，也更符合于学科研究的对象和主旨。1890 年 A. 马歇尔出版他的《经济学原理》，从书名上改变了长期使用的政治经济学这一学科名称。到 20 世纪，在西方国家，经济学这一名称就逐渐代替了政治经济学，既被用于理论经济学，也被用于应用经济学。

在中国古汉语中，早有"经济"一词，是"经邦"和"济民"、"经国"和"济世"，以及"经世济民"等词的综合和简化，含有"治国平天下"的意思。内容不仅包括国家如何理财、如何管理其他各种经济活动，而且包括国家如何处理政治、法律、教育、军事等方面的问题。包括在"经世济民"内的"经济"一词，很早就从中国传到日本。西方资产阶级经济学在 19 世纪传入中、日两国。日本的神田孝平（1830—1898）最先把 economics 译为"经济学"；中国的严复则译为"生计学"。到 1903 年以后，中国学者才逐渐采用"经济学"这个学科名称。30—40 年代，有的经济学家在编写和翻译马克思主义经济学著作时，则称为"政治经济学"或"新经济学"。1949 年中华人民共和国成立后，中国经济学界大多数把马克思主义的理论经济学称为"政治经济学"，而对政治经济学以外的理论经济学和应用经济学则使用"经济学"一词。80 年代以后，经济学已逐渐成为各门类经济学科的总称，具有经济科学的含义。

研究对象

在阶级社会里，经济学是一门具有阶级性的科学。一般来说，持有不同阶级立场的经济学家，对同样的社会经济现象，往往持有不同的观点，研究时也有不同的目的和侧重点。对于经济学的研究对象，资产阶级经济学家和马克思主义经济学家之间，就有不同的定义。例如，对于作为整个经济学科的基础的理论经济学，在资产阶级经济学界比较流行的一个定义，认为它研究人们既定的目的与具有不同用途供选择的手段之间的关系，即认为人们要满足的欲望是众多的，而一定时期作为满足欲望手段的资源总是有限的，用于某个目的就不能用于其他目的，经济学就是要研究人们在以有限的资源满足众多的欲望时怎样作出合理的选择。在这里，人们之间的剥削关系，资本剥削劳动的本质，就被掩盖了。

当然，资产阶级经济学家对理论经济学的对象还有其他种种说法，但是它们具有一个共同特点，就是强调经济学是"超历史""超阶级""超政治"的，从而，它适用于任何社会和任何历史时期。这类定义的主旨，显然是要把资本主义经济制度说成永恒的、普遍的。尽管在资产阶级经济学中，有时也揭露以至谴责资本主义制度的剥削性质及其矛盾，但其目的还是企图经过各种改良的、修修补补的办法，使它永存下去。

马克思主义的理论经济学，一般称为政治经济学。关于它的对象，在马克思主义经济学家中间，虽然也有一些不同看法，但多数认为它是研究人类社会各个发展阶段上的生产关系体系即在一定的生产资料所有制前提下包括生产、交换、分配、消费诸关系在内的经济关系及其发展规律的科学，在阶级社会里，政治经济学的任务是在于揭露各个阶级社会的阶级剥削。有的则认为它研究人类社会各个阶段上生产方式的发生、发展以及灭亡的规律，因此，它既要研究生产关系，也要研究与之相结合的社会生产力的性质、状况及其发展规律。事实上，就是主张政治经济学研究生产关系的经济学家，也不把生产关系作为孤立的研究对象，而是同社会生产力结合起来研究。同时，马克思主义经济学家认为，政治经济学既然是以人类社会各个发展阶段上的生产关系（或生产方式）作为研究对象，那么，它既是一门理论的科学，也是一门历史的科学。它不仅要研究资本主义生产关系（或生产方式），揭示资本主义发生、发展和必然为社会主义所代替的规律；而且要研究前资本主义生产关系（或生产方式），特别是要研究社会主义生产关系（或生产方式），揭示社会主义经济关系的性质及其运行的规律，以及社会主义生产关系（或生产方式）的发生、发展及其走向共产主义的必然性，为促进社会主义经济的发展服务。

至于以理论经济学为基础的应用经济学，它的研究对象是国民经济各个部门的经济活动（如农业、工业、商业等）、或涉及各个部门而带有一定综合性的专业经济活动（如经济计划、财政、货币、银行等），或单个经济单位的经济活动（如企业的经营管理）及其相应的经济关系。应用经济学就是要研究这些经济活动和经济关系的特殊规律性。由于各种经济活动都是在一定的经济关系中进行的，在资本主义社会里有资本主义的应用经济学，在社会主义社会里有社会主义的应用经济学。由于所有应用经济学都以一定的理论经济学为基础，或多或少地要受到经济学家的阶级立场和观点的制约，这样，就有资产阶级的应用经济学和马克思主义的应用经济学的分野。但是由于资产阶级经济学主要研究在社会化大生产和商品经济支配下的经济活动，因而它们的某些分析内容和分析方法，撇开其资本主义剥削内容，也有可资吸取和借鉴的地方。

经济学作为多种经济学科的总称，除了理论经济学与应用经济学外，还包括其他许多门类和分支，它们也都各有自己的研究对象。

研究方法

经济学的方法，有两个层次的含义。一是指经济学的方法论基础，或哲学基础。就这个含义来说，资产阶级经济学和马克思主义经济学有着不同的方法论。一般来说，资产阶级经济学的方法论基础是反历史主义的、形而上学的、唯心主义或机械唯物主义的。当然，这并不排斥有些资产阶级经济学家或者资产阶级经济学的某些内容，由于尊重客观事实和经济现象的本质联系，也会不自觉地符合辩证唯物主义和历史唯物主义的方法论。马克思主义经济学的方法论基础是辩证唯物主义和历史唯物主义。这个方法论要求实事求是地、从矛盾的发展变化中、从事物的相互联系中研究各种经济活动和各种经济关系。同样，这也不排斥某些马克思主义经济学家或者某些马克思主义经济学著作，由于对实际情况调查研究的不深入或认识上的主观片面，有时也会在某些方面背离辩证唯物主义和历史唯物主义这一科学方法论。

研究方法的另一层次的含义，是指研究各种经济活动和各种经济关系及其规律性的具体方法，如抽象的方法，分析和综合的方法，归纳和演绎的方法，质的分析和量的分析，等等。这些方法都是在人类认识客观事物的长期过程中形成的，在经济学研究中，都被广泛运用。只是不同阶级、不同学派的经济学，在运用这些方法时的指导思想，即方法论基础或哲学基础有着差别。同时，这些研究方法对于经济学的各门学科，也都具有普遍性。只是由于不同的经济学科在研究对象上有所差别，因而在运用这些研究方法时，也会有所侧重，有所不同。

经济学各门学科在研究方法上出现的一个新趋势，是大量运用现代数学方法和现代计算机技术进行经济数量关系的分析。这是由于现代经济发展日益错综复杂，在运行过程中出现的新情况、新问题需要运用这些新的方法进行精确的描述和解释。现代计算机技术的出现，使运用数学方法分析日趋复杂的经济数量关系和处理大量的经济统计数据成为可能。经济学各门学科依据本身的特点，适当运用现代数学和计算机技术的新方法和新成果，对于增强经济科学的精确性，具有重要的意义。

学科分类

随着资本主义商品经济的发展和社会分工的深化，人类经济活动的内容愈来愈复杂、丰富，专业化程度愈来愈细密；同时，各种经济活动之间、经济活动与其他社会活动之间相互依存、相互渗透的联系，也愈来愈紧密。适应这种情况，经济学的研究范围也愈来愈扩展。一方面，从带有高度概括性的理论经济学中不断分化出带有应用性的和独立的部门经济学、专业经济学等分支学科；另一方面，也出现了经济学科内部各个分支相互交叉的学科以及经济学科与其他社会科学以至自然科学学科之间彼此联结的边缘学科。与此同时，随着经济学研究的深化，对分析的精确性的要求愈来愈高，出现了研究经济数量的分析和计量方法的学科；为了总结历史经验，为理论研究和政策制定提供系统的历史依据，出现了各种经济史的学科；为了追溯和总结经济理论本身的发展演变，出现了经济思想史的学科。这样，就在社会科学中逐步形成了一个庞大的、门类分支繁多的经济学科体系。

关于现代经济学的学科分类，资本主义国家和社会主义国家根据各自经济发展的特点和经济学科的发展状况，各有自己的门类划分。综合两类国家的经济学科发展现状，大体上可以分为如下几个门类：

理论经济学　论述经济学的基本概念、基本原理，以及经济运行和发展的一般规律，为各个经济学科提供基础理论。

在资产阶级经济学界，理论经济学通常称为一般经济理论，它分为宏观经济学与微观经济学两个分支。宏观经济学以整个国民经济为视野，以经济活动总过程为对象，考察国民收入、物价水平等总量的决定和波动。其中经济增长理论和经济波动（经济周期）理论又是宏观经济学的两个独立分支。另外，与经济增长理论密切联系的发展经济学，研究发展中国家的经济发展问题，现在也已成为宏观经济学的一个分支。微观经济学研究市场经济中单个经济单位即生产者（厂商）、消费者（居民）的经济行为，包括供求价格平衡理论、消费者行为理论，在不同市场类型下厂商成本分析与产量、价格决定理论、生产要素收入决定即分配理论等。此外，福利经济学等也已成为理论经济学的独立分支。

马克思主义的理论经济学，即政治经济学，如前所述，是研究人类社会各个发展阶段的生产方式或生产关系的发生、发展和灭亡的规律的，包括前资本主义生产方式（原始公社、奴隶制度、封建制度），资本主义生产方式（垄断前资本主义和垄断资本主义）以及社会主义生产方式三个部分。马克思主义政治经济学是以生产关系作为研究对象的，但生产关系是不能与生产力脱节的，中国近年来一些经济学家为了重视发展生产力，认为应建立一门以社会生产力为研究对象的生产力经济学，但尚在研究探索之中。

经济史　研究人类社会各个历史时期不同国家或地区的经济活动和经济关系发展演变的具体过程及其特殊规律，为总结历史经验和预见未来社会经济发展趋势提供依据，也为研究各个历史时期形成的经济思想、学说、政策提供历史背景。经济史按地域范围划分，有国别经济史（如中国经济史、英国经济史等），地区经济史（如欧洲经济史、拉丁美洲经济史等），世界经济史（以世界为整体，研究世界经济的形成和发展）；按部门或专业来区分，有农业发展史、工业发展史、银行发展史等；按历史分期，有古代经济史、近代经济史、现代经济史之分。关于世界经济现状及其发展趋势的研究，实际上属于现代经济史范围（这部分内容见中国大百科全书出版社出版的《世界经济百科全书》）。经济史如同理论经济学一样，要受研究者的阶级立场、观点、方法的影响。

经济思想史　或称经济学说史。它研究各个历史时期出现的经济观点、经济思想、经济学说及其产生的经济政治背景、所起的影响、所占的历史地位，以及各个人物、各个学派之间的承袭、更替、对立的关系等。作为一门评价和分析各个时期各个阶级各个学派的经济思想、经济学说的学科，它显然也要受到研究者的阶级立场、观点和方法的制约。经济思想一般包括作为经济学前史的古代经济思想的发展。资产阶级经济学的产生、发展、演变，以及马克思主义经济学的产生、发展等几个主要部分。按国别划分，这个学科也可分为中国经济思想史、英国经济思想史、美国经济思想史等。

经济数量的分析、计量方法　包括数理经济学、经济数学、经济统计学、经济计量学等学科。资产阶级经济学家出于维护资本主义制度的需要，比较注重各种经济现象之间数量关系的分析。自19世纪70年代起，就有一些经济学家应用数学推导经济理论，建立数量经济学。第二次世界大战后，数理经济学得到进一步发展，广泛应用现代数学方法建立了各种静态的、动态的、微观的、宏观的经济模型。与之相联系的一个分支是经济数学，它侧重阐述现代经济分析中运用的各种数学方法，这实际上属于应用数学范围。经济统计学是一门建立较早的学科，是统计方法在经济数值处理和分析中的应用。30年代初，一些经济学家进一步把经济理论、数学方法和统计方法三者结合起来，建立经济计量学，用以建立计量模型，估算参数，分析各种经济变量之间复杂的数量关系，验证经济理论，进行经济预测，规划有关政策。结合质的分析，适当运用数学方法和统计方法对各种经济活动和经济关系进行量的分析，可以增强各类经济学科的精确性，增强制定政策和计划的科学性。现在，这类有关经济数量分析、计量方法的学科在社会主义国家也已受到重视并有不同程度的发展。

应用经济学　主要指应用理论经济学的基本原理研究国民经济各个部门、各个专业领域的经济活动和经济关系的规律性，或对非经济活动领域进行经济效益、社会效益的分析而建立的各个经济学科。它大体上可分为如下几个分支：

（1）以国民经济个别部门的经济活动为研究对象的学科，如农业经济学、工业经济学、建筑经济学、运输经济学、商业经济学，等等。

（2）以涉及国民经济各个部门而带有一定综合性的专业经济活动为研究对象的学科，如计划经济学、劳动经济学、财政学、货币学、银行学，等等。

（3）以地区性经济活动为研究对象的学科，如城市经济学、农村经济学、区域经济学（经济地区规划、生产力布局），等等。

（4）以国际间的经济活动为研究对象的学科，如国际经济学及其分支；国际贸易学、国际金融学、国际投资学，等等。

（5）以企业经营管理活动为研究对象的学科，如企业管理、企业财务、会计学、市场（销售）学，等等。

（6）与非经济学科交叉联结的边缘经济学科，如与人口学相交叉的人口经济学；与教育学相交叉的教育经济学；与法学相交叉的经济法学；与医药卫生学相交叉的卫生经济学；与生态学相交叉的生态经济学或环境经济学；与社会学相交叉的社会经济学；与自然地理学相交叉的经济地理学、国土经济学、资源经济学；与技术学相交叉的技术经济学，等等。这些边缘经济学科主要研究这些非经济领域发展变化的经济含义、经济效益、社会效益，从中找出它们的规律性。

应用经济学的分支学科，无论在资本主义国家还是在社会主义国家，都是适应社会经济发展的需要而不断打展、不断充实的。应用经济学的发展，离不开社会经济实践，离不开理论经济学的指导，但它们的发展反过来又丰富了理论经济学的内容，起着指导实践的作用。

经济学在社会科学中的地位

社会科学是研究人类各种社会活动和各种社会关系的理论和历史的多种学科的总称。社会科学的研究对象，除了经济活动和经济关系之外，还有政治、法律、军事、教育、道德、语言、艺术、民族、宗教、家庭等方面的活动和关系。从马克思主义的观点来说，在所有的社会活动和社会关系中，具有决定性作用的是经济活动和经济关系。经济活动是其他一切活动的物质基础，经济关系也是其他一切社会关系的物质基础。因而，除了哲学之外，经济学，特别是作为理论经济学的政治经济学，就成为社会科学中的基础科学，成为人们认识社会、改造社会必先掌握的思想武器。

任何阶级或学派的经济学，都自觉或不自觉地以某种哲学作为自己的方法论基础或指导思想。如前所述马克思主义的经济学是以马克思主义哲学，即辩证唯物主义和历史唯物主义作为自己的方法论基础的。当然，经济学各个学科也为马克思主义哲学提供生动、具体的材料，对各种经济活动和经济关系之间辩证关系的研究，也能丰富后者的内容，推动后者的发展。

经济是社会的基础，政治、法律等是社会的上层建筑。一个社会的政治、法律等，归根结底都是由经济基础决定的，都是为维护自己的经济基础服务的。资产阶级的国家制度、法律等，是根据资本主义经济发展的要求而确定的，是以维护整个资产阶级的私有制财产和经济利益作为任务的。社会主义的国家制度和法律等，则是根据社会主义经济发展的要求而确定的，是以维护人民的整体利益，维护生产资料的社会主义公有制的主导地位和促进社会主义建设事业的发展作为任务的。这种经济基础与作为上层建筑的国家制度、法律等之间的作用与反作用，使研究人类社会的经济基础的经济学和研究国家制度、法律等的政治学、法学等紧密联系起来。经济学要联系国家制度、法律等上层建筑来研究各种经济活动和经济关系；政治学、法学等要联系所要维护的经济活动和经济关系来研究各种国家制度、各种法律等。这种相互联系、相互作用的关系，也同样适用于经济学与以其他的社会上层建筑作为研究对象的社会科学学科之间。

经济学与社会学、心理学等也有密切的联系。人们的经济活动与经济关系是决定一个社会结构的基础；而经济活动又以相互间结成一定经济关系的个人作为生产的基本成员，以家庭为消费和生活的基本单位，由此结成错综复杂的社会活动网络。人们的生产活动和消费行为都有一定的心理动机，并受行为习惯的影响。但是人们的心理状态和行为状态，也往往是以一定经济利益的考虑为基础的。

经济学前史——古代经济思想的发展

经济学作为一门独立的科学，是在资本主义产生和发展的过程中形成的。在资本主义以前的各个历史时期，有不少思想家对当时一些经济现象和经济问题发表见解，形成某种经济思想，但是没有形成系统，并常与他们的政治、法律、伦理、宗教等思想混杂在一起。因此，古代经济思想的发展，可以称为经济学前史。

在资本主义社会出现以前，在以历史和文明悠久著称的民族和国家中，以古中国和古希腊、古罗马及西欧中世纪保存的历史文献最为丰富。它们是两个独立发展的文化系统，在经济思想方面都有重要的贡献。

古希腊、古罗马及西欧中世纪的经济思想

古希腊在经济思想方面的主要贡献，有色诺芬的《经济论》，柏拉图的社会分工论和亚里士多德关于商品交换与货币的学说。色诺芬的《经济论》，论述奴隶主如何管理家庭农庄，如何使具有使用价值的财富得以增加。色诺芬十分重视农业，认为农业是希腊自由民的最好职业，这对古罗马的经济思想和以后法国重农学派都有影响。柏拉图在《理想国》一书中从人性论、从国家组织原理，以及从使用价值的生产三个方面考察社会分工的必要性，认为分工是出于人性和经济生活所需的一种自然现象。这个社会分工学说，纵然旨在为他设想的奴隶主理想国提供理论根据，但对当时的社会经济结构提出了一个理论分析。这种分析与中国古代管仲的

"四民分业"论和孟轲的农耕与百业、劳心与劳力的"通功易事，以羡补不足"的理论，基本上是一致的。亚里士多德在《政治学》与《伦理学》两书中有关经济思想方面的贡献，不仅在于他指出了每种物品都有两种用途，一是供直接使用，一是供与其他物品相交换，而且说明了商品交换的历史发展和货币作为交换媒介的职能，指出货币对一切商品起着一种等同关系即等价关系的作用，从而成为最早分析商品价值形态和货币性质的学者。但是他对追求货币财富的商业资本和高利贷资本都从公正原则出发持否定态度。

古罗马的经济思想，部分见于几位著名思想家如大加图（公元前234—前149）、瓦罗（前116—前27）等人的著作中。他们论述奴隶制农庄的管理和农作物的种植技术，把农业放在社会经济的首位，赞赏自给自足的自然经济。但是古罗马对经济思想的贡献，主要是罗马法中关于财产、契约和自然法则的思想。古罗马早期有12铜表法，以后在帝国时期有市民法（适用于罗马公民的民事法律）和万民法（适用于帝国境内的各族人的法律）。在这些法律中，古罗马法学家对于财产权、契约关系以及与此相联系的买卖、借贷、债务等关系都有明确的解释，这些思想对于中世纪的"公平价格"概念和以后资本主义社会中关于一切经济行为都基于私有财产权的经济思想，都有重大的影响。万民法所依据的普遍性原则和自然合理性，以后逐渐形成自然法则思想，成为资本主义初期的自然法、自然秩序思想的重要来源。

西欧中世纪虽然经历了千年之久，但封建制度从11世纪开始才真正建立起来。中世纪的学术思想为教会所垄断，形成所谓经院学派。经院学派主要用哲学形式为宗教的神学作论证，但也包含某些经济思想，用来论证某些经济关系或行为是否合法或是否公平。后来由于商品经济的发展和城市的兴起，教会不得不回答当时社会上出现的两个重要问题：一是贷款利息的正当性问题，一是交换价格的公正性问题。贷款取息与教义抵触，教会曾一再明令禁止。但后来迫于大量流行的贷款取息的现实，经院学派不得不采取调和态度。如 13 世纪的神学家托马斯·阿奎那，原则是反对贷款取息，但认为在贷者因出贷蒙受损失，或借主逾期未还，或以入伙方式贷款等情况下，可以收取利息。关于公平价格的概念，在古罗马法学家著作中提出过。在中世纪神学家中较早论述公平价格的是大阿尔伯特（约1200—1280），他认为公平价格是和成本相等的价格，市场价格不能长期低于成本。托马斯·阿奎那基本上接受这个看法，但加上了许多主观因素。对这两个问题，在中世纪并未形成有说服力的观点，但为以后的经济学家提出了研究的课题。

中国古代的经济思想

在秦统一中国和建立中央集权的封建专制帝国前的战国时期，在中国出现了一个学术思想空前繁荣的局面。诸子百家竞相著书立说，其中最著名的有道家、儒家、墨家和法家。他们的经济思想，对中国的封建经济思想以至中国封建经济本身的发展，起着深远的影响。由于中国封建社会的经济和政治制度有着自己的特点，因而反映这个制度要求的各家经济思想以及以后的演变，与西方古代的经济思想比较，除在重视农业生产、社会分工思想等方面有些共同之处而外，也有它自己的特点。具有中国特色的古代经济思想，主要如下：

"道法自然"的思想　这是道家的经济思想。道家所说的"道"不单指自然界的道，同时也指人类社会的道。道家从自然哲学出发，主张经济活动应顺从自然法则运行，主张清静无为和"小国寡民"，反对在当时日益发展的封建等级制度下儒家所提倡的礼制和法家所主张的刑政。这种经济思想在汉代司马迁的著作《史记·货殖列传》与《史记·平准书》中得到阐发。司马迁反对当时桑弘羊为了增加财政收入而主张封建官府垄断盐铁等重要工商业的经营，主张农工商各业应任其自然发展。道家这种经济思想后来传到西欧，对17—18世纪在西欧盛行的自然法和自然秩序思想有一定影响。

义利思想　即关于人们求利活动与道德规范之间相互关系的理

论。"利"主要指物质利益，"义"是指人们行动应遵循的道德规范。义利关系是中国古代思想史上长期争辩的一个问题。儒家承认求利之心，人人皆有，因而不反对求利，但是他们把义放在首位，认为求利活动应受义的制约，主张重义轻利，先义后利。这就是说，要把合乎封建等级利益的规范，作为求利的前提。尽管当时（如法家）和以后也有重利轻义或义利结合的主张，但是儒家贵义贱利的理论，却占统治地位，成为中国封建社会长期束缚人们思想的僵化教条，妨碍了人们对求利、求富问题的探讨和论证，也在一定程度上影响了商品经济在中国的发展。

富国思想　中国古代思想家为使中央集权的封建制国家富强，提出了各种见解或政策。孔丘提出要"足食足兵"，孔门有若（前518—?）提出"百姓足，君孰与不足"，这是儒家早期的富国思想。以后商鞅在秦国变法，提出富国强兵和"重本抑末"政策，他是法家富国理论最早的提出者和实践者。商鞅和以后的韩非，认为农业是衣食之本，又是战士之源，发展农业生产是国家富强的唯一途径，因此，富国必须"重本"。同时，他们认为工商业是末业，易于牟利，如不加限制，就会使人人避农，危害农业生产，因而主张"禁末"。不仅如此，他们还主张"强国"就须"弱民"，即采取刑赏的手段，使生产者把除了生活和再生产所需之外的生产品，上交国君，私人不得保有多量财富。《管子》的富国思想，在"重本"一点上和商鞅、韩非相同，但对"末"有不同理解，认为要限制的只是"刻镂""文章"的工事。要把商、工与农、士同列为四民，四民同列，重点是在分工。此外，《管子》主张富国必须富民，认为"民必得其所欲，然后听上"。以后，荀况在儒学的基础上吸收各家的富国思想，著有《富国》专篇，提出了较为完整的富国理论。他"重本"，但也肯定工商各业在社会经济中起作用，只是说对商贾的数量要有所限制；并明确提出富国必须以富民为基础，主张"上下俱富"。富国之策，受到汉以后历代思想家的重视。到宋代，李觏著有《富国策》十篇。富国思想在中国的政治经济思想史上具有独特地位，这与中国长期是一个中央集权的封建专制主义国家这一特点有着密切关系。

赋税思想　对土地课征赋税是中国封建社会农产品的主要分配形式，是中国思想家经常论述的主要问题之一。自西周的"公田"制消亡后，对农业生产改为按所有田亩课征赋税。因此，中国古代的经书、史籍如《尚书》《周礼》《国语》等，常有关于田地分级和贡赋分等的论述。管仲相齐时，提出"相地而衰征"的赋税征收制度，即按土地好坏差别征以不同的税额，体现了使纳税者负担公平的原则。儒家在赋税问题上主张"薄税敛"，即减轻农民的赋税负担，但荀况不是像孔丘、孟轲那样主张恢复"藉田以力"的"公田"制来达到这个目的，而是追随管仲的思想，认为"相地而衰征"是"王者之法"，因而主张"等赋"，即按田地优劣制定赋税的等差。这些都表明中国古代思想家在公元前就有了朴素的级差地租观点。

平价思想　即关于稳定物价的思想。中国古代思想家很早就有这方面的论述。如《周礼》一书很注意对市场、物价进行管理的问题，提到当时官职中有司市、贾师掌握"平市""均市""成价""恒价"等事。战国时代，李悝、范蠡鉴于谷价大起大落对农民和工商业者都不利，提出国家在丰年购进粮食，在歉年出售粮食的"平籴""平粜"政策，使粮价只在一定范围内涨落。《管子》的《轻重》篇，则从货币流通量影响物价的角度，提出国家可利用收缩或投放货币的政策来平抑物价和积蓄重要物资，同时也可用来作为打击富商大贾囤积居奇操纵物价活动的手段。汉武帝时，桑弘羊实行的平准、均输政策，主要目的也在于平抑谷价。这一平价思想也被用于国家储备粮食的常平仓制度和救济贫民的义仓制度。

奢俭思想　古代王公贵族生活的奢侈或节俭，关系到财用的匮乏或富足，税敛的苛繁和薄简，因此，对待消费应提倡"俭"还是"奢"，这也是中国古代思想家经常论述的一个问题。一般来说，黜奢崇俭是中国封建时期占支配地位的经济思想。先秦儒家，把"礼"作为区别奢俭的标准，反对各个等级的人有超礼制标准的消费，超过即被指责为奢，其目的是维护消费方面的等级制。墨家和道家也都主张黜奢崇俭，只是区别奢俭的标准不同于儒家。墨家主张不分等级，以维持生命健康需要为消费标准；道家则以原始时代简陋的生活条件为理想。秦汉以后，黜奢崇俭成为对待消费问题的封建正统教条。但在中国漫长的封建社会里，也出现过一些相反的观点。如《管子》一书的《侈靡》篇，就论述过富有者衣食、宫室、墓葬等方面的侈靡性开支，可以使女工、木工、瓦工、农夫有工作可做，即有利于贫民得到就业和生活的门路，也可使商业活跃起来。这在当时确是一个颇不寻常的观点。它从经济活动各方面的相互联系来考察消费问题，提出了消费对生产的反作用的卓越见解。对这一思想，北宋范仲淹（989—1052）和明代陆楫都有所阐发。陆楫明确反对禁奢，认为扩大消费是增加贫民生计的重要途径；俭只能使一人一家免于贫，而奢则能"均天下而富之"。这种学说是封建社会中商品经济已有相当发展的反映。

除上述几种主要经济思想外，中国古代思想家还有其他方面的经济观点，如欲求思想、功利思想、理财思想、田制思想、富民思想、人口思想，以利地尽其利、民尽其力的思想，等等。一般来说，中国古代的经济思想，大都是为维护中央集权的封建专制统治服务的，但也有些思想是为扩大商品生产与交换、发展社会生产力开辟道路而提出来的。

资产阶级经济学的发展和演变

随着资本主义生产方式的产生和发展，相应地出现和形成了资产阶级经济学。

19 世纪中叶前的资产阶级经济学

重商主义　16—17 世纪是西欧资本原始积累时期。这一时期商业资本的兴起和发展，促使封建自然经济瓦解，国内市场统一，并通过对殖民地的掠夺和对外贸易的扩张积累了大量资金，推动了工场手工业的发展，为资本主义生产方式的勃兴提供了条件，正是在这一时期产生了代表商业资本的利益和要求的重商主义思想。重商主义原指国家为获取货币财富而采取的政策。16世纪末以后，在英、法两国出现了不少宣扬重商主义思想的著作。重商主义重视金银货币的积累，把金银看作是财富的唯一形式，认为对外贸易是财富的真正源泉，只有通过出超才能获取更多的金银财高。因此，主张在国家的支持下发展对外贸易，但是重商主义的研究只限于流通过程，还没有形成一套完整的经济理论体系。

古典经济学　17世纪中叶以后，首先在英国，然后在法国，工场手工业逐渐发展成为工业生产的主要形式。重商主义已经不适应日益壮大的产业资本的利益和要求。这时，封建制度还严重阻碍着资本主义的发展，资产阶级面临的任务是对封建势力作斗争。这种斗争要求从理论上说明资本主义生产方式怎样使财富迅速增长，探讨财富生产和分配的规律，论证资本主义生产的优越性。由此，产生了由流通过程进入生产过程研究的古典经济学。古典经济学的先驱是英国的 W. 配第和法国的 P. 布阿吉尔贝尔。配第的主要贡献在于提出了劳动价值论的一些基本观点，并在此基础上初步考察了工资、地租、利息等范畴。布阿吉尔贝尔认为流通过程不创造财富，只有农业和畜牧业才是财富的源泉。

出现于18世纪50—70年代初的以 F. 魁奈和 A. – R. – J. 杜尔哥为主要代表的法国重农学派理论，是对资本主义生产的第一个系统理解。他们提出自然秩序的概念，用按资本主义方式经营的农业来概括资本主义，用租地农场主的生产经营活动来分析资本的流通和再生产。正是在这个意义上马克思称重农学派为"现代政治经济学的真正鼻祖"。

A. 斯密是英国古典经济学的杰出代表和理论体系的创立者。他所著《国民财富的性质和原因的研究》一书，把资产阶级经济学发展成一个完整的体系。他批判了重商主义只把对外贸易作为财富源泉的错误观点，并把经济研究从流通领域转到生产领域。他克服了重农学派认为只有农业才创造财富的片面观点，指出一切物质生产部门都创造财富。他分析了国民财富增长的条件以及促进或阻碍国民财富增长的原因，分析了自由竞争的市场机制，把它看作是一只"看不见的手"支配着社会经济活动，他反对国家干预经济生活，提出自由放任原则。他第一个系统地论述了劳动价值论的基本原理，并指出利润和地租都是对劳动所创造的价值的扣除。但由于斯密受到资产阶级立场和方法的局限，他错误地把资本主义看作是永恒的制度，认为通过人类的利己之心和"看不见的手"可以实现社会的和谐，并且在价值论和分配论上表现出许多矛盾和混乱的观点。因此，在他的理论中既有科学的见解，也有庸俗的成分。

D. 李嘉图是英国古典经济学的完成者。他在 1817 年发表的《政治经济学及赋税原理》一书中建立了以劳动价值论为基础、以分配论为中心的严谨的理论体系。他继承斯密理论中的科学因素，并作了重大发展。他坚持商品的价值是由生产中耗费的劳动决定的原理，批评了斯密在价值论上的二元观点。他强调经济学的主要任务是阐明财富在社会各阶级间分配的规律，认为全部价值都是由劳动生产的，工资由工人的必要生活资料的价值决定，利润是工资以上的余额，地租是工资和利润以上的余额，由此，他阐明了工资和利润的对立，工资、利润和地租的对立。此外，李嘉图还论述了货币流通量的规律、对外贸易的比较成本学说，等等。李嘉图的理论反映了英国产业革命时期工业资产阶级的利益和要求。李嘉图理论体系的根本缺陷是不懂得资本主义生产方式的历史性，和斯密一样把资本主义看作是永恒的自然的制度，从而造成了理论上不可克服的矛盾。例如，他不能解决怎样在价值规律的基础上说明资本和劳动相交换以及等量资本取得等量利润等问题。但总的说来，古典经济学到李嘉图达到了顶峰，对后来的经济学发展有着深远的影响。

古典经济学产生于西欧资本主义生产方式处于上升发展的时期，当时社会的主要矛盾是新兴资产阶级和没落地主阶级之间矛盾的大综合。他在 1848 年出版的《政治经济学原理，及其在社会哲学中的若干应用》一书，是 19 世纪中叶以后的几十年间西方最流行、最有权威的经济学教科书。他的体系在某种意义上宣告古典学派的资产阶级经济学时代的终结。

19 世纪下半叶至 20 世纪初的资产阶级经济学

19 世纪后期，随着资本主义经济的进一步发展，资本主义的矛盾加剧。工人运动的高涨和马克思经济学说的传播，给资产阶级的统治以极大的冲击。在这种形势下，资产阶级经济学抛弃古典经济学的外衣或以古典经济学批判者的姿态，建立新的庸俗学派了。

历史学派　19 世纪上半叶德国资本主义的发展还远远落后于英法。在这个特殊的历史条件下，出现以国家主义 F. 李斯特为先驱的德国历史学派。历史学派分为旧历史学派和新历史学派两个阶段。以 W. 罗雪尔为创始人的旧历史学派活动于 19 世纪 40—70 年代。他们反对 19 世纪中叶以前的英法传统经济学，以历史归纳法反对抽象演绎法；以历史反对理论，否认经济规律的客观存在；以国家主义反对世界主义；以生产力的培植反对交换价值的追求；以国家干预经济反对自由放任。随着 70 年代德国资本主义经济的迅速发展和工人运动的蓬勃兴起，出现了以 G. von 施穆勒、A. 瓦格纳、L. 布伦塔诺等为主要代表的新历史学派，他们在上述基本观点的基础上，提出改良主义的"社会经济政策"，因而被称为"讲坛社会主义者"。

边际效用学派　这是 19 世纪 70 年代初出现在西欧几个国家的一个庸俗学派，以倡导边际效用价值论和边际分析为共同特点，在其发展过程中形成两大支派：一是以心理分析为基础的心理学派或称奥地利学派，其主要代表为奥国的 C. 门格尔、F. von 维塞尔和 E. von 柏姆－巴维克等；一是以数学为分析工具的数理学派或称洛桑学派，其主要代表有英国的杰文斯、法国的 L. 瓦尔拉斯和 V. 帕累托。边际效用学派在美国的主要代表是 J. B. 克拉克，他在边际效用论的基础上提出边际生产力分配论。这个学派的主旨是宣扬主观唯心主义，否定劳动价值论和剩余价值论，为资本主义剥削制度辩护。当代资产阶级经济学家把边际效用价值论的出现称为"边际主义革命"，即对古典经济学的革命。这个学派运用的边际分析方法，后来成为资产阶级经济学发展的重要基础。

新古典经济学　主要代表人物是英国剑桥大学的马歇尔，他在1890 年出版的《经济学原理》一书中，继承 19 世纪以来英国庸俗经济学的传统，兼收并蓄，以折中主义手法把供求论、生产费用论、边际效用论、边际生产力论等融合在一起，建立了一个以完全竞争为前提、以"均衡价格论"为核心的相当完整的经济学体系，这是继 J. S. 密尔之后庸俗经济学观点的第二次大调和、大综合。他用渐进的观点分析经济现象；用力学的均衡概念和数学的增量概念分析商品和生产要素的供求均衡及其价格的决定；用主观心理动机解释人类的经济行为；在静态、局部均衡分析的框框内引进时间因素等。他用均衡价值论代替价值论，并在这个核心的基础上建立各生产要素均衡价格决定其在国民收入中所占份额的分配论。他颂扬自由竞争，主张自由放任，认为资本主义制度可以通过市场机制的自动调节达到充分就业的均衡。这个理论体系的实质是在掩盖资本主义的剥削，抹杀资本主义的无政府状态及其他许多矛盾。新古典经济学从 19 世纪末起至 20 世纪 30 年代，一直被西方经济学界奉为典范。

制度学派　这是 19 世纪末 20 世纪初在美国出现的历史学派变种。它的主要代表有 T. 凡勃伦、J. R. 康蒙斯、W. C. 米切尔等。他们把历史学派的方法具体化为制度演进的研究，否认经济理论的意义，以批判资本主义的姿态出现，提倡改良主义政策。

此外，在北欧出现了以 K. 维克塞尔（1851—1926）为代表的瑞典学派，提出与马歇尔不同的理论体系，强调投资与储蓄的均衡，提出自己的利息理论，在这一时期资产阶级经济学说中，占有特殊地位。

当代资产阶级经济学

这里主要指经过所谓"凯恩斯革命"至今日的资产阶级经济学。

凯恩斯主义与后凯恩斯主义　1929 年爆发空前规模的世界经济危机后，资本主义经济陷入长期萧条状态，失业问题严重。资产阶级经济学关于资本主义社会可以借助市场自动调节机制达到充分就业的传统说教彻底破产。垄断资产阶级迫切需要一套"医治"失业和危机以加强垄断资本统治的新理论和政策措施。正是适应这个需要，J. M. 凯恩斯于 1936 年发表了《就业、利息和货币通论》（以下简称《通论》）一书。《通论》的出现引起了西方经济学界的震动，把它说成经济学经历了一场"凯恩斯革命"。凯恩斯抨击"供给创造自己的需求"的萨伊定律和新古典经济学的一些观点，对资本主义经济进行总量分析，提出了有效需求决定就业量的理论。按照他的说法，有效需求包括消费需求和投资需求，它主要由三个基本心理因素即"消费倾向""对资本资产未来收益的预期""流动偏好"和货币供应量决定的。他认为现代资本主义社会之所以存在失业和萧条，就是由于这些因素交相作用而造成的有效需求不足。据此，他提出加强国家对经济的干预，采取财政金融政策，增加公共开支，降低利率，刺激投资和消费，以提高有效需求，实现充分就业。第二次世界大战后，以凯恩斯这一理论为根据而形成的凯恩斯主义，不仅成为当代资产阶级经济学界占统治地位的一个流派，而且对主要资本主义国家的经济政策具有重大的影响。

凯恩斯《通论》的总量分析，被认为是一种"短期的比较静态分析"。凯恩斯的追随者为了使《通论》进一步完善，力图使它"长期化""动态化"，提出了各种经济增长理论和经济波动理论，探求使资本主义得以稳定增长的途径。在这个过程中，凯恩斯主义者内部主要由于对待新古典经济学的态度有差异而分解为两个分支：一是以美国 P. 萨缪尔森、J. 托宾（1918—　）、R. M. 索洛（1924—　）等为代表的新古典综合派或称后凯恩斯主流经济学；

二是以英国 J. 罗宾逊和 P. 斯拉法等为代表的新剑桥学派。前者力图把凯恩斯的宏观经济理论和新古典经济学的微观经济理论调和、结合起来；后者则强调凯恩斯理论和新古典经济学之间的对立，力图彻底否定后者。从 50—70 年代，两派曾就资本理论、增长理论、分配理论进行过长期激烈的论战，罗宾逊指责新古典综合派的关于充分就业后政府的职责只需把收入中的储蓄转化为投资的论点，是回到"储蓄支配投资"的旧理论，用旧的均衡概念取代凯恩斯的不确定性概念。她还指责新古典综合派的关于实现充分就业后，新古典学派的理论如均衡价格论、边际生产力论等将再度适用的观点是背离凯恩斯学说的。在新剑桥学派批判新古典经济理论方面，斯拉法在 1960 年发表的《用商品生产商品》一书的理论体系起了重要作用。斯拉法沿着李嘉图的理论线索，提出了商品相对价格与利润率同时决定生产价格的理论，排除需求对生产价格决定的作用，否定资本是生产要素。斯拉法体系被认为不仅解决了李嘉图在价值问题上遇到的难题，而且是对新古典理论和边际主义的有力批判，从而激起了返回李嘉图传统的思潮。

新经济自由主义，这里指的是与凯恩斯主义相抗衡、反对国家干预经济、鼓吹恢复经济自由主义的各色流派。第二次世界大战后，国家垄断资本主义的发展和 50—60 年代相对稳定的经济增长，促成了凯恩斯主义的盛行。但是随着垄断资本主义固有矛盾的激化，国家干预经济不断引起一系列的新问题，特别是 70 年代以来出现了经济停滞和通货膨胀同时并存的"滞胀"局面，使凯恩斯主义的理论和政策陷于困境，受到各式新经济自由主义流派的挑战。

美国芝加哥学派是承继经济自由主义的一个重要流派。这个流派的当代代表 M. 弗里德曼在 50—60 年代倡导货币主义，强调货币供应量的变动是引起经济活动水平和物价水平发生变动的决定性原因，认为只要让市场机制充分发挥其自动调节经济的作用，资本主义经济可以在一个可以忍受的失业水平下稳定发展；凯恩斯主义的财政政策和货币政策不是减少而是加强了经济的不稳定。他提出把货币供应量作为唯一的政策工具。货币主义的实质在于反对国家干预经济，以失业为代价，恢复和加强经济自由主义。

目前在美国受到瞩目的合理预期学派，实际上是货币主义的一个分支。所谓合理预期只是一种假说，它认为各个经济主体对未来事件的预期是合乎理性的，总是准确无误地符合将来实际发生的情况的；认为在充分掌握信息的条件下，政府预定的政策效果会被合理预期所形成的对策所抵消，政府对经济干预的政策都将归于无效。合理预期论实质上是一种极端货币主义观点。

供应学派是产生于70年代末、活跃于80年代初期的另一个新经济自由主义流派。它也是在资本主义国家出现滞胀困境的背景下向凯恩斯主义提出挑战的一个流派。它的理论基础是复活萨伊定律：“供给能创造自己的需求”，强调生产的增长决定于生产要素的供给及其有效利用。为此，主张实行减税，减少政府的社会开支和对经济的法律干预，充分发挥市场机制的作用，以刺激储蓄与投资，促使生产要素供需达到均衡和有效利用。

在联邦德国盛行的弗赖堡学派是新经济自由主义的一个重要支派，它导源于奥地利学派的门格尔，是最保守的新经济自由主义。

各种色彩的新经济自由主义具有各自的论点和论证方法，但是，反对国家干预经济，鼓吹恢复和加强自由市场机制的自动调节作用，是他们的共同立场。

新制度学派，这是由凡勃伦为代表的美国制度学派演变而来的一个学派。它的主要代表人物如 J. K. 加尔布雷思（1908—   ）既反对新古典经济学和一切经济自由主义，也反对凯恩斯主义。他们还反对回避“价值判断”的数量分析，主张结构分析，在政策主张上则强调社会经济的结构改革。

随着现代资本主义经济各种矛盾的加深，资产阶级经济学家所面临的问题愈来愈复杂，所研究的范围也愈来愈广泛。不同的流派出于维护资本主义制度的存在及其有效运行的共同目的，既有一致性，又有差别性，既相互交叉地研究同一课题，又各有侧重地研究不同的经济领域。因而，不仅在理论上彼此有争论，而且出现了门类繁多的"经济学派"。

马克思主义经济学说的发展

19 世纪初，资本主义经济制度在西欧几个主要国家占了统治地位。1825 年爆发了第一次生产过剩的经济危机，暴露了资本主义制度的固有矛盾。30—40 年代，英国工人阶级发动争取政治权利的宪章运动，法国里昂工人和德国西里西亚纺织工人举行起义，表明无产阶级作为独立的政治力量登上了历史舞台。在这样的条件下，马克思和恩格斯在批判继承英国资产阶级古典经济学的基础上，创立了马克思主义的政治经济学。

马克思和恩格斯的经济学说

马克思主义经济学说的创立，经历了一个艰辛的和战斗的过程。

19 世纪 40 年代，马克思和恩格斯写了好几部用唯物辩证法的观点考察资本主义的经济著作。这些著作已经不同于空想社会主义的著作，它们奠基于正在形成的历史唯物主义的基础上，初步揭示了资本主义剥削关系的实质，揭示了资产阶级同无产阶级的矛盾，并开始论述了资本主义生产方式的历史性。1848 年，马克思和恩格斯合著《共产党宣言》，有力地论证了资本主义被社会主义代替的必然性，为世界无产阶级提供了第一个马克思主义的纲领性文献。

欧洲 1848 年革命以后，马克思主要从事对政治经济学的研究，撰写了许多经济学手稿。1867 年，《资本论》第一卷出版。《资本论》第二卷和第三卷，是在马克思逝世以后，经恩格斯花费巨大精力整理，于 1885 年和 1894 年出版的。《资本论》是马克思主义经济学说中具有里程碑意义的主要著作。19 世纪 60 年代以后，马克思和恩格斯在领导工人运动中，结合革命实践，撰写了许多重要经济著作，批判了各种错误观点。恩格斯在《论住宅问题》中批判法国蒲鲁东主义者的改良主义观点，论述工人阶级的经济要求只有在无产阶级革命胜利后才能得到满足。马克思在《哥达纲领批判》中，批判了 F. 拉萨尔的错误，论证了代替资本主义社会的共产主义社会的基本特征。恩格斯在《反杜林论》中系统地阐述了包括政治经济学在内的马克思主义的三个组成部分；在《法德农民问题》中，指出了无产阶级掌握国家政权后，绝对不能剥夺农民，要把农民引上合作社道路。马克思，特别是恩格斯还注意到资本主义经济中出现股份公司和垄断等新的经济现象。

马克思和恩格斯的经济学说的主要内容，是研究资本主义经济制度的产生、发展和灭亡的规律。马克思从分析商品开始，辩证地分析资本主义生产方式，批判地继承并发展了资产阶级古典经济学派奠立的劳动价值理论，指出商品的使用价值和价值的二重性是由生产商品的劳动具有具体劳动与抽象劳动的二重性决定的。价值不是物，而是被物的外壳所掩盖的人与人之间的生产关系。他指出商品的内在价值必然在商品交换的发展中转化为货币。货币表明商品生产者之间的联系更加密切和普遍化。商品生产发展到一定历史阶段，货币就转化为资本。货币转化为资本的前提是劳动力成为商品。劳动力商品的价值是由生产这种商品所必需的劳动时间所决定，即等于工人及其家属所必需的生活资料价值加上教育训练费用所决定的。作为商品的劳动力的使用价值就是劳动力的使用，它在生产过程中能够创造出大于自身价值的价值。马克思发现工人出卖的不是劳动而是劳动力，这就彻底解决了古典经济学家无法解决的剩余价值与价值规律相矛盾的问题，科学地阐明了剩余价值的性质和源泉。剩余价值学说是马克思主义政治经济学的基石。马克思分析了资本家增加剩余价值的两种基本方法：延长工作日和加强劳动强度的绝对剩余价值生产和提高劳动生产率的相对剩余价值生产。资本主义社会提高劳动生产率已经经历过三个基本历史阶段，即简单协作、工场手工业、机器大工业。资本主义生产的特点是不断扩大自己的规模，进行资本积累。资本主义积累的一般规律是劳动和资本矛盾的不断加深，一边是劳动者的贫困化，一边是资本的积聚和集中。随着资本集中和生产社会化的发展，随着资本主义生产方式内在矛盾的尖锐化，资本主义私有制的丧钟就要敲响了，剥夺者将被剥夺。马克思在分析资本主义生产过程以后，又分析了资本主义流通过程。在流通中，每一单个资本的运动表现为资本的循环和周转。各个资本的循环互相交错、互为前提，形成社会总资本的运动。社会总资本绝不是各单个资本的简单的总和。为了分析社会总资本的再生产和流通，马克思把社会总生产分为生产资料生产和消费资料生产两大部类，并把每一部类产品的价值，分解为由不变资本、可变资本和剩余价值所构成。要使两大部类的产品在交换中实现其全部价值，必须保持一定的比例。但资本主义生产是在无政府状态中进行的，而它的不断扩大和广大群众的消费相对落后的矛盾，又必然使这种比例周期性地遭到破坏，从而爆发生产过剩的危机。在从单个资本到社会总资本的分析中，马克思已经在量上提出了个量分析和总量分析。马克思还考察了资本的各种具体形式（产业资本、商业资本、借贷资本、农业资本），以及相应的剩余价值的各种具体形式。马克思首先阐明的是平均利润和生产价格，由此进而阐明商业利润和银行利润，即利息，还进一步分析了绝对地租和级差地租。

马克思和恩格斯在研究资本主义经济过程中也追溯到资本主义以前的社会经济形态。他们论述了劳动在人类产生过程中的决定性作用，研究了原始社会的特点，私有制和阶级的产生，国家的起源，以及奴隶制生产方式和封建制生产方式。他们还考察过中国封建社会的经济结构，指出它的特点是小农业与家庭工业的紧密结合。

马克思和恩格斯从对资本主义经济的科学分析，从人类历史发展的观点，提出了社会主义社会和共产主义社会的一些基本特征。

他们论证了公有制代替私有制的必然性。公有的生产资料是扩大、丰富和提高工人生活的手段。公有制的生产是有计划地进行的。在共产主义第一阶段，社会总产品的一部分作为生产资料，是属于社会的；一部分用作生活资料，在劳动者中间按劳分配。只有在社会产品极大丰富，消灭了旧的社会分工以及体力劳动和脑力劳动的对立，劳动成为生活第一需要之后，社会才会发展到各尽所能，按需分配的共产主义高级阶段。共产主义是"以每个人的全面而自由的发展为基本原则的社会形式"（《共产党宣言》）。马克思和恩格斯都没有亲身经历共产主义第一阶段的经济实践，没有预见到在这一阶段的相当长的时期内还会存在着商品经济。

马克思和恩格斯的研究领域，实际上已涉及日后发展的马克思主义的其他经济学科。《资本论》第四卷《剩余价值理论》，开拓了经济学说史这门学科。恩格斯的《家庭、私有制和国家的起源》则是新型的经济史这一学科的极其重要的著作。

列宁的经济学说

19 世纪末 20 世纪初，资本主义社会发展到垄断阶段，进入了帝国主义时期，这时，帝国主义国家的垄断资产阶级和无产阶级的矛盾、帝国主义国家和殖民地半殖民地国家的矛盾、帝国主义国家之间的矛盾，达到空前尖锐的地步。1914 年爆发了第一次世界大战，1917 年 11 月 7 日，俄国的无产阶级和劳动人民，在列宁的领导下胜利地进行了社会主义革命，建立了世界上第一个社会主义国家，并开始了从资本主义社会向社会主义社会的过渡。在帝国主义开始形成和社会主义出现的历史时期，列宁继承和发展了马克思和恩格斯的经济学说。

列宁早期的经济学著作，主要围绕俄国革命的实际，阐述俄国资本主义的发展和土地问题。他发展了马克思的再生产理论和地租理论，有分析地批判了土地收益递减率和小农经济稳固论，并根据马克思主义的土地国有化理论，拟定了土地纲领。

在第一次世界大战期间，列宁对帝国主义作了深入的研究。在

《帝国主义是资本主义的最高阶段》等著作中，指出了帝国主义的主要经济特征，并且依据当时帝国主义各种矛盾的激化，阐述了在垄断基础上产生的帝国主义的寄生性和腐朽性，指出帝国主义是垂死的资本主义，是社会主义革命的前夜，而帝国主义时期形成的国家垄断资本主义则是社会主义的最完备的物质准备。根据对帝国主义政治和经济情况的分析，列宁发现帝国主义时代政治经济发展不平衡，必然导致帝国主义国家之间爆发战争，并得出社会主义不能在所有国家同时胜利，而将首先在一国或者几国获得胜利的重要结论。

俄国十月革命以后，列宁在《苏维埃政权的当前任务》《伟大的创举》和《无产阶级专政时代的经济和政治》等著作中，分析了从资本主义向社会主义过渡需要一个历史时期，在这个过渡时期中，经济上存在着多种经济成分，其中基本的成分是社会主义经济、小商品经济和资本主义经济。经过 1918—1921 年的国内战争，列宁就如何向社会主义过渡，提出了新经济政策。新经济政策是不同于军事共产主义的社会主义经济的新模式。列宁在《论粮食税》等著作中，提出用粮食税代表军事共产主义时期实行的余粮收集制，提出要允许自由贸易，允许农民用农产品交换工业品。他认为商业是历史链条的中心，是必须牢牢抓住的环节。新经济政策的实质，就是要在巩固工农联盟的基础上建设社会主义的经济基础。列宁还设想在无产阶级专政条件下，允许国家资本主义（采取租让制等形式）的存在。在《论统一的经济计划》等著作中，列宁多次强调发展社会生产力对巩固社会主义的重要意义。列宁十分重视经济计划、按劳分配、经济核算、社会主义物质利益原则和各种专家的作用。在《论合作制》中他还提出无产阶级专政条件下的合作制度就是社会主义制度。

与列宁所处的时期大致相同，欧洲一些国家的马克思主义者，在经济学方面也作出了不同程度的贡献。

斯大林的经济思想

列宁逝世以后，斯大林领导苏联人民在资本主义包围下建设社会主义，完成了资本主义向社会主义的过渡；第二次世界大战以后又领导了苏联国民经济的恢复和发展。在领导苏联的经济建设事业中，斯大林论述了社会主义建设中的许多重大问题。

在 20 年代和 30 年代，斯大林在《论列宁主义基础》等著作中，多次论述在无产阶级专政和国家掌握生产资料的条件下，只要建立起牢固的工农联盟，就完全可以在一国建成社会主义，并指出要把一国建成社会主义和社会主义的最后胜利区分开来。斯大林强调在资本主义包围的条件下，必须加速实现国家工业化。他认为，苏维埃政权和社会主义建设，不能长期建立在巨大的社会主义工业基础和分散的农民小商品经济两个不同的基础上。为了建立社会主义的经济基础，必须实行农业集体化。在社会主义建设中，斯大林很重视按劳分配和反对平均主义，重视社会主义竞赛，提出了生产经营管理的社会主义合理化问题。他重视知识分子和干部的作用。在对外经济关系问题上，他认为社会主义经济如果绝对闭关自守，就是愚蠢之至。

但是，斯大林把新经济政策看作是不得已的退却，在 20 年代末放弃了这一政策，中断了这一新的社会主义模式的发展，建立了中央高度集权的计划经济模式。

1952 年，斯大林在《苏联社会主义经济问题》一书中，论述了社会主义经济的许多重要问题。他特别强调了社会主义经济规律的不以人们意志为转移的客观性质，论述了生产关系一定要适合生产力状况的规律，提出了社会主义基本经济规律，强调了不能把计划工作和有计划按比例发展规律混为一谈。他认为，社会主义制度存在着两种公有制，因而必须保存商品生产和利用价值规律。但他认为，只有消费资料是商品，而生产资料不是商品。他只承认价值规律在流通领域有调节作用，不承认它在生产领域也有调节作用。

苏联经济学家的重要经济思想

除了斯大林外，苏联的经济学家在不同的时期也提出过一些有益的能启发人们思考的观点，但也提出过一些错误观点。

20世纪20年代是斯大林逝世以前苏联经济思想相对活跃的重要时期。在此期间，苏联经济学界展开了一系列经济理论和经济实际问题的论战。在社会主义社会是否存在政治经济学的问题上，一方面有多数经济学家持否定态度，另一方面也有少数经济学家坚持社会主义社会存在政治经济学。1929年发表的列宁对布哈林《过渡时期的经济》的评论，纠正了否定社会主义政治经济学的错误观点，促进了经济学界对社会主义政治经济学的研究。但是，在20年代，持有各种不同观点的苏联经济学家，在几次重大经济问题的论战中，都牵涉许多社会主义经济中的重要理论问题，并从不同角度提出了有益的或令人深思的经济观点。例如，在农民比重很大的落后国家如何积累社会主义工业化的资金这一问题上，"左"倾经济思想的主要代表普列奥布拉任斯基提出了"社会主义原始积累"的理论，认为需要把小资产阶级（包括农民）的剩余产品，甚至一部分必要产品收归公有，作为发展社会主义经济的原始积累。布哈林批评了普列奥布拉任斯基的观点，反对以剥夺农民的办法积累社会主义工业化的资金，并且提出通过计划实现国民经济各部门，特别是工业和农业之间的平衡发展。布哈林还强调发展农民经济的重要性，主张在自愿的原则上，先从流通领域，然后在生产领域通过合作社逐步把农民组织起来，反对搞强迫集体化；并且主张通过市场竞争以经济手段排挤以至最后消灭城乡资本主义。20年代的论战还牵涉如何看待社会主义计划经济以及制订经济计划的问题，有些经济学家在这方面作出了有益的成果。他们运用数学模型制定棋盘式国民经济平衡表，把年初和年末的物质财富存量与以社会产品和国民收入为形式的分配过程联结起来，这是投入产出法的前驱。

30年代初，沃兹涅先斯基提出创立社会主义政治经济学的必要性，认为社会主义具有自己的经济规律，提出了社会主义的基本矛盾是先进的社会生产关系与相对落后的生产力之间的矛盾。但是他又认为在社会主义条件下价值规律是经过改造了的，国家计划具有经济发展规律的力量。从 20 年代的下半期到 50 年代，由奥斯特罗维佳诺夫主编的政治经济学教科书反映了当时在苏联经济学界占优势的经济观点。

从 50 年代后半期开始，苏联经济学界研究的领域越来越广阔，某些社会主义经济问题的研究也比以往更为深入。需要特别指出的是对社会主义条件下商品生产、价值规律作用问题的探讨。60 年代初期至中期，苏联为进行经济体制改革曾围绕这个问题进行过大讨论，并有所突破：既承认消费品是商品，也承认生产资料是商品；承认价值规律既在流通领域，也在生产领域发生调节作用；商品生产存在的条件不仅是由于存在两种所有制，而且是因为各经济单位存在着各自的经济利益，在进行交换时必须遵守等价交换原则。少数学者还明确提出社会主义也是商品经济的观点，但大多数学者只承认社会主义经济中存在着"特种商品生产"，即是它的"计划性"。值得注意的是量的分析越来越受到重视。坎托罗维奇（1912— ）在 30 年代末对线性规划作出的贡献长期受到冷遇，50 年代后半期逐渐被部分经济学家所肯定。涅姆钦诺夫大力倡导在经济研究和计划工作中应用统计和数学方法，并且在运用线性规划和建立经济模型方面都提供了有益的成果。

从 20 年代开始直到 60 年代前半期，苏联经济学家研究世界资本主义经济作出贡献的首推瓦尔加。瓦尔加及其合作者不但分析了 20 年代世界资本主义的相对稳定，而且比较准确地预测到 1929 年爆发的资本主义世界经济大危机，还对紧接这次危机的特种萧条，作了有意义的分析。对于第二次世界大战后世界资本主义经济中出现的新现象，瓦尔加也提出了不少发人深思的观点。

80 年代以来，随着经济改革的进一步发展，苏联理论界又活跃起来，对一些重大理论问题进行了大胆探索，出现了新的突破：

（1）对苏联当前所处的社会发展阶段的提法逐渐接近苏联社会实际。1959 年苏共二十一大上，赫鲁晓夫（1894—1971）宣布苏联已进入"全面展开共产主义社会建设的时期"。1967 年勃列日涅夫（1906—1982）则称"苏联已经建成发达的社会主义社会，今后的任务是向共产主义过渡"。1982—1984 年安德罗波夫（1914—1984）则认为苏联目前只是"处于发达社会主义漫长的历史阶段的起点"。而戈尔巴乔夫（1931—　）在苏共二十七大上则强调目前的任务是"有计划地和全面完善社会主义"，并不是完善发达社会主义。（2）对社会主义条件下生产力和生产关系矛盾的提法有变化。几十年来，苏联传统观点认为，社会主义生产关系是"完全适合"生产力发展水平，并"自动得到保证的"。戈尔巴乔夫在苏共二十七大上批判了这个观点，指出在社会主义条件下生产关系和生产力之间存在着"非对抗性矛盾"，"生产关系应当经常加以完善"。（3）对社会主义所有制理论有了新的认识。苏共二十七大上首次提出社会主义所有制"具有丰富的内容"，它包含着"人与人之间、集体与集体之间、部门与部门之间、地区与地区之间在利用生产资料和生产成果问题上的一整套多方面的关系和一整套经济利益"。这就突破了过去长期以来把所有制主要视为生产资料归属关系的教条，而突出了经济利益关系。还指出，要以"新的眼光"研究"社会主义所有制及其实现这种所有制的经济形式"。认为国有制不是无须再调整的高级形式，而是要进行"经常调整"；集体所有制的潜力"还远远没有全部发挥出来"，反对急于向全民所有制过渡；"个体经济与社会主义原则并不矛盾"，它是社会主义经济的一个组成部分和派生形式。（4）在商品货币关系理论方面虽无大的进展，但已承认"商品货币关系是社会主义固有的"，"是有机地纳入社会主义经济关系的"，企业是"社会主义商品生产者"。

东欧及亚洲的社会主义国家的重要经济思想

20 世纪 40 年代后期，在东欧建立了一些社会主义国家，当时，由于苏联是最先取得社会主义革命胜利的国家，而这些国家邻近苏联，其中有的国家又曾是借助苏联的军事力量获得解放的。因此，从40年代后期到50年代前期，东欧许多国家都接受了在苏联占统治地位的经济思想和经济模式。这种经济思想和经济模式，在苏联的特殊资源环境和特定历史条件下起过积极作用，但在实践中也带来了许多弊端。对于资源环境和历史条件都与苏联不同的东欧国家，则更难说是适合的。首先是南斯拉夫在1949年开始走自己的社会主义道路，1956年，东欧的其他国家也出现了不同程度的经济改革和不同见解的经济学说。

南斯拉夫最早脱离苏联经济模式和理论的支配，提出了工人自治的理论。卡德尔强调国家职能逐步社会化，认为应当由工人管理社会财产，用社会所有制代替国家所有制，实行自治经济。在南斯拉夫经济学界中，主张实行社会计划时要更加重视市场机制的作用，劳动组织的社会所有制必须取代国家所有制，是经济思想的主流。但即使在主流经济思想中，也存在分歧。如霍尔瓦特（1928—　）就激进地主张经济的非国家主义化。他认为，计划和市场是配套的，计划有效，市场才能很好地起作用，另一方面，市场也是实现经济平衡的一种机制。

波兰在1956年开始进行一系列的政治和经济改革。波兰的经济学界，也较早地出现了不同于在苏联流行的经济学说。兰格早在30年代就提出过社会主义经济中可以进行合理经济计算，1956年后继续写出一系列论著，分析社会主义经济中应如何利用市场，以便中央计划能够建立在成本和效益的正确核算和正确的价格体系的基础上。另一个在30年代对资本主义经济周期已作出独特分析的卡莱茨基（1899—1970）则提出了社会主义的经济增长理论，并认为社会主义计划的核心问题是必须确定经济发展的战略目标，处理好积累和消费的关系。他重视控制投资并反对高积累。50—60年代在波兰的布鲁斯（1921—　）较诸兰格和卡莱茨基，更多地考虑了分权和利用市场。他研究了计划经济中中央、企业、个人三层决策的关系并据此划分为三种类型，提出了含有市场机制的运行模式。

匈牙利在 1956 年以后，逐步进行经济改革，并且容许提出不同的经济改革方案和经济观点。1968 年开始实行涅尔什提出的新经济体制，比较以往更为重视市场机制，实行分散的计划，并强调经营管理。但是，在推行新经济体制过程中也有曲折，在经济理论方面则出现一些不同的见解，其中，科尔瑙伊（1928—　）以研究"短缺"为特色的经济学说颇引人注目。科尔瑙伊以分析经济现实中存在的短缺现象为基础，认为东欧社会主义国家虽然实现了充分就业，但普遍存在与国家对企业的软预算制约相联系的扩张冲动和"投资饥饿症"。

罗马尼亚、捷克斯洛伐克、民主德国、保加利亚、阿尔巴尼亚在不同程度上和不同范围内，也有过经济改革，并且也有各自不同的和本国政治经济情况相适应的理论观点。其中，比较引人注意的是，保加利亚共产党总书记日夫科夫（1911—　）在 80 年代初提出"国家是所有者，劳动集体是经营者"这一使所有权同经营权分离的论断。

在亚洲，除中国以外，40 年代后期以来，还建立了朝鲜民主主义人民共和国等社会主义国家。这些国家的经济学界，也有各自的经济观点。

东欧和亚洲的社会主义国家，在经济学方面，既有各自不同特色的理论观点，又都或多或少地建立了新的经济科学分支，从而丰富了马克思主义的经济科学。

近代和当代西方的马克思主义经济思想

1889 年第二国际建立后，马克思主义在整个西欧主要是由相继成立的各国社会民主党进行宣传和解释。但是，第二国际只是各国社会主义集团的松散联盟，除了在批判伯恩施坦的修正主义时形成某些一致的观点以外，实际上容纳着许多不同的理论观点。在经济学方面，卢森堡、考茨基、希法亭等，在批判修正主义和分析帝国主义经济时，都提出过一些有益的理论。卢森堡分析了资本积累的实际过程，揭露了帝国主义国家争夺殖民地、控制不发达国家和实行军国主义政策的反动性。考茨基曾写过一些宣传马克思主义的著作，并为马克思的一部分遗稿做了整理工作。希法亭的《金融资本论》得到列宁的好评，认为这是对资本主义发展的最新阶段作了一个极有价值的理论分析。但由于他们不能始终坚持无产阶级立场，因而在他们的理论中也包含了一些错误的论点。

1917 年俄国十月社会主义革命取得胜利后，各国的社会民主党发生了分裂，第三国际取代了第二国际。属于第三国际的各国共产党，当时都是以苏联的理论作为指针。其他的社会民主党及其成员，虽然仍自称相信马克思主义，但从国际组织说，则更加松散，一再更易名称或分或合。在这种情况下，西方的马克思主义经济学说的发展，出现了复杂的情况。一方面，从属于第三国际的理论，呈现出同源的一致性；另一方面，不属于第三国际而自称为马克思主义者的理论，则因观点不同而出现混杂纷纭的局面。

第三国际在第二次世界大战中解散后，以斯大林的思想为中心的苏联的经济学说，在各国共产党中仍占优势。1956 年是一个转折点。意大利共产党认为苏联的模式已经没有约束力，提出了"结构改革论"和"多中心"的观点。其他各国共产党中也或多或少地出现了不同的理论观点，甚至发生组织上的分裂，因此，也出现了理论观点混杂纷纭的状况。

第二次世界大战以后，特别是 50 年代以来，西方的马克思主义经济学说，呈现出以下一些复杂的特点：

（1）西方各国的马克思主义经济学家，越来越多地倾向于依据本国的国情，提出各具特点的经济学说。在 50 年代，陶里亚蒂（1893—1964）已经在西欧开其端，60 年代末兴起的"欧洲共产主义"，强调的是西欧的特点，但内部也不完全一致。但是，各国的马克思主义政党，越来越重视结合本国的实际，力求提出独立自主的政治经济观点和革命道路。

（2）既存在把马克思主义经济理论同本国实际相结合以促进工人运动的倾向，又存在脱离有组织的工人运动而偏重理论研究的学院性的倾向。前一种倾向，从 50 年代后期以来，在各国共产党党内和党外的马克思主义经济学家中表现得越来越明显，这是进步的倾向。后一种倾向则从一些大学教授或理论工作者等知识分子的著作中表现出来。这些著作中包含一些有价值的成分，对马克思主义经济学说是有贡献的，但其中也有对马克思主义的曲解。但是，学院性的研究仍然有社会影响，特别是对西方社会的激进青年具有强烈影响。

（3）西方的马克思主义经济学家中，有一部分人着重研究 30年代以来新发现和发表的马克思的许多手稿。新发现的手稿的出版，自然引起经济学家的研究兴趣。加上世界经济发展、国际工人运动和社会主义国家内部出现的一些新现象，促成一些西方的马克思主义经济学家把这种研究和解释新的政治经济现象相结合。在这种结合现实的研究过程中，有一些经济学家把"异化"等概念引入经济理论，或者认为可补充"剥削"这一概念，有的研究者甚至认为"异化"概念优于并且可以替代"剥削"概念。这些研究者大都强调人在经济发展中的地位和作用，并且认为"民主的或人道的社会主义"是最符合理想的社会主义。

（4）西方各国的马克思主义经济学家中，有一部分人，着重把当代西方的一些经济分析方法引入马克思主义经济学说。在这些经济学家中，有的着重把马克思的分析方法和当代西方经济分析方法相对比来阐发马克思的经济学说，如英国的 M. H. 多布（1900—1976）、B. 罗桑；有的着重用当代西方经济分析来补足马克思的经济学说，甚至提出自己认为更为切合经济现实的新概念，如美国的 P. A. 巴兰（1910—1964）、P. M. 斯威齐（1910—　）；有的则着重用西方经济分析方法同资产阶级经济学家进行论战，如联邦德国的 E. 沃夫斯泰特利用系统论和其他数学方法来批判从奥地利学派到萨缪尔森对劳动价值论的攻击。这一类型的经济学家难免提出错误的观点，但都自认为是相信和发展马克思主义经济学。

（5）西方的某些经济学家认为，在反教条主义的同时必须发展马克思主义的经济学说。这些人中，有主张完全回复到马克思的学说的，如英国的 L. 哈里斯、原在联邦德国的 B. 法恩等；有按照自己的观点改造马克思的体系的，如日本的宇野弘藏（1897—1977），他在日本的影响相当大，以至形成了所谓"宇野学派"；有与不同的哲学观点相结合而重建马克思经济学说的体系的，如联邦德国的法兰克福学派，法国的存在主义马克思主义，发端于法国并流行于西欧、北美、日本及某些第三世界国家的结构主义马克思主义，唯科学倾向的新实证主义马克思主义等，都有经济理论的论述。

此外，第三世界国家的马克思主义经济学家中，有相当一部分人能结合国情提出自己的独立的观点，但也有相当一部分人受到其他国家的不同派别的影响。因此，第三世界的马克思主义经济学说，也呈现出混杂纷纭的状况。

马克思主义经济学说是开放的而非自我封闭的科学理论，它必须面向不断发展变化的经济现实作出新的分析和论证，它也必须面向当代各种不同的经济学说的成果作出批判、否定或吸取的抉择，因而在它的发展的某些阶段中必然出现众说纷纭、百家争鸣的状况，从而必然出现彼此争辩、互相补充的状况，而这些不同的观点都要经过实践的检验，筛选出符合客观经济发展规律的论点。这是任何一种科学理论发展过程必经的正常状态。马克思主义经济学说也应当经历这样的过程，只有这样才能避免停滞和僵化，从而恒久地保持具有生命力的更新和发展。

马克思主义经济学在中国

20 世纪初马克思主义经济学在中国的传播

20 世纪初，马克思主义政治经济学开始在中国传播。例如，同盟会机关报《民报》从 1905 年起曾陆续刊登一些介绍社会主义

和马克思的文章。1906 年出版的《民报》第二号刊载了朱执信的
《德意志社会革命家列传》，介绍了《共产党宣言》的要点，并提
到了《资本论》。不过，在这一时期介绍和传播马克思及其经济学
说的人，还是一些资产阶级的和小资产阶级的知识分子，他们对马
克思的经济学说的了解和介绍是非常肤浅的，还谈不到自觉地以马
克思的经济学说作为分析中国社会经济和观察中国发展前途的思想
武器。但是，应当看到，他们对马克思主义在中国的传播，还是起
了一定的作用。

1917 年俄国十月社会主义革命胜利以后，马克思主义经济学
在中国的传播进入了一个崭新的时期。最先接受马克思主义的重要
人物之一是李大钊（1889—1927）。他在 1917 年冬把五四运动中的
左翼分子集合起来，成立了中国第一个秘密的"马克思学说研究
会"。1918 年他发表的《庶民的胜利》和《布尔什维克的胜利》
两文，明确地论证了中国只有沿着俄国十月革命的道路，才有光明
的前途。他在 1919 年发表的《我的马克思主义观》一文中，首先
宣传了马克思的剩余价值理论（余工余值说），并且认为十月革命
的胜利，世界革命的高涨，"完全是受马克思经济学说的影响"。
在他的影响和倡导下，一批革命知识分子通过各种组织和形式，扩
大马克思主义的宣传。1920 年，周恩来（1898—1976）因爱国被
捕，在天津狱中开办讲演会，系统地讲授了"马克思主义——经
济论中的余工余值说""经济论中的《资本论》"以及"资产集中
说"等专题。1920 年 8—9 月，与国内酝酿筹建中国共产党的同
时，蔡和森（1895—1931）在法国两次给毛泽东写信，主张创建
布尔什维克式的中国共产党，并且提及马克思主义的经济学说。李
大钊、周恩来和蔡和森等人的努力，对于马克思主义经济学说在中
国的传播，具有重要的推动作用。

**1921—1949 年马克思主义经济学在中国民主革命中的运用和
发展**

从中国共产党在 1921 年诞生到 1949 年中华人民共和国成立，

是中国新民主主义革命时期。在这个时期，中国共产党党内和党外的马克思主义经济学家，除了学习和宣传马克思、恩格斯、列宁等人的重要经济著作外，还结合中国实际，对马克思主义经济学说加以运用和发展。这种运用和发展集中地表现于中国的马克思主义者逐步认识了旧中国的社会经济性质及其发展规律。

明确认识中国的社会经济性质，是决定中国革命应当走什么道路的重大问题。1925—1927 年第一次国内革命战争的失败，是和革命阵营中对这个重大问题存在不同的认识相关联的。1928 年 6—7 月，中国共产党召开了第六次代表大会，确认中国革命性质是半殖民地半封建社会的反帝反封建的民主主义革命，并批判了中国革命目前阶段已转变到社会主义性质革命的错误论断。中国革命的社会科学工作者，也结合对马克思主义的学习和研究，具体分析了从古代到现代的中国社会经济结构，取得了有意义的经济科学成果。由此引起了非无产阶级的阶级和派系的人们，从各自的利益出发，提出并宣传各自的论点，展开了 1929—1933 年的中国社会性质问题论战、1934—1935 年的中国农村社会性质论战。在 30 年代，马克思的经济理论的代表作《资本论》和恩格斯、列宁的最重要的经济理论著作，都陆续翻译成中文出版，促进了中国经济科学理论水平的提高，对于论战的深入和以后抗日战争时期这方面研究的进一步发展都起了巨大作用。这些论战和以后研究的有益成果，集中地体现在毛泽东的著作中。在《〈共产党人〉发刊词》一文中，毛泽东概括这些成果后作出结论，由于中国是半殖民地半封建的国家，政治、经济、文化各方面发展不平衡的国家，半封建经济占优势而又土地广大的国家，这就不但规定了中国现阶段革命的性质是资产阶级民主革命的性质，革命的主要对象是帝国主义和封建主义，基本的革命的动力是无产阶级、农民阶级和城市小资产阶级，而在一定的时期中，一定的程度上，还有民族资产阶级的参加；并且规定了中国革命斗争的主要形式是武装斗争。

20 世纪以后，帝国主义世界的矛盾尖锐化，驱使帝国主义国家加紧了对中国的侵略。这时，一部分封建军阀和官僚与帝国主义相勾结，逐步形成了中国买办资产阶级；20 年代末到 30 年代，中国的官僚资本主义经济，在规模上和力量上达到空前程度。这是中国的大资本，它与国家政权相结合，逐步垄断了全国经济命脉，成为国家垄断资本主义。这样，中国资本主义经济分为两部分：官僚资本主义经济和民族资本主义经济。在 40 年代，官僚资本主义问题引起了中国进步的经济学家的注意。他们运用马克思主义经济理论对它进行了剖析和探讨。在这种探讨的基础上，毛泽东在 1947 年发表了《目前形势和我们的任务》一文，揭露了旧中国的官僚资本的实质，指出，这个垄断资本，和国家政权结合在一起，成为国家垄断资本主义。这个垄断资本主义，同外国帝国主义、本国地主阶级和旧式富农密切地结合着，成为买办的封建的国家垄断资本主义。这就是蒋介石反动政权的经济基础。毛泽东依据这种分析，提出了新民主主义三大经济纲领，即没收封建地主阶级的土地归农民所有，没收蒋（介石）、宋（子文）、孔（祥熙）、陈（果夫、立夫）为首的垄断资本为新民主主义国家所有，保护民族工商业。中华人民共和国成立前夕，毛泽东还进一步对实行上述纲领以后的经济形态作了以下的概括，国营经济是社会主义性质的，合作社经济是半社会主义性质的，加上私人资本主义，加上个体经济，加上国家和私人合作的国家资本主义经济，这些就是人民共和国的几种主要的经济成分，这些就构成新民主主义的经济形态。

　　毛泽东和中国的其他马克思主义经济学家，从中国的具体实际出发，对半殖民地半封建经济和新民主主义所作的理论分析，对于马克思主义经济学，特别是对于社会经济形态的更替和演变的学说，是一种创造性的发展。因为这种分析说明：在不同地区或国家，五种社会经济形态的更替，不会呈现出单一的、彼此相同的状态，在不同地区或国家的具体的内部经济根源和外部经济条件下，会呈现出多样的、互有差异的状态。由此也就决定了革命会采取不同的斗争形式。

1949—1976 年马克思主义经济学在中国社会主义革命和建设中的运用和发展

从 1949 年中华人民共和国成立，到 1956 年的社会主义改造基本完成，是中国由新民主主义向社会主义转变的时期。这一时期，国家面临的任务是逐步实现国家的社会主义工业化，并逐步实现国家对农业、对手工业和对资本主义工商业的社会主义改造。毛泽东和中国其他的马克思主义者周恩来、刘少奇（1898—1969）、朱德（1886—1976）、陈云、邓小平等，明确地提出这一任务，把变革生产关系和发展生产力结合起来，把社会主义改造和社会主义建设结合起来；并且区分了对农业、手工业的改造和对资本主义工商业的改造，指出这是两种不同性质的改造，但都采取一系列逐步前进的过渡形式，以发挥两种不同性质的改造在整个国民经济运动过程中的相互促进作用。中华人民共和国成立初期，为了把建设和改造相结合，国家从整个社会经济着眼，采取了一系列有力的措施。这主要是指：统一全国财经工作，稳定市场物价，确立社会主义的国营经济在流通领域中的领导地位，并在农业方面逐步实行粮食、棉花和其他主要农副产品的统购统销，以切断城市资本主义和农村的经济联系。在这样的条件下，对资本主义工商业的改造，采取了统购包销、加工订货、经销代销、公私合营和全行业公私合营等一系列从低级到高级的国家资本主义的多种过渡形式。资本主义工商业由于对日益壮大的国营经济的依赖性愈来愈大，不能不接受社会主义改造，1956 年实现了全行业公私合营。1966 年取消"定息"，公私合营企业便成为社会主义国营企业。这就使马克思、恩格斯和列宁设想过但未能实现的和平赎买，第一次在中国变成了现实。对农业的社会主义改造，除了实行自愿互利的原则和典型示范以及国家财政援助等措施外，也采用一系列逐步前进的形式：首先是推行只带有社会主义萌芽性质的农业生产互助组，进而发展成为以土地入股分红和统一经营为特点的半社会主义性质的初级农业生产合作社，再进一步发展成为土地等主要生产资料归集体所有的完全社会主义性质的高级农业生产合作社。这种逐步前进的方法，促使农民在切身体验中逐渐提高加入合作经济的积极性。对手工业的改造，也采取由手工业小组到手工业供销生产合作社，进而组织手工业生产合作社等过渡形式。中国的社会主义改造，特别是在前期，总的说来，是成功的，它避免了生产关系大变动时生产大幅度下降的现象，对于发展中国国民经济起了积极的作用。但是在这一过程中，也逐渐出现了一些缺陷，主要表现是急于求成，改变过快，工作过粗，形式越来越简单划一，以致遗留了一些不利于日后发展生产力的隐患和问题。农业合作化方面，在 1955 年夏错误地用"小脚女人"批判"右倾机会主义"以后，损失更为突出。然而在一个六亿多人口的大国实现了如此重大、如此艰巨、如此复杂的社会经济变革，确是前所未有的。尽管存在某些缺点和错误，更重要的是取得了许多开拓性的有益成果。这些成果鲜明地体现了马克思主义经济理论和中国具体实践的结合，对于发展马克思主义经济学说具有重大的意义。

生产资料私有制的社会主义改造基本完成后，1956 年中国进入了全面的社会主义建设时期。这时，毛泽东和中国其他的马克思主义者，提出了许多具有重要意义的关于社会主义建设的理论观点。毛泽东认为社会主义社会仍然存在着生产关系和生产力之间、上层建筑和经济基础之间两种基本社会矛盾。毛泽东等还分析了社会主义经济中的各种矛盾，提出了正确处理农业、轻工业、重工业之间的关系，正确处理国家、集体、个人三者之间的利益关系等一系列理论原则。他指出：社会主义在中国建立起来以后，国内的主要矛盾已经不是工人阶级和资产阶级的矛盾，而是人民对于经济文化迅速发展的需要同当前经济文化不能满足人民需要的状况之间的矛盾。因此，全国人民的主要任务是集中力量发展社会生产力。周恩来强调经济工作中必须实事求是，超过现实可能和没有根据的事不要提，应该根据需要和可能，合理地规定国民经济的发展速度，保持国民经济比较平衡的发展。刘少奇特别重视社会主义改造中的各种过渡形式。他和邓小平、陈云都针对中国的发展水平和人口众多的特点，较早提出了节制生育。他还认为生产资料也可以作为商品流通。朱德强调发展手工业合作社的必要性，并且较早反对"大锅饭"的平均主义。陈云提出建设规模要和国力相适应，必须重视研究国民经济的比例关系，强调国民经济应当进行按比例的综合平衡。这些论点和原则都是马克思主义经济理论在中国社会主义建设实践中的发展。

但是，这些正确的理论观点和原则并没有得到真正的贯彻。1956 年以后，错误的经济思想逐渐占据主导地位，以致在 1958 年出现了违反生产力发展要求的"大跃进"，严重地破坏了正常的经济比例关系；继而又出现了搅乱农村生产关系的人民公社化运动，使农业生产遭受巨大的损失。与错误的经济实践相呼应，出现了错误的经济理论：在生产资料所有制方面，完全脱离实际地宣扬"一大二公"；在分配和交换领域，否定按劳分配和等价交换，宣扬平均主义和无偿调拨；在国民经济的发展速度和比例关系上，片面地宣扬高速度而否定平衡的比例关系；在生产关系和生产力的关系上，片面地宣扬变革生产关系的重要作用而贬低甚至否定发展生产力的决定作用。与此相联系的是：否定经济效果的重要意义，反对算"经济账"，等等。这些错误的论点，必然会遭到一部分中国经济学家的反对。50 年代末到 60 年代初，经济学界出现了对一些重要问题的争论。争论的问题集中在：是肯定还是否定商品生产、价值规律和按劳分配在社会主义经济中的作用？是只重视经济发展速度而忽视必要的比例平衡关系，还是必须兼顾二者？是重视还是忽视甚至否定发展生产力的决定作用？是重视还是忽视经济效果？等等。当时，"左"的错误的经济思想仍然占据优势，理论问题的争论并未获得健康的发展。"文化大革命"中，许多马克思主义的基本理论和社会主义的基本原则，也都被当作修正主义和资本主义而受到粗暴的批判。十年"文化大革命"不但造成思想上、理论上的极大混乱，并且使国民经济遭到极其严重的破坏。

1977 年以来马克思主义经济学在中国的运用和发展

"文化大革命"的结束，使得中国经济学界能够逐步开展正常的学术讨论。人们很自然地要求探讨一度在社会上形成认识混乱的重大理论问题，如当代中国社会处在社会主义社会的哪一阶段？怎样看待社会主义经济中按劳分配、商品生产、价值规律的地位和作用？怎样看待生产力和生产关系之间的关系？怎样看待经济发展速度和保持比例平衡之间的关系？等等。在理论问题的讨论中，不仅突破了长期居于优势的"左"的思想的束缚，而且开始进一步探讨现实中提出的新问题，如社会主义公有制是否应有多种形式？社会主义的计划是否应与市场调节相结合？社会主义国家作为政权机构和作为全民所有制财产的所有者这两种职能应当如何分开？等等。

1978 年底中国共产党第十一届中央委员会第三次全体会议重新确立了马克思主义的实事求是的思想路线，对于正确总结社会主义经济建设中正反两方面的经验，纠正"左"倾思想，起了关键性作用。在这次会议上及以后的九年中，邓小平强调中国社会主义建设必须实现工业、农业、国防和科学技术现代化，而实现现代化的根本前提是坚持社会主义道路，坚持人民民主专政，坚持共产党的领导，坚持马列主义、毛泽东思想，改革不适应生产力发展的经济体制和政治体制。他指出，社会主义阶段的最根本任务就是发展生产力，贫穷不是社会主义。他着重阐明中国的现代化建设必须从中国的实际出发，建设具有中国特色的社会主义。他还提出了肃清封建主义影响的问题。陈云强调经济建设要脚踏实地，坚持按比例原则调整经济。他还认为，经济工作没有时间概念、没有利润概念是不行的。他长期重视关于计划指导和市场调节的研究，认为搞活经济既要计划指导，也要市场调节，计划的范围也要根据实际情况经常调整。

中国共产党十一届三中全会以来形成的路线，推动着中国的马克思主义者和经济学界，勇于面对经济改革和经济发展的实践，探讨多方面的新的经济理论问题和建立新的经济学科。在建立充满生机和活力的社会主义经济体制以促进社会生产力发展的过程中，特别是在首先以农村为重点逐步转向以城市为重点的经济体制改革过程中，中国的马克思主义者和经济学界作出了一系列创造性的贡献，它们集中地体现在1984年10月中国共产党十二届三中全会作出的《中共中央关于经济体制改革的决定》和1987年11月中国共产党第十三次全国代表大会通过的《沿着有中国特色的社会主义道路前进》的报告中。这两个对社会主义体制改革和经济社会发展具有重大意义的文献以及经济学界紧密结合经济改革和经济发展的实践进行探索所取得的理论成果，丰富和发展了马克思主义经济学。这个时期在社会主义经济理论方面的主要贡献，可以概括为以下几个方面：

（1）形成了社会主义初级阶段理论，确认当代中国正处在社会主义的初级阶段。中国的社会主义社会脱胎于半殖民地半封建社会，生产力水平远远落后于发达的资本主义国家，这就决定了它必须经历一个很长的初级阶段，去实现别的许多国家在资本主义条件下实现的工业化和生产的商品化、社会化、现代化。对中国这种最基本的国情的认识，为中国的经济体制和政治体制改革提供了基本的理论依据，奠定了具有中国特色的社会主义建设的理论基础，也为经济学领域对社会主义社会的所有制结构以及生产、分配、交换、消费等环节的研究开拓了新的视野。

（2）重新确立了衡量经济、社会进步的生产力标准，确认生产力是包括社会主义社会在内的一切社会发展的最终决定力量，社会主义社会的根本任务是发展生产力，在社会主义初级阶段尤其要把发展生产力作为全部工作的中心。这就明确了制定经济政策的基本出发点和探讨经济理论的基本立足点。

（3）突破了把计划经济同商品经济对立起来的传统观念，明确提出社会主义计划经济是公有制基础上的有计划的商品经济，必须把计划工作建立在商品交换和价值规律的基础上。同时，对社会主义的计划和市场也形成了新的观念，从过去只承认指令性计划是计划经济的主要标志发展为强调指导性计划和政策性计划的新的计划概念；从过去只承认单一的消费品市场发展到确认把生产资料及资金、劳务、技术等生产要素也包括在内的完善的社会主义市场体系。这样，就为深入地探讨实行计划经济和运用市场机制之间的有机结合，开拓了新的视界。因此，对社会主义经济运行和发展的研究，已经不再限于研究垂直联系的计划机制，而是明确地加强了对于横向经济联系和充分运用市场机制的研究，并树立了价格、利率、租税、汇率等作为经济调节杠杆的新观念。这对于社会主义经济中充分而有效益地利用人力资源和物力资源，促进生产力的发展，具有重要的意义。

（4）在国家经济职能方面，确认国家作为政权机构的职能和作为全民所有制财产所有者的职能应当分开，从而肯定了社会主义经济中所有权同经营权可以适当分开，全民所有制企业的经营权应交给企业，政府则按照法规、政策为企业服务并进行监督。

（5）在所有制理论方面，突破了单一公有化特别是单一国有化的观念，认识到在社会主义公有制为主体，全民所有制经济占主导地位的前提下，可以允许多种经济成分和多种经营方式存在，可以允许和鼓励个体经济、私营经济、中外合资和合作经营企业以及外商独资企业有不同程度的发展。对社会主义所有制形式的研究，也已经不再局限于简单地归结为全民（国家）所有和集体所有两种形式。当前，从纵深的发展看，对社会主义公有制内部能否包含不同决策层次和不同经营类型的具体形式，正在进行探索和实践，并已取得了进展（如承包、租赁经营的试验和推广等）。从横向的联系看，已进入探索各地区、各部门、不同的国营企业、集体企业、个体企业、私人集资能否在或大或小的范围内形成紧密程度不同的经济联合体（如企业相互参股等）。社会主义合作经济的理论也得到了发展。对农业联产承包责任制这个农村合作经济的新形式正在继续探索进一步完善的途径。合作经济的研究。不像以往那样局限于农业、副业，已经扩展到包括工业、商业、服务业等多种行业；也不像以往那样局限于生产，已经扩展到消费、流通、信贷等各个领域。

（6）在价格理论上，改变了过去把价格仅看作计算工具和再分配工具的传统观念，承认在社会主义经济中价格仍然具有调节经济、配置资源的职能；改变把稳定物价看成物价固定不变的传统观念，确立了把物价基本稳定与灵活调整结合起来的新观念；改变了单一国家定价、国家调价的观念，确立了逐步扩大市场价格作用范围的观念。

（7）深化了关于社会主义经济中贯彻按劳分配原则以及个人收入分配的研究，明确地提出社会主义社会成员的共同富裕不能理解为平均主义或同步富裕。只有允许一部分地区、一部分企业和一部分人先富起来，允许劳动者的富裕速度和富裕程度有所差别，而又注意劳动报酬的差距不过分悬殊，从而确立以按劳分配为主的多种分配方式并存的制度，这样才有利于社会生产力的发展和整个社会的富裕，才能逐步实现社会成员的共同富裕。

（8）在世界经济联系日益密切的条件下，探索了在坚持社会主义经济优势的同时，如何以不同形式利用各种非社会主义经济，包括利用国外的资本主义经济来发展本国社会生产力。这方面的探索，不但发展了关于社会主义经济中国家资本主义的多种形式的研究，而且开拓了超越出传统的国家资本主义概念来利用多种经济形式以发展社会主义经济的新的研究领域。

中国的马克思主义经济学家经历多年的经验教训，深切地认识到：必须在实践中坚持和发展马克思主义，必须立足于本国国情坚持和发展马克思主义，必须突破并舍弃某些不适应经济发展需要的旧观念，才能坚持和发展马克思主义。而且，"在马克思主义里绝没有与'宗派主义'相似的东西，它绝不是离开世界文明发展大道而产生的固步自封、僵化不变的学说"①。因此，必须摒弃自我封闭的态度，力求汲取当代文明中有益的成果来丰富和发展马克思主义，包括丰富和发展马克思主义的经济科学。

当前，中国正在继续探索一条从中国国情出发，符合社会主义经济规律，具有中国特色的社会主义道路。中国的马克思主义经济学家也正在循着这条道路研究新现象和新问题，力求取得新的理论成果并建立实践所需要的新的学科。一些重要课题，如：怎样认识社会主义经济结构，促使微观经济有活力而又保持宏观经济能获得有效的管理和控制；怎样确立社会主义经济发展战略目标来引导整个国民经济的运行和发展；怎样做到既提高经济效率以加速发展生产力，而又不损害社会主义生产关系和社会主义平等原则；怎样促使各种经济杠杆互相配套，形成能有效地调节经济运行和发展的体系；怎样更切合经济实践发展的需要，把质的分析和量的分析结合起来等，以及与上述宏观课题密切相关的其他重大课题，诸如社会主义初级阶段不同于高级阶段的质的特征；有计划的商品经济模式中计划与市场的关系和结合方式；实现全民所有制经济的所有权与经营权分离的各种形式的比较研究；所有制关系的改革与经济运行机制改革的关系；企业改革与价格改革的关系；经济改革与经济发展的关系；改革的环境问题；合理拉开收入差距、克服平均主义与消除不合理差距问题，等等，都已引起经济学界的高度重视和认真研究。更多的新的经济学科分支也在逐步建立。随着中国社会主义经济建设的发展，随着中国经济体制改革的进展，中国的马克思主义的经济科学必定会有新的发展。

（原载《中国大百科全书·经济学卷》中国大百科全书出版社1988年版）

---

① 《列宁选集》第二卷，人民出版社1972年版，第441页。

论现阶段农村人民公社的根本制度

一

以生产大队为基础的三级所有制，是现阶段农村人民公社的根本制度。

农村人民公社是我国人民的伟大创造，是为了解决高级农业生产合作社的生产关系同生产力的发展又相适应又相矛盾而出现的。人民公社同高级社比较，不但生产规模来得更大，而且在集体化的程度上也来得更高。"高级社比较起来是小集体，人民公社是大得多的集体；高级社只经营农业，人民公社是多种经济事业的综合经营者；高级社只是经济组织，人民公社是政治、经济、军事、文化的统一组织；高级社只是集体生产的组织者，人民公社同时又是集体生活的组织者。"① 更重要的是现阶段的人民公社，虽然以大体上相当于原来高级社的生产大队的所有制，作为基本的所有制，但是，部分的公社所有制，即社营经济，却是过去高级社时期所没有的。现在，公社直接所有的东西，如社办企业、社办事业和由公社所支配的公积金和公益金等，还不是很多，它在整个公社经济中所占的比重，还不算大。但是，社营经济是整个人民公社经济的领导成分，它代表着人民公社的伟大希望和伟大前途。跟着社会生产力的不断发展，跟着公社积累的不断增加，跟着社办企业的发展和国

---

① 社论《人民公社万岁》，《人民日报》1959 年 8 月 29 日。

家的支援的增加，社营经济在整个人民公社中所占比重，就会逐步地扩大起来。社营经济的这个发展前途，是十分明确的。谁要是忽视这一点，谁就会犯严重的右倾错误。

由于人民公社的"一大二公"，由于它的组织规模大，活动范围广和公有化程度比高级社来得高，因此，它就具有如下的优越性：

第一，公社根据国家计划和各生产大队的具体情况，兼顾国家和集体的利益，向各生产大队提出关于生产计划的建议，并且可以对各生产大队拟订的计划进行合理调整。这样，就能够更有效地使用和更合理地安排农村的劳动力、土地和资金。公社在上级批准和有关生产大队的同意之下，能够兴办全公社范围的或者几个生产大队共同的水利建设和其他有利于农业生产的基本建设，这是高级社时期难以兴办的。这几年，全国各地农村公社在兴修水利工程、平整土地和改良土壤等方面，取得了巨大的成绩。这些农业生产的基本建设，特别是水利工程，使我们能够在风调雨顺的条件下，取得巨大的丰收，1958 年就是例子；在自然条件极坏的条件下，抗住或减轻了灾害的严重性，1959 年和 1960 年就是例子。这两年，特别是 1960 年的自然灾害，是极其严重的。这一年，全国有九亿亩以上的耕地，受到不同程度的旱灾、水灾、虫灾、冰雹和霜冻。在旧中国，像这样的严重灾害，不知道有多少人要妻离子散，家破人亡。像 1928 年、1929 年和 1930 年三年，因为水灾、旱灾、瘟疫交错发生，全国死亡的人数，达一千万以上。在新中国，由于党的英明领导，由于有了人民公社这个伟大的组织，由于广大农民群众在抗灾救灾中发挥了英勇无畏的精神，就大大地减轻了灾害的严重程度，基本上保障了灾区同胞的生活，保护了灾区继续生产的能力。

第二，人民公社为农业机械化开辟了广阔的道路。在高级社时期，因为耕地不够大，拖拉机的活动，受到地界的限制；因为资金积累不够多，购置成套拖拉机，很有困难。实现了公社化之后，情况起了变化。现在的公社，虽然在经济上是各生产大队的联合组织，但是，在一定程度上，它已经突破了高级社的局限性。依靠社营企业的发展和各个生产大队的上缴，公社有了高级农业生产合作社时期所没有的公共积累；同时，由于各生产大队的联合，过去各高级社间的地界限制，也被打破了。这就为农业的机械化提供了更有利的条件。从 1958 年到 1960 年，全国的拖拉机增加了两倍左右，排灌机械增加了八倍左右。在一些重点地区，农业机械增加得更快。如北京市郊区 1960 年年底拥有的拖拉机数量，按标准台计算，已经相当于 1957 年的十倍。这不证明公社化推动了农业的机械化吗？

第三，人民公社不但发展农业，而且在农村中，就地取材，同国家计划适当结合，举办各种同农业有关的中小型工业，如农具的制造和修理，如土化肥、农药、粮食加工等。从整个国民经济的发展来看，人民公社在农村举办这些工业，有利于实现工、农业同时并举，大、中、小型企业同时并举，轻重工业同时并举和土洋同时并举的方针。

第四，由于政社合一，由于公社的多种经营，由于公社公共积累的逐步增加，社办工业就会不断发展，农村的文化教育就会不断的提高。这就是说，人民公社这个伟大的组织，不但可以大大促进农业生产和有关农业的工业生产，而且可以进一步把生产劳动和文化教育结合起来，不断地提高劳动人民的社会主义觉悟。这就为将来逐步消除农村和城市的差别，逐步消除工人和农民的差别，以及逐步消灭脑力劳动和体力劳动的差别，提供了有利的条件。

第五，由于公社不仅是集体生产的组织者，而且是集体生活的组织者，这就便利于开展公共食堂、托儿所、敬老院等集体福利事业。这些集体福利事业，受到广大群众的欢迎，尤其受到妇女的欢迎，因为公共食堂大大地减轻了她们的繁重家务劳动，便于她们和男人并肩作战，参加公社的劳动，走上了彻底解放的道路。在分配中实行一定的供给制部分，对于老年人和小孩具有社会保险的性质，而且有利于培养农民的社会主义觉悟。

二

现阶段农村人民公社是在高级农业生产合作社联合的基础上发展起来的。它克服了高级社的局限性，增加了一些高级社时期所没有的新内容。但是，现阶段的人民公社，还不能离开原来高级社的基础。现阶段人民公社的根本制度是以生产大队为基础的三级所有制（即部分社有制、生产大队的基本所有制和生产队的小部分所有制）。生产大队一般地相当于原来高级农业生产合作社。它实行独立核算，自负盈亏。在生产大队范围内，除了生产队所有和社员所有的生产资料以外，一切土地、耕畜、农具等生产资料，都属于生产大队所有。各生产队按包产计划上交的产品和收入，生产大队直接经营所得的产品和收入，也都属于生产大队所有，由生产大队分配。这不证明现阶段的人民公社是以原来的高级社作为基础吗？以生产大队为基础的三级所有制的人民公社，需要经过一个稳定和发展的过程，才有可能过渡到基本社有制，达到社营经济在整个公社中，占统治地位的境地。

客观事物的质和量是互相依存、互相转化的。事物的发展总是不断地由量变过渡到质变，并通过质变为新的量变开辟道路，转化为新的量变。所以，事物的发展中，总要显出过程的阶段性来。在人民公社的发展过程中，也显现为发展中既相衔接又相区别的阶段性。从总的发展水平来说，它要分为社会主义和共产主义两个大阶段。在社会主义阶段，还要分为社会主义的集体所有制和社会主义的全民所有制两个阶段。在集体所有制阶段，还要分为生产大队基本所有制的阶段和公社基本所有制的阶段，而现阶段人民公社的根本制度，则是以生产大队为基础的三级所有制。这种发展的阶段性的区分，乃是由生产力的发展水平所规定的。这就是说，在发展过程中，一个阶段同另一个阶段的区别是以客观的必然性作为根据，而不是由人们的主观愿望去安排的。我们既不能离开发展的观点，离开联系的观点，去看待阶段性，把它作为僵化的、绝对的、固定的东西；又不能无视发展中的阶段性，不能离开实际，割断历史，超越阶段去处理问题。马克思列宁主义教导我们，不断革命论和革命发展阶段论是密切结合的，必须认识阶段之间的区别和衔接。前一阶段任务的实现，同时就是为过渡到下一阶段准备条件。但是，不同的发展阶段，反映了事物的质变，因此，不能互相混淆。毛泽东同志说："两篇文章，上篇与下篇，只有上篇做好，下篇才能做好。"① 现阶段人民公社之以生产大队为基础的三级所有作为根本制度，正是为下一阶段实现基本上公社所有制准备条件。

世界上一切事物都是不断地在变化、在发展的，但是，不断的变化和发展，并不否定在这个过程中的相对稳定、相对静止的状态。革命发展中的阶段性，就是这种相对稳定、相对静止的表现。当生产关系已经落后于生产力并且成为生产力发展的障碍的时候，就必须变革旧的生产关系，以解放生产力。但是，当旧的生产关系已经被变革，而新的生产关系已经建立起来的时候，必须在一定时间内，稳定这个新的生产关系，并使其不断改进和完善，以促进生产力的发展。在一定条件下的稳定和巩固，是发展过程中不可缺少的环节。它不是发展的冻结，而是下一步新发展的准备。毛泽东同志在农业合作化高潮来临的前夕，就指示我们：一方面，要积极地热情地有计划地去领导这个运动；另一方面，要在发展了一批合作社之后，必须有一个停止发展进行整顿的时间。毛泽东同志又说道：如果不能巩固，当然谈不到发展。毛泽东同志这个指示的精神，同样地适用于当前"三级所有制为基础"的人民公社根本制度的稳定。在现阶段，稳定这个根本制度，有利于农业生产力的发展，有利于稳步地为下一阶段实现基本社有制准备条件。因此，如果不承认发展中的相对稳定，如果看不见现阶段三级所有制为基础的人民公社根本制度有巩固的必要，那是同马克思列宁主义的不断

---

① 《毛泽东选集》第一卷，人民出版社 1952 年版，第 266 页。

革命论和革命发展阶段论相违背的。

人民公社之代替高级农业生产合作社，是它的"一大二公"对于高级社的局限性的否定，对于高级社的不适应于农业生产力进一步发展相矛盾的否定。由于这个否定，我国农业集体化的程度就提高了一步，生产规模就扩大了一步，农业生产力就发展了一步。但是，唯物辩证法的否定，不是简单地把事物消灭，"而是作为联系环节、作为发展环节的否定，是保持肯定的东西的即没有任何动摇、没有任何折中的否定。"① 人民公社对于高级社所否定的，只是它的局限性，只是它的不适应生产力发展的方面，而对于高级社的积极的、合理的因素，则是肯定的，如相当于高级社的生产大队的基本所有制，如生产队的小部分所有制，如"三包一奖""四固定"和评工记分等制度，如各尽所能按劳分配的原则，等等。如果我们现在就把高级社的这些适应生产力发展的合理的、积极的东西，都否定了，那是同马克思列宁主义，同辩证唯物主义的真理，相违背的，因为那种干法，乃是一种割断历史发展过程的做法，乃是一种把发展中连续性和非连续性，完全对立起来的形而上学的做法。毛泽东同志教导我们："对于任何问题应取分析态度，不要否定一切。"② 这就要求我们在否定中看到肯定。否定中的肯定，绝不是调和，而是为了发展。反之，绝对的否定，表面上看来似乎彻底，而在实质上，却是否定了事物的进一步发展，使否定的否定成为不可能。肯定现阶段的三级所有制为基础的根本制度，正是为了公社的不断发展，为了下一步过渡到基本社有制准备好条件。

三

现阶段人民公社这个根本制度的必然性，是极其明显的。

---

① 列宁：《哲学笔记》，人民出版社 1957 年版，第 214 页。
② 《毛泽东选集》第三卷，人民出版社 1953 年版，第 942 页。

第一，生产资料所有制是生产关系的决定性环节，而生产关系的变革，是以生产力的发展作为基础的。当前我国农业生产力的发展水平，还是不高，基本上还未脱离"人力操作为主、畜力耕作为主、使用自然肥料为主"的情况。在这样的水平上，刚从高级社发展起来的人民公社，不可能拥有规模极大、在整个公社经济中占有极大比重的社营经济。这个社营经济将来必然要大大地发展，但是，它的发展，主要是依靠本身力量（如社办企业）的逐步壮大和国家的不断支援，因而，需要有一个努力的过程，需要有一个相当长的时间。就是到了那个时候，社营的拖拉机、抽水机等现代化的装备，归各个生产大队所公有，也就是归公社所公有；至于各生产大队原有的牲畜、耕具等生产资料，仍然归大队所有，而不收归公社。基本社有制的物质基础是现代化的农业技术设备，而现阶段的牲畜和手工操作农具，在将来的生产中，将退居辅助地位。要创造基本社有制的物质基础，没有一个相当长的时间，是不可能的。如果现在急于过渡到基本社有制，从生产大队提取过多的积累，或者从生产大队抽调过多的劳动力和生产资料，即是采用削弱生产大队经济的办法，去扩大社营经济，不但不能增加整个公社的财富，反而损害了生产大队、生产队和社员的积极性，破坏农业生产力。实践证明：人民公社的社营经济的发展，必须建立在各个生产大队的经济大发展的基础上。生产大队经济越发展，则社营经济的发展，越有希望，越有保证。由此可见，以生产大队为基础的三级所有的根本制度，是适合当前我国农业生产力发展的水平的，是符合于农业生产力进一步发展的需要的。

第二，在人民公社内部，在生产大队之间，在生产队之间，存在着穷队和富队的差别。针对着这种情况，只有推动穷队，努力生产经营，赶上富队，只有推动富队更加向前迈进，只有这样，才有利于发展生产力，才有利于缩短穷队和富队间的距离。这就要求我们承认生产大队是公社现阶段的基本所有制，肯定它是基本的核算单位；同时，要求我们承认在全生产大队范围内，实行统一分配，而又承认各生产队的差别。这样，既照顾到各生产大队间和各生产队间的生产水平和收入水平的差别，又便于公社的统一领导和组织协作；既有利于加快农业生产和国民经济的发展，又有利于为将来的逐步过渡到基本社有制，创造条件。如果否认穷队和富队的差别，而使用拉平的办法，去调剂贫富，其结果，必然在一方面助长穷队的依赖性；在另一方面削弱以至打击富队对于生产的积极性。这对于发展农业生产力，是极其不利的。

第三，生产资料的所有制是生产关系的决定性的环节，而经营管理权则是所有权的一个最重要的方面。在现阶段，生产大队既然是公社的基本核算单位，它就应该握有对本队的生产经营的管理权，就应该有权支配和运用本队的劳动力和生产资料。生产大队与生产大队间，不但存在着穷富之别，而且存在着自然条件的差别。以大队为基础，由大队来掌握本队的生产经营，就能根据各队的特点，因地制宜，因时制宜，因事制宜，就能充分发挥生产大队的生产积极性，就能发展农业的生产力。实现以生产大队为基本所有制，由生产大队掌握经营，并不否定公社管理委员会的领导，而是使公社对于全社的生产领导工作，能够全面掌握，做得更好，因为各生产大队能够因地制宜去搞生产，而公社从总的方面，去抓生产计划，抓先进技术措施的推广，抓生产资料的供应，抓劳动力的规划和生产部署，抓社员的政治思想工作。这样结合起来，就能够避免领导上的瞎指挥，使生产经营，搞得更好。

第四，以生产大队为基本核算单位，生产品的分配，基本上也以生产大队为单位。生产经营较好的生产大队的产品，比生产经营较差的生产大队的产品，必然来得多，从而，在扣除了上缴国家和公社，留作本队公积金、公益金和生产费用之外，它的社员所分得的产品必然比其他生产大队的社员，来得更多。这样，劳动得更多，生产得更多，也就分配得更多。由此可见，在现阶段，"队为基础三级所有"的制度，同"各尽所能按劳分配"的原则，是适应的。这个适应按劳分配原则的制度，在现阶段，对于调动社员的积极性为发展农业生产力而努力，起着显著的作用。

第五，要从基本队有制过渡到基本社有制，不但有生产力发展水平的问题，而且有人民群众的政治觉悟水平的问题。刚从高级社进到人民公社的广大农民，现在还不习惯于基本社有制。对于富队和穷队间的平调，是他们所不能接受的。以生产大队为基础的三级所有制，不但适应当前生产力的发展水平和广大社员群众的觉悟水平，而且有利于进一步发展生产力和提高社员群众的政治觉悟水平。

四

从整个公社来说，生产大队是它的基本核算单位，在生产大队下面的生产队就是包产单位，就是组织生产的基层单位。生产队担负着最直接最具体的组织社员生产和安排社员生活的任务。党的各项政策都要经过它去同群众见面，都要通过它去具体执行。同社营经济一样，生产大队同生产队是互相联系、互相促进的。它们必须共同发展。维护和加强生产大队的基本所有制，并不否定生产队的小部分所有制，并不否定生产队在管理本队生产上，有一定的自主权；正相反，维护和加强生产大队的基本所有制是同生产队的小部分所有制互相结合的。当前社员的收入的主要部分（一般是80%左右），是来自生产大队的集体经济。完成本生产队生产任务并力争超产，是各个生产队和社员群众的根本利益所在。生产队在完成包产任务的前提下，有权经营本队范围内的各项生产，（如包产任务外经营的农作物；如包产任务以外扩种的果树、林木和其他多年生作物；如固定给生产队使用的耕畜所繁殖的幼畜或者幼畜的分成部分，等等）有权自行支配超产奖励部分和节约开支的部分。为了调动生产队的生产积极性，为了发展农村经济，需要把土地、耕畜、农具固定在生产队，归生产队使用；劳动力也固定在生产队，生产大队和公社都不得随意变动。实践证明：把土地、耕畜、农具和劳动力，固定给生产队使用，是充分发挥生产队的战斗作用，促进农业生产迅速发展的先决条件。

如何在"三级所有、队为基础"的农村人民公社中把农业机械经营管理好和使用好，如何把农业机械和旧式农具、改良农具适当配合，如何使机械化作业与精耕细作相结合，这是我们当前的新的复杂任务。为了使农业机械更好地为农业生产服务，拖拉机等大型农业机械的经营方式，一般以"社有社营"或"社有队营"为宜。但不论实行"社有社营"或"社有队营"，都需要把机器固定到生产大队使用，使机械作业和生产大队的生产密切结合，使驾驶人员和广大社员共同维护机器，充分发挥机器的效能。

如果说做好"四固定"是充分发挥生产队的战斗作用的前提条件，那么，"包工、包产、包成本和超产奖励"的"三包一奖"定额管理和评工记分等制度则是推动生产队发挥其战斗作用的物质保证。"三包一奖"制度就是在广大社员的思想觉悟不断提高的基础上建立起来的一种经营管理制度，一种基本的、全面的责任制度。农业生产和工业生产一样，需要有健全的责任制度，否则就不可能把群众的积极性组织起来，不可能在生产中建立起正常的秩序，不可能有效地进行计划领导和推行经济核算，因而也就达不到增加生产、降低成本的目的。"三包一奖"这一责任制度的优点，在于它能够正确地调整公社的三级管理组织之间的关系，特别是基本核算单位（出包单位）和基层生产单位（承包单位）之间的关系，把小集体（生产队）的利益和大集体（基本核算单位、公社）以至国家的利益密切结合起来。

在以生产大队为基础的三级所有制的条件下，允许社员经营少量的自留地和小规模的家庭副业，是适合当前生产力的发展水平的。自留地长期归社员家庭使用，自留地上收获的农产品，不计入分配产量，不顶口粮，不计征购，全归社员个人支配。只要做好政治思想工作，只要贯彻劳逸结合的政策，社员种好自留地，饲养少量的猪、羊和家禽，培育好屋前屋后的零星果木，经营小规模的家庭副业，是不会影响集体劳动，是不会影响生产大队的生产，不会影响公社经济的发展的。社员所经营的这些副业，对于社会主义经济的发展，对于全民所有制和集体所有制的发展，不但没有什么坏处，而且可以增加社员的收入，可以增加社会产品的供应，使社会成员在生活上得到很多方便。要从联系的观点，去看社员的自留地和家庭副业；要明确地认识到：社员的家庭副业，是社会主义经济的必要的补充部分，它附属于集体所有制经济和全民所有制经济，是它们的助手。因此，孤立地去看待社员所经营的自留地和小规模的家庭副业，把它看成资本主义的自发势力，那是不正确的。

以生产大队为基础的三级所有制，不但要在各个生产大队间，实行独立核算，各负盈亏，而且要在全大队范围内实行统一分配的时候，承认各生产队的差别，承认各个社员因为劳动的不同，在收入和生活上也有一些差别。这就是说，我们不但要在生产大队间反对平均主义，而且要在生产队间，在社员与社员间，反对平均主义。平均主义是小资产阶级的反动思想，它同马克思列宁主义，是相违背的。搞平均主义只能给农业生产带来严重的破坏。当然，反对平均主义并不取消公社范围内，生产大队间的协作和相互支援，并不取消对于生活没有依靠的老、弱、孤、寡、残疾的社员，家庭人口多劳动力少的社员和遭遇不幸事故、生活困难的社员的适当照顾。但是，这些相互支援，是通过等价互利的原则去进行的，这些照顾，是在各尽所能、按劳分配、多劳多得、不劳动者不得食的原则下进行的。

我国的人民公社，正以它的强大的生命力，引起全世界人民的注意。在农村人民公社发展的过程中，也像其他一些新生事物一样，出现过某些暂时的、局部的缺点和毛病，如有些地方一个时期内出现过权力集中过多、分配上某些平均主义和某些浪费等现象，以及少数干部思想作风上的一些缺点和错误。但是，正如太阳里面的黑点不能掩盖太阳的光明一样，这些暂时的、局部的缺点和毛病，没法掩盖党的英明领导和人民公社制度的万丈光芒。根据马克思列宁主义的理论和我国的实践，我们可以预料：人民公社不但是我国农业生产高度发展和加速社会主义建设的保证，不但将成为我国农村由集体所有制过渡到全民所有制的最好形式；而且将成为由社会主义社会过渡到共产主义社会的最好形式。

（原载《经济研究》1961 年第 5 期）

有关农业经济的几个问题

一　关于农业是国民经济基础的问题

要把农业搞上去，首先必须认识农业在国民经济中所占的地位。

马克思在分析农业的剩余劳动的时候指出，具有一定劳动生产率的农业，是一切社会的基础。他说道：如果人在一个工作日内，不能生产出比每个劳动者再生产自身所需的生活资料更多的生活资料，在最狭窄的意义上说，也就是生产出更多的农产品，如果他全部劳动力每日的耗费只够再生产他满足个人需要所不可缺少的生活资料，那就根本谈不上剩余产品，也谈不上剩余价值。超过劳动者个人需要的农业劳动生产率，是一切社会的基础，并且首先是资本主义生产的基础。马克思的《资本论》是以分析资本主义生产方式作为任务的，因此，他在这里强调了农业在资本主义生产中的基础作用。同时他也指出农业在社会生产中的基础作用，是一切社会制度所共通的。

生活资料（特别是食物）的生产，是人类生存与一切生产的先决条件。因此，使用在这种生产上的劳动，经济学上最广义的农业劳动，必然成为整个国民经济的基础和前提。社会分工明确地证明了这一点。如果社会一部分人用在农业劳动上所生产的全部劳动产品，不够为农业以外的劳动者提供必要的生活资料，那么，社会分工就没有可能。马克思在《资本论》中明确地说道：因为食物的生产是直接生产者的生存和一切生产的首要的条件，所以在这种生产中使用的劳动，即经济学上最广义的农业劳动，必须有足够的生产率，使可供支配的劳动时间，不致全被直接生产者的食物生产占去；也就是使农业剩余劳动，从而农业剩余产品成为可能。进一步说，社会上的一部分人用在农业上的全部劳动——必要劳动和剩余劳动——必须足以为整个社会，从而也为非农业工人生产必要的食物；也就是使从事农业的人和从事工业的人有实行这种巨大分工的可能；并且也使生产食物的农民和生产原料的农民有实行分工的可能。人类的社会分工的历史，以及农业对于工业生产的制约，处处都在证明：农业是社会生产的基础；处处都在证明，如果没有农业的一定发展，那就谈不到手工业的独立发展，从而，也就谈不到现代工业的发展。

伟大领袖毛主席发展了马克思列宁主义，不但肯定了农业在社会主义社会里，还是国民经济的基础，而且辩证地把社会主义农业同社会主义工业结合起来，提出了"以农业为基础、工业为主导"的发展国民经济的总方针。

马克思没有活到社会主义社会，他只能从考察历史上各种生产方式（特别是资本主义生产方式），得出农业是社会生产的基础的一般性的结论。事实上，在实现了生产资料公有化和社会生产计划化的社会主义社会里，农业是国民经济的基础这一规律，是更加明确地显示出来的。实践告诉我们，要发展工业，矿石资源、原料、辅助材料、机器设备以及技术力量等，当然是不可缺乏的条件。但是，从整个国民经济的全局来看，对于工业的规模和发展速度，起着最终的决定作用的，却是农业。实践证明，要发展社会主义工业，不仅要从农业取得工业劳动者所需要的生活资料，特别是商品粮；而且要从农村获得扩大生产规模所需要的劳动力。要发展社会主义轻工业，除了工人群众的生活资料之外，还需要有足够的植物性和动物性的原料，而这些，是必须仰给于集体农业的。实践证明，不但轻工业的产品，要以购买力不断增长的集体农民，作为销售对象，而且重工业的相当大的一部分产品，更要以具有巨大购买力的集体农业作为重要市场。国营重工业部门所制造的农业机械、化学肥料、电力设备、运输设备、民用燃料以及民用建筑材料等，如果离开社会主义农业，出路就会大大地受到限制。实践证明，为了完成国家工业化和农业技术改造所需要的大量资金，其中有一个相当大的部分是要从农业方面积累起来的。这就是说，农业发展了，才能提供发展工业所需要的劳动力、商品粮、副食品和工业原料，才能扩大重工业和轻工业的产品的市场，为工业积累更多的资金，促进工业更快的发展。这一切，都在说明，农业是国民经济的基础。目前，工业的发展，无论在规模上，或者在速度上，尤其要受到农业的制约。因此，毛主席教导全国人民，农业生产是我们经济建设工作的第一位。

但是，这个作为国民经济基础的农业，是不能离开工业而孤立地存在、孤立地发展的。所谓农业现代化，在内容上，指的就是农业生产的机械化、电气化以及化学化。而所有这一切，如果离开现代化工业的发展，那是不可思议的。在实现了生产资料的集体所有制之后，要进一步提高农业生产力，要进一步发展社会主义的农业生产，根本出路，只有实现机械化；而实现农业机械化所需要的拖拉机、收割机、脱粒机等农业机器、现代化的运输工具、电力排灌设备、农药和化学肥料等，无一不是要仰给于重工业。因此，钢铁、机械、化工、电力、燃料等许多生产部门，都是发展农业生产所不能缺少的。有了这些现代化的装备，集体农业才能进一步提高自己的劳动生产率，才能腾出更多的劳动力，进行多种经营和农田水利建设。国营工业，特别是重工业，越是发展，集体农业就越有条件发展自己的机械化，并提高自己的劳动生产率。工业在国民经济中的主导作用，在这里，就明显地显示出来了。实践已经在证明，并且继续在证明，实现四个现代化，也就是"以农业为基础、工业为主导"的发展国民经济的总方针的具体化。

农业与工业之间的相互关系，更具体地说，就是农业、轻工业和重工业之间的相互关系。我国的实践，充分地证明了它们三者是互为条件，互相促进的。轻工业与人民的日常生活，关系极为密切，这是一目了然的。社会主义轻工业发展了，它就会以日益增多的轻工业品，支援农业；同时，又使更多的农副产品成为轻工业的原料，用来增加集体农业和农民的收入，进一步促进农业生产的发展。轻工业越发展，重工业就越能获得更多的资金和更多的生活日用品。同时，轻工业越发展，它就更加需要重工业提供原料和机器设备。这样，就必然会促进重工业的更加发展。实践证明了客观存在着这样一个必然性，这就是，先有农业的发展，才有轻工业的发展；先有农业和轻工业的发展，才有重工业的发展；而重工业的发展，又转化为农业、轻工业的发展。这是农业、轻工业和重工业三者之间发展的辩证法。正确地处理它们三者之间的相互关系，就能够使它们互相转化，互相促进，使社会主义的国民经济迅速地得到全面发展。用多发展一些农业和轻工业的办法来发展重工业，从一时一事孤立地看，用在农业和轻工业方面的劳动力、资金、设备、材料，好像占得多一些；而用在发展重工业方面的，就好像占得少一些，从而，重工业的发展速度，就好像走得慢一些。事实并不如此。从长远来看，农业和轻工业发展了，重工业就能够更好更快地发展。重工业的发展速度，并不是更慢，而是更快了。如果无视它们三者之间的辩证关系，而认为从农业和轻工业挤出劳动力、资金、设备和材料，会快点发展重工业，那是一种形而上学的干法，近视眼的干法。这种干法的结果，必然是：农业和轻工业的少，将会转化为重工业的少；农业和轻工业的慢，将会转化为重工业的慢。实践和理论都在证明：加速发展农业和轻工业，是重工业进一步发展的条件。

反映发展国民经济总方针的农业与工业之间的比例关系，是社会主义国民经济各生产部门之间的主要比例关系；除此之外，在农业和工业内部，也都各自存在着重要的比例关系。

"以粮为纲，全面发展"，是我国发展社会主义农业生产的方针。这个方针，是社会主义农业经济有计划按比例发展的客观规律的具体反映。粮食的重要性，那是极其明确的。如果说，农业是国民经济的基础，那么，粮食是基础的基础。因此要以它为纲。有了粮食作为纲，纲举目张，农、林、牧、副、渔之间，以及粮、棉、油、麻、丝、茶、糖、菜、烟、果、药、杂之间的布局，就有了依据，这样，落实国家种植计划，使农业和林、牧、副、渔各业之间，以及粮食作物和经济作物、经济作物与经济作物之间，有一个适应客观要求的比例关系。在农业内部，这两个布局的安排情况，不仅对农业本身的发展，有着直接的影响，而且对于工业，特别对于轻工业的发展，也有着直接的影响。我国当前轻工业原料大约有70%来自农业；粮、棉、油、麻、丝等，都是极为重要的工业原料。林业、牧业、副业和渔业的产品，有的是直接的工业原料，有的是发展工业所不可缺少的物资。在以粮为纲的前提下，积极发展多种经营，既可以为工业提供更多的原料，又可以增加集体经济的积累和社员收入，为工业提供更广阔的市场，更快地促进农业和工业的携手并进。那种把"以粮为纲"理解为孤立地发展粮食，而否定其他农作物的做法是完全错误的。毛主席教导我们，纲是不能离开"目"的，如果没有"目"，怎能有"纲"呢？孤立地去对待"以粮为纲"，不仅破坏了农业的全面发展，而且在实质上恰恰是否定了"以粮为纲"的这个纲。这是一种反马克思主义的形而上学的思想方法。

毛主席制定的"以农业为基础，工业为主导"的发展国民经济总方针，是正确处理工农两大劳动阶级的关系的方针，同时，也是反映客观存在的有计划按比例发展规律的方针。毛主席关于发展国民经济总方针的提出，不仅为我们的社会主义生产和社会主义建设，指出了指针，而且深刻地发展了马克思主义政治经济学。

二　关于承认农民集体所有制的问题

关于农民集体所有制，在我国，本来是不成为一个问题的。

我们国家的宪法，在《总纲》的第七条规定："农村人民公社经济是社会主义劳动群众集体所有制经济，现在一般实行公社、生产大队、生产队三级所有，而以生产队为基本核算单位。"《总纲》第八条又规定："社会主义的公共财产不可侵犯。国家保障社会主义全民所有制经济和社会主义劳动群众集体所有制经济的巩固和发展。国家禁止任何人利用任何手段，扰乱社会经济秩序，破坏国家经济计划，侵吞、挥霍国家和集体的财产，危害公共利益。"宪法是我国的根本大法。宪法规定，国家保护社会主义的公共财产，是把全民所有制同集体所有制都包括在内的。当然，从公有化程度来说，集体所有制没有全民所有制那么高，但是，集体所有制经济，还是社会主义经济。这是极其明确的。祸国殃民的"四人帮"把我国的社会主义公有制，特别是集体所有制诬蔑为私有经济，这完全是反马克思主义的谬论。他们对于社会主义公有制的诬蔑无非是为了篡党夺权，搞资本主义复辟。

集体农业有自己的特点。这些特点，大体可以归纳如下：

（一）它的生产资料只属于本集体所有；本集体范围内的劳动力，归本集体支配。这就是说，本集体以外的任何人，都无权来处理它的生产资料，都无权来支配它的劳动力。

（二）生产资料既然是集体所有的，那么，它就必然有权独立经营，自负盈亏，独立自主地组织本单位的生产、收益分配和产品交换。当然，它的生产经营是必须在国家的政策、法令和计划的指导下来进行的。

（三）在上交了农业税，在提取了公积金和公益金之后，对本单位成员，实行"按劳分配"。分配总额的多少，取决于本单位实际收入的多少。从社员个人来说，那是取决于本人所提供的劳动数量和质量的。

实践证明：集体农业的经营，如果摆脱国家的计划指导，如果违背国家的政策法令，那就会走上邪路。同时，实践又证明，如果地方、公社以及大队，任意平调集体所有的生产资料，任意调动生产队的劳动力，任意以种种名义，向生产队摊派资金和物资，那就是在否定我国农业的集体所有制，那就是在破坏国家宪法《总纲》第七条和第八条的规定。而在实际上，这个本来不应该成为问题的问题，现在却成了一个全国相当普遍的严重问题了。

问题的焦点，集中在生产队的集体所有制上。现在有些地方，有些干部，在事实上是不承认生产队的所有制和自主权的。有的地方任意对生产队摊派，搞一平二调；有的地方，不根据当地具体情况，不根据生产队的具体实际和社员的意见，从上面来一个一刀切，大搞瞎指挥；有的地方，由于摊派和平调，使许多生产队增产不增收，分配不兑现，按劳分配成为"镜花水月"。有的地方，完全忽视农业生产的发展水平和社员群众的意见，上级说一句话，生产队就一下子过渡到生产大队。从而，引起一些卖牛、砍树等现象。在这些情况下，农民的集体所有制还有什么内容呢？

对生产队任意摊派，任意平调，不仅是在否定生产队的财权，而且是在否定它的生产资料所有权；对农业生产搞瞎指挥，不仅是在搞主观唯心主义和唯意志论，而且是在剥夺生产队的生产经营权，对生产队的收益任意支配，任意摊派，不仅否定了生产队的分配权，而且使社会主义的按劳分配的原则化为乌有。从生产队所有制向大队所有制过渡，又从大队所有制向公社所有制过渡，最后从公社的集体所有制向全民所有制过渡，实现全国单一的全民所有制，那是社会主义发展的必然规律，是我们必然要走的道路；但是，过渡必须具有一定的条件，即农业生产力水平的提高和社员群众政治觉悟水平的提高。如果离开这些条件，如果像张春桥在上海附近搞"穷精神过渡"，那样，除了欺世盗名、破坏农业生产力、损害农民群众的社会主义积极性之外，还有什么好处呢？

有人认为，赶快把生产队所有制过渡到大队所有制，有利于农业实现现代化，理由是生产队并成大队之后，有财力购买现代化的农业机械。我们必须认识，农业仍然是我国国民经济中的薄弱环节，必须大力加快它的现代化。农业上不去，整个经济就不可能迅速发展，也就不可能现代化。但是，农业机械化一定要因地制宜，根据各地不同条件，先化什么，后化什么，不能千篇一律，不能一哄而上，要实现农业机械化，方式可以有多种。一部分由社、队自己出钱买；一部分民买公助，由国家提供低利贷款；一部分由国家成立国营拖拉机站，为农民耕作，收取少量费用。因此，以购买农业机械作为理由，把生产队所有制一下子过渡到大队所有制，在理论上，是不完全站得住的；在实践上，是不完全行得通的。难道"穷过渡"是解决实现农业现代化的唯一关键问题吗？如果不搞好农机的管理，如果不搞好科学种田，如果不搞好集体农业的经营管理和经济核算，如果在条件尚未成熟之下，就急于过渡，对于发展农业生产和实现农业现代化，能够带来积极的效果吗？

还要谈一下农业的按劳分配问题。按劳分配，是以生产资料的社会主义公有制作为前提的。也就是说，按劳分配是社会主义公有制在分配关系方面的具体表现。现在，大家在理论上，对于按劳分配的社会主义原则，看来是没有人出来反对的。问题是劳动定额与报酬的联系问题。在理论上，既然是"按劳"分配，那么，劳动报酬，就必然以劳动所提供的劳动量来计量。马克思在论及自由人公社的时候说道：劳动时间又是计量生产者个人在共同劳动中所占份额的尺度，因而也是计量生产者个人在共同产品的个人消费部分中所占份额的尺度。在谈到工资的时候，马克思又说道：在实行计时工资的情况下，劳动由劳动的直接的持续时间来计量，在实行计件工资的情况下，则由在一定时间内劳动所凝结成的产品的数量来计量。马克思在分析资本主义工资时，戳穿了资本家对劳动者的榨取；但从工资形式来说，马克思关于工资形式的分析，是适用于社会主义社会的。根据马克思的科学分析，我认为把劳动定额同工资报酬联系起来，是科学的，是合理的。如果不完成劳动定额的人，同完成劳动定额以至超额完成定额（当然要保证质量）的人，拿同样工资，那还有什么按劳分配之可言呢？

实践证明，农业生产中的定额管理、定额记工的方式，是合理的方式，因为它能够比较准确地反映劳动的数量和质量，并且把劳动和报酬直接联系起来。把个人利益、集体利益和国家利益统一起来。而那种没有劳动数量，没有质量标准，干活无验收的记工法，"简便"诚然是"简便"，但在许多地方并没有行得通，结果还是一律按底分记分，实行平均主义的"大概工"。这种"大概工"，不能体现按劳分配的原则。

三　在流通过程两个同农业经济有密切关系的问题

在流通过程方面，有两个问题需要重视，这就是关于缩小工农业产品交换价格的剪刀差和有关农村集市贸易的问题。

（一）工农业产品交换的剪刀差，中华人民共和国成立以前就存在。这个问题，同城市商业资本剥削农民，特别是同帝国主义的经济侵略有密切关系。中华人民共和国成立后，情况逐步在起着变化。毛主席在《论十大关系》中指示我们，"工农业品的交换，我们是采取缩小剪刀差，等价交换或者近乎等价交换的政策。我们统购农产品是按照正常的价格，农民并不吃亏，而且收购价格还逐步有所增长。我们在向农民供应工业品方面，采取薄利多销，稳定物价或适当降价的政策，在向缺粮区农民供应粮食方面，一般略有补贴。"事实上，我们是按毛主席的指示办事的。二十多年来，我们国家曾几次提高农产品收购价格，提高了一倍；而工业品的零售价格只上升28%，农产品的价格提高得多一点；工业品的价格提高得少一点，这说明：剪刀差逐步在缩小。

但是，工农业产品交换价格剪刀差仍然偏大，就是说，农产品收购价格偏低，而不少支农产品的销售价格偏高。如何进一步缩小工农业产品价格的剪刀差呢？从根本上说，必须努力搞好农业生产，提高农业劳动生产率，降低农产品的成本。这方面问题很多，要巩固集体农业经济，要有效地发挥三亿农业劳动力的作用，要加快实现农业机械化的步伐，要搞好科学种田，要设法增加并合理使用农业投资，要搞好基本经济核算单位的财务管理，杜绝贪污浪费以及严格禁止任何领导机关对农业生产的瞎指挥和对农业收益的乱摊派。所有这些，都是搞好农业生产，提高劳动生产率，降低农产品成本，增加集体和社员的收入所不可少的。

但是，还有另一方面的问题，那就是逐步调整工农业产品价格的问题。现在一些支农产品价格相当高，质量相当差，型号相当乱，甚至买个零件也很困难。买不到必要的零件，一部还可以使用的拖拉机，便从铁牛变为"死牛"。这不仅是一个扩大工农业产品价格剪刀差的问题，而且是一种对农民的变相剥夺。对于这种变相剥夺农民的办法，党中央已经严厉地给予批评并且着手在进行整顿，限期提高农机质量，统一规格，形成系列。

要进一步缩小工农业产品之间比价，首先是解决提高粮价的问题。调整价格是一个涉及全国各方面的综合性问题，涉及国家、集体和个人三者之间的关系的问题。因此，必须妥善地考虑好几个方面的平衡。以粮价来说，一是以粮食价格为中心的各种农副产品价格之间的平衡；二是农副产品价格和以农副产品为原料的工业产品价格之间的平衡；三是商品供应和社会购买力之间的平衡；四是国家财政收支的平衡。粮食价格提高多少比较合适？其他农副产品价格如何作相应的调整？销售价格要不要提高，提高多少？销售价格提高后，为了保证职工生活的稳定，职工工资如何调整？所有这些问题，都必须进行周密考虑。

（二）在我国现阶段的流通过程中，还存在着农村集市贸易。有些同志坚决主张关闭这种市场贸易。要回答这个问题，必须看看农村集市现在有没有存在的必然性？从下列情况来看，答案应该是肯定的。第一，农村集市的商品大都是零星而分散的东西，有一部分还是时间性很强的鲜活产品，如菜秧、小鸡、小鱼等。这些东西，目前还不能全部纳入有计划的流通渠道。第二，社员从集体分配到的生活资料，品种和数量都不相同。有的自用有余，有的所需不足。这就需要互通有无，调剂余缺。第三，生产队或大队所生产的某些品种，是国营商业、供销合作社商业一时不经营或者经营得不多的，如耕畜、饲草之类。这也需要在队与队之间互相调剂。所有这些，说明农村集市贸易在现在还有其存在的必然性。目前各地副食品站（如菜蔬）的收购价格，不怎么合理，不是按质论价，其结果，社员当然把好的菜蔬拿到集市贸易去卖较高的价格，国营商店的菜蔬，不但品种很少，而且只是一些老芹菜、老茄子之类。在这种情况之下，把集市贸易都关闭了，问题能解决吗？当然，集市贸易是一个历史范畴，它在一定历史条件下存在，也要在一定历史条件下消亡。问题是创造条件。在条件还未具备的时候，马上取消它，结果只能是化整为零，化明为暗，使原来品种多样的农副产品，越来越减少。

互通有无，调剂余缺的集市贸易，同投机倒把活动，不能完全混为一谈。投机倒把是买进卖出，抬价杀价，弃农经商，搞无证商贩。投机倒把利用集市贸易搞活动，那是事实；但是，进入集市贸易的人，并不都是投机倒把分子。怎能把产销见面、调剂余缺的人，看成投机倒把分子呢？

承认集市贸易存在的客观性，并不等于说，国家可以放手不管。对于集市贸易必须严格地限制在国家政策许可的范围内，只准自产自销，产销直接见面，制止弃农经商，取缔无证商贩，打击投机倒把。

有人认为，集市贸易的存在，会使物价抬高。大体说来，同样的农副产品，集市价格是比国营牌价来得高的。集市贸易的价格，明显地受到供求关系的影响，供应少了，价格当然上升；供应多了，价格当然下降。实践证明，不少有集市贸易的地方，在供应增加的条件下，集市价格往往同国营牌价差不多，有时甚至于比国营牌价还要低点。而有些关闭了集市贸易的地方，不但没有把农副产品、小土产等消费品的价格降低下来，反而使黑市价格高得惊人。

四　经济规律对于发展农业生产的要求

马克思、恩格斯、列宁、斯大林和毛主席都曾多次提到，必须认识经济规律的客观性，必须按照经济规律的要求来进行我们的社会主义生产和社会主义建设。要发展我国的社会主义集体农业，也必须按照经济规律办事。

第一，社会主义基本经济规律是客观地存在于社会主义社会里的。对于这个基本经济规律在文字上的表达，现在还未有一致的意见，但是，发展社会生产以满足社会和个人的需要的要求，那是极其明确的。从农业生产来说，这个基本规律的要求，具有更加重要的意义。如果农业没有充分的发展，如果粮食、农副产品以及林业、牧业和渔业等，没有充分的发展，那么，社会需要和个人需要，怎能得到满足呢？而要进一步发展农业生产，那就非实现农业的现代化不可，那就非把我国的农业生产放在一个新的技术基础上不可。所有这一切难道不是社会主义基本经济规律对于农业生产的要求吗？

第二，我们在前面说过，正确地处理农业、轻工业和重工业之间的相互关系，就是国民经济有计划按比例发展规律的一个重要方面，一个重要要求。国民经济有计划按比例发展规律要求我们在做计划的时候，在处理国家投资的时候，必须牢牢地抓住农业是国民经济的基础这一点。在农业内部，国民经济有计划按比例发展规律，不但要求我们把粮食搞上去，而且还要求我们，必须因地制宜，安排好农、林、牧、副、渔之间以及粮、棉、油、麻、丝、茶、糖、菜、烟、果、药、杂之间的关系。实践证明，那种忽视当地具体条件，孤立地种植粮食，而破坏许多能够发展、必须发展的农副产品的生产的做法，是反马克思主义的形而上学。那种做法，不仅破坏了国民经济有计划、按比例发展规律的要求，而且破坏了社会主义基本经济规律的要求。

第三，关于按劳分配问题，前面已经提及。按劳分配的对立面是平均主义，而在当前农业分配中，主要倾向正是平均主义。平均主义，不是无产阶级思想而是小资产阶级的一种思潮；到了生产高度发展、产品极大丰富的共产主义高级阶段的时候，必然要实现各尽所能、按需分配。在那时，张三对于某种消费品，需要得多一点，他就从社会多领取一点；李四对于某种消费品，需要得很少，甚至不需要，他就从社会少领取一点，甚至完全不要。在那种情况之下，那有什么平均主义呢？在社会主义阶段，实践证明，平均主义是实现按劳分配的严重障碍，是发展社会主义工农业生产的严重障碍，因而是我国实现四个现代化的严重障碍。如果不批倒平均主义，按劳分配的客观规律就没法实现。在那种干与不干、干多干少、干好干坏都取得同样报酬的情况之下，有什么按劳分配之可言呢？实践证明，在农业分配中那种没有劳动数量，没有质量标准，干活无验收的"大概工"，就是平均主义的一种表现形式。这种"大概工"对于社员群众的生产积极性，带来了相当大的不良作用，因为它没有按劳动的数量和质量的差别付给报酬。只有在无产阶级政治挂帅的前提之下，实行定额管理、定额记工，社会主义集体农业的生产，才能有较快的发展。

第四，关于价值规律。它的基本点是每一商品的价值都决定于生产它的社会必要劳动时间；在这个前提下，商品的交换必须等价。在我国，商品生产和商品流通将继续地存在下去，因而，价值规律对于商品等价交换的要求，就必然存在下去。从集体农业来说，比较严重的问题是工农业产品价格的剪刀差的存在。现在，广大农民辛辛苦苦，往往增产不增收，或者增产少增收，甚至增产反而减收。（至于减产，那就当然要减收了。）这些问题的原因很多，而剪刀差的存在，则是一个带普遍性的重要原因。中央已经明确，缩小剪刀差是党的一项既定政策。从理论来说，实现工农业产品等价交换，消灭两者之间的剪刀差，就是价值规律的基本要求。要实现工农业产品的等价交换，就必须自觉地运用价值规律的这个要求，逐步地调整工农业产品的价格。而这些工作，又必须与提高农业劳动生产率，增加农业生产，降低农业成本等工作，结合进行。

总而言之，在社会主义时期存在的这几个经济规律，都是同集体农业的发展息息相关的。要发展我国的农业经济，要实现我国农业的现代化，那就不能不看这些客观规律，更不能违反这些客观规律的要求。

在对待客观经济规律的问题上，唯意志论是同马克思主义对立的。马克思主义教导我们，必须认识客观经济规律的存在，必须自觉地运用经济规律于社会主义生产和社会主义建设；反之，唯意志论的人们却只看见无产阶级国家的威力，而不承认无产阶级国家的威力是以社会主义制度下的客观经济规律作为条件的。唯意志论的人们，甚至于只看见自己手中掌握的权力。"一朝权在手，便把令来行"。但是，到头来，客观经济规律是不会饶恕他们的。不管是谁，只要他坚决违反客观规律，他必然要受到客观规律的惩罚。

为了实现农业的现代化。除了要用现代技术来装备我国的集体农业之外，还必须实现社会主义法制，还必须建立一套有效的经济措施，如改革企业的经营管理、推广合同制度，加强银行的作用，实行经济立法和经济司法，等等。而所有这一切，同客观存在的经济规律，都是有关系的。我国农业的现代化，是一定能够实现的。

（原载《经济研究》1978 年第 12 期）

有关人口理论的几个问题

　　人口问题对于发展我国国民经济，对于实现四个现代化，都有重大的关系。本文只从政治经济学的角度，即从人口的生育率、社会消费和劳动就业等方面，提出一些问题，谈一些看法。

关于社会主义社会的人口规律

　　马克思在《资本论》中，明确地指出："事实上，每一种特殊的、历史的生产方式都有其特殊的、历史地起作用的人口规律。抽象的人口规律只存在于历史上还没有受过人干涉的动植物界。"列宁也教导我们："不应当不管历史上有各种不同的社会结构形式而去'抽象地'研究人口规律"。由此可见，决不能把社会主义制度下的人口规律同资本主义制度下的人口规律，混为一谈。

　　马克思在批判马尔萨斯的反动的人口规律时，指出资本主义社会的相对过剩人口是资本主义制度特有的人口规律，这个规律决定于资本家的资本积累的增长，决定于资本有机构成的提高。在资本主义条件下，由于对劳动力的需求并不取决于总资本，而只取决于总资本中的可变资本所占比重。因此，跟着资本有机构成的提高，对劳动力的总需要虽然增加，但和对生产资料的需要相比，增加速度就要慢得多。这么一来，就必然要出现如下现象，"就业人数是增加的，虽然增加的比率同生产规模相比不断缩小。"在这种情况下，大批被机器排挤出来的工人，大批破产的农民和小生产者，大批在竞争中失败的中小资本家，以及大批新成长起来要求就业的青年劳动力，都没法被资本所吸收。劳动力供过于求，必然形成大批失业人口，即相对过剩人口。马克思斩钉截铁地说道："工人人口本身在生产出资本积累的同时，也以日益扩大的规模生产出使他们自身成为相对过剩人口的手段。这就是资本主义生产方式所特有的人口规律。"

社会主义革命和社会主义生产方式的建立，否定了资本主义制度所特有的人口规律。社会主义社会是以生产资料的社会主义公有制作为经济基础的。无产阶级专政的社会主义国家，代表了劳动人民的整体利益和长远利益。它对于国民经济各个生产部门的物质生产，有必要、有可能进行有计划、按比例的发展，它对于全国人民特别是成年劳动力的使用，也是有必要、有可能执行统筹兼顾、全面安排的方针。在社会主义生产的不断发展中，技术的有机构成是会逐步提高的，劳动力的需要是会相对地逐步减少的。但是，有了国家的统筹兼顾、全面安排，在我们的社会里就不会像资本主义社会那样，长期地出现"相对的过剩人口"。

社会生产同社会消费是密切地结合着的。在工农业中工作的劳动力是一个生产者；同时，他又是一个消费者。离开了生产，当然谈不到消费；但是，离开了消费，社会生产就会失掉它的目的。马克思在《政治经济学批判·导言》中说道："只是在消费使产品最后完成其为产品的时候；在消费把它消灭，把它的独立的物体形式毁掉的时候；在消费使得在最初生产行为中发展起来的素质通过反复的需要达到完美的程度的时候；所以，消费不仅是使产品成为产品的最后行为，而且也是使生产者成为生产者的最后行为"。实践证明，社会的生产过程同个人的消费是不能割裂的。如果没有生产过程以外的个人消费，那就没有劳动力的再生产，那也就谈不到生产过程中物质资料的消费。这种情况，在社会主义社会存在着，在资本主义社会也存在着。

谈到个人消费，谈到劳动力的再生产，必然要涉及人口问题。社会消费与人口有密切关系，社会生产与人口也有密切关系。如果没有劳动力的再生产，如果没有充分的劳动力的供应，要顺利地扩大我们的社会主义再生产，那是不可思议的。因此，毛主席教导我们："世间一切事物中，人是第一个可宝贵的。"

历史证明，社会生产的发展需要劳动力的适应增加。因而，我们可以这样说，劳动力的增加，是社会生产发展的一个重要条件。但是，劳动力的增加，是绝不可能漫无限制的，是决不可以离开社会生产的发展而独立进行的。恩格斯在 1881 年就提到对人口增长规定一个限度的可能性。他说道："人类数量增多到必须为其增长规定一个限度的这种抽象可能性当然是存在的。但是，如果说共产主义社会在将来某个时候不得不像已经对物的生产进行调整那样，同时也对人的生产进行调整，那么正是那个社会，而且只有那个社会才能毫无困难地做到这点。"恩格斯的这段话，指的正是：人口的增长，需要同物质生产的增长相互适应；而这种人口增长同物质生产相适应的情况，只有在社会主义社会里，只有在共产主义社会里，才能实现。历史已经向我们证实：在资本主义社会里，物质生产本身，是在无政府状态中进行的；人口的再生产，是在无政府状态中进行的；甚至他们的节制生育，也是在无政府状态中进行的。而在社会主义社会里，情况就不是这样。生产资料的社会主义公有制既然使我们能够实现物质生产的计划化，那么，它也就使人类本身的再生产能够实现计划化。生产资料的社会主义公有制和无产阶级国家的计划领导，使人口再生产的调整，成为可能。

实践证明，人口有计划地增长，是国民经济有计划、按比例发展规律的要求，因为这个规律不仅要求农业、轻工业和重工业之间的平衡，不仅要求生产生产资料的部门同生产消费资料部门之间的平衡；而且要求社会生产同社会需要之间、社会积累和社会消费之间的平衡。要使社会积累同社会消费之间，或者说，要使社会生产和社会需要之间，能够经常保持平衡，一方面，必须高速度地发展我们的社会主义工农业生产，另一方面，那就必须逐步地实现人口的有计划增长。可以这样说，逐步地实现人口的有计划增长，是实现国民经济有计划发展规律的必不可少的条件之一。

在社会主义条件下，有计划地发展的人口规律，是同国民经济有计划、按比例发展规律密切地联系着的。甚至可以这样说，人口的有计划地增长是国民经济有计划、按比例发展规律的一个侧面。因为社会生产与社会消费之间的平衡，既然是这个规律的重要方面，那么，有力地促进社会生产与社会消费经常保持平衡的计划生育，也就必然成为这个规律的重要方面了。

社会主义人口规律同社会主义基本经济规律有什么关系呢？很明白，关系是存在的。社会主义基本经济规律要求发展社会生产以满足社会和个人的需要。在这里，人口的有计划增长，具有极其重大的意义。实践已经证明，并且将继续证明：人口的有计划增长，保证了在计划经济前提下发展生产对劳动力的需要，同时，它又促使社会需要和个人需要，在国家的统筹兼顾的计划之下，得到满足。

对马尔萨斯人口理论的批判

我们根据社会主义社会人口规律的要求，对人口的增长，实行计划化。这同马尔萨斯的人口理论有什么区别呢？马尔萨斯及其追随者不是也在大叫要限制人口的繁殖吗？

在这里，有必要回头去看看马尔萨斯的人口理论是什么？它是为谁服务的？他所采取的手法的目的和内容是什么？

马尔萨斯是资本主义制度的辩护士。为了掩盖资本主义制度所造成的灾难和罪恶，他把所有这一切，全都归咎于劳动人民的子女生得太多。按照马尔萨斯的那一套说法，大自然的筵席是有限的，他们这批穷光蛋既然无限地在生男育女，那么，在"大自然的筵席"中当然没有你们的"席位"。马尔萨斯这一套"神乎其神"的说法，早就把马克思和恩格斯驳得体无完肤了。现在需要我们进一步去探讨的是，马尔萨斯的所谓人口理论的论据。

马尔萨斯的所谓人口规律是一种抽去资本主义社会结构的抽象的超社会、超历史的人口规律。马克思早已说过，这种超社会、超历史的人口规律，在客观上是不存在的。马尔萨斯的这种说法，无非是为了证明资本主义制度的永恒性。从历史唯物主义的观点来说，无论马尔萨斯怎样费尽心机，也是枉然的，因为资本主义并不是人类社会永恒的制度；而人类社会并不存在着什么抽象的、超历史的人口规律。

马尔萨斯不是从社会科学的前提出发，而是从纯生物学的前提出发的。他从生物学的前提出发，认为"人口增殖力比土地生产人类生活资料力，是无限地较为巨大"，认为人口在无所妨碍时是按几何级数增加的，即按 1、2、4、8、16、32、64、128 那样的增长率增加；而生活资料则是按算术级数，即按照 1、2、3、4、5、6、7、8、9 那样的增加率增加的。这就命定：人口的增长，必然要大大地超过生活资料的增长，而且越来越大。马尔萨斯的这种理论，同历史事实符合吗？如果按照他的说法，人类早就铺满了整个地球，人类社会早就没法存在下去，那还有什么发展呢？据前国际联盟的计算，1913—1927 年，全世界（不包括中国和苏联）粮食增长 13%；人口增长 9%。根据联合国的资料，在 1948—1955 年，世界人口增长 10%；而世界农业生产增长 21%，工业生产增长 51%。我国在中华人民共和国成立后，人口增长较快，每年递增约 2%，近年已逐步下降；但粮食平均约增长 4%。今年我国"北大仓"的"友谊农场"五分场二队，实现了现代化的农业机械生产，二十人耕种一万一千亩土地，平均每人生产粮食和大豆二十万斤。（美国的韩丁一个人种一千七百亩地，平均劳动一天生产粮食一万斤）我国农业现代化正在发展，将来全国粮食的平均增长率，是一定能够大大地超过 4% 的。这些数字，都粉碎了马尔萨斯的关于人口的增长是几何级数，而食物的增长是算术级数的说法。

马尔萨斯的所谓生活资料按算术级数增长的理论基础，就是所谓"土地肥力递减规律"。这个被资产阶级经济学家奉为金科玉律的"规律"，是完全抹杀了科学技术的进步，完全抹杀了社会生产方式的变革的，是孤立地把土地的肥力看成一种由"上帝给予"的天然素质。这是不符合客观事实和人类历史发展的事实的。马克思一针见血地指出："肥沃绝不像所想的那样是土壤的一种天然素质，它和现代社会关系有着密切的联系。"列宁发展了马克思的学说，明确地指出："土地肥力递减'规律'完全不适用于技术正在进步和生产方式正在变革的情况"。既然"土地肥力递减律"不是一个普遍的规律，既然在技术进步和生产方式变化的条件下，这个规律对于农业生产的制约，会受到突破，那么，以这个"规律"作为论据的所谓生活资料按算术级数增长的理论，不是丧失了它的立论的基础了吗？

怎样去控制人口的无限增长呢？马尔萨斯明目张胆地提出战争、瘟疫、繁重劳动、贫困和饥荒是减少人口，使人口与生活资料相适应的决定性的因素。战争、瘟疫、繁重劳动、贫困和饥荒，是怎样发生的呢？难道不是对劳动群众残酷榨取的资本主义制度的产物吗？马尔萨斯不但千方百计掩盖了资本主义制度为劳动人民带来的无限灾难，而且公然主张把资本主义制度带来的这些灾难，作为"治世良方"。这难道不是在暴露这个道貌岸然的牧师的狰狞面孔吗？敬爱的周恩来总理对于马尔萨斯的那种主张，就有过严肃的否定。周总理说："马尔萨斯的结论是粮食的递增，赶不上人口的递增，因此得出结论，要使人口问题得到解决，要么是战争，要么是灾荒，要么是瘟疫。我们不能拿战争来解决人口问题，也不能拿瘟疫来解决问题，更不能以向海外发展来解决问题。我们控制人口发展，也不讲西方资产阶级的享乐主义思想，而是为世界革命的前途，为我们祖国的发展。"

马尔萨斯也主张晚婚、节育，以限制人口的繁殖。他的这种主张，在表面上、形式上似乎同我们的有计划发展人口的政策有点相似，但是，在目的上，在作用上，那是迥然不同的。马尔萨斯是把晚婚、节育，作为战争、瘟疫、繁重劳动、贫困和饥荒等所谓决定性的因素的补充；而我们是坚决反对马尔萨斯所提出的这些所谓决定性因素的。第一，我们所要实行的晚婚、节育，绝不是战争、瘟疫、繁重劳动、贫困和饥荒的补充。第二，马尔萨斯之主张晚婚、节育，那是为了保护资本主义制度的，那是为了保存资本对劳动所需要的劳动力市场，使资本家经常得到精壮的劳动力的供应，而又减轻那批相对过剩人口对资本的压力，而我们之主张晚婚、节育，则是为了工农群众本身的整个利益和长远利益，为了社会主义制度的发展和巩固的。第三，马尔萨斯所主张的晚婚、节育，同资本主义生产一样，是在一种无计划、无政府状态中进行的；而我们所主张的晚婚、节育，则是计划性的，是同社会主义国民经济有计划发展相互适应的。第四，马尔萨斯及其信徒的限制人口，是抹杀了人口众多的民族地区和人口稀少的民族地区的区别的，而我们对人口的限制，则是根据各地具体情况来进行的，周总理在生前就明确地告诉我们："像西藏，现在你叫他节育，反而不好，反而会引起误会，因为那个地方人口本来是减少的，现在慢慢地在增加，让他多增加一点。"

在人口问题上，无论在阶级立场方面，在理论方面，在解决问题的途径方面，我们同马尔萨斯是有着根本性的区别的。就是以晚婚、节育来说，形式虽有点相同，但在目的、作用以及具体措施上，我们同马尔萨斯之间的根本性区别，是洞若观火的！我们要理直气壮地来批判马尔萨斯的反动的人口理论；我们要理直气壮地来宣传社会主义人口规律的要求，实现有计划地控制人口的增长。

遵循社会主义社会的人口规律，做好计划生育工作

实现人口的有计划增长（或者说，实现计划生育），是社会主义人口规律的要求。伟大领袖毛主席在 1957 年就指出："人类要控制自己，做到有计划地增长。"实现人口的有计划增长，会为我国的经济文化的发展，为我们的国家和人民，带来很多好处：第一，使我国人口的增长同国民经济的发展相互适应，这样，在社会生产

同社会消费这对矛盾中，就会减轻后者对前者的压力，就会使社会主义积累能够更加有力地按计划实现。这对于不断地发展我国的社会主义生产，对于不断地扩大我国社会主义建设的规模，是极有利的。第二，在加速实现四个现代化的过程中，必然会大大地提高我国的社会生产力，必然会大大地增加我国物质财富的生产；同时，必然会相对地减少工农生产等方面对于劳动力的需要。随着四个现代化的发展，这种趋势必然会越来越加突出。虽然资本主义社会的那种相对过剩人口，那种失业常备军，不会在社会主义社会里发生。但是，人口如果漫无限制地发展，那就会增加国家对于安排劳动就业的困难。有计划地控制人口的增长，使国家在全面安排劳动力中所遇到的压力，会大大地减轻下来。从这一点来说，实现人口的有计划增长，是我国更加顺利地实现四个现代化的一个必不可少的重要条件。第三，在集体农业的发展中，实现人口的有计划增长，能够保证集体积累和社员平均口粮以及收入的稳步上升。实践证明，人口的无计划的增长，会把集体农业增产的成果（按人口来说）拉了下来；会把集体的积累基金和社员的平均口粮、收入，也都拉了下来。这么一来，社员对于社会主义生产的积极性，就会受到影响。不仅农村如此，城市又何尝不是如此？在城市，子女生得太多，必然会加重职工家庭的负担，必然会影响职工、干部的生活水平的逐步改善与提高。第四，人口的有计划增长，有利于母亲的健康，并且进一步解放妇女劳动力。实践证明，子女生得太多，必然会损害母亲身体的健康，妨碍她们的工作和学习。在这一点上，当父亲的也是没法不受到影响的。第五，人口的有计划的增长，对于后代的体质和教育，有着密切的关系。实践证明，子女生得太多，会影响下一代的健康，也会增加国民教育的负担。从上述各方面来看，实现人口的有计划的增长，对于普及教育，对于保证人民身体健康，对于实现四个现代化，对于整个社会主义建设，都是必要的。

我国在计划生育方面，已经逐步地取得成绩，人口生育率，已在逐步趋向下降。在华国锋同志为首的党中央领导下，我国的计划生育工作，受到极大的重视。我们相信，这一方面的工作，必然会进一步地取得使人高兴的成绩。

苏修在疯狂反华中，也把我们的计划生育，作为他们攻击的目标之一。他们说"人口问题是中国领导人反科学的经济政策所造成的后果"，甚至还说中国"企图通过行政命令的途径来解决人口问题（通过推迟结婚等），注定要失败的"。这一套说法，是不值得一驳的。我们在计划生育工作方面的成绩，就是对苏修说法的最好的回击。

但是，我们在这方面的工作，还是存在着困难的。困难主要表现在旧社会流传下来的旧思想，这一点，农村较为严重。一般来说，农民现在还存在"传宗接代"和"养儿防老"等旧思想。在一些农村人民公社内，农民老了，基本上仍然要依靠子女供养，子女多些，这个家长到了老年不能劳动时，经济条件会好一些。但是只要集体农业经济大大发展起来，只要公社有着较多的公益金和养老基金，那么，农民追求多子多孙的想法，是会改变的。还有一个思想问题，那就是"重男轻女"。这些思想状况不改变，计划生育的工作，是会受到障碍的。

在这里，有经济方面的问题，也有思想认识方面的问题。要解决这些问题单靠行政命令是不行的，更重要的是要做好思想工作，特别要在经济方面，有着合理的措施。这都需要我们长期不懈的努力。

（原载《经济学动态》1979 年第 1 期）

有关我国社会主义现代化建设的几个问题

一

在打倒了"四人帮"之后，以华国锋同志为首的党中央，领导全国人民，在 20 世纪的最后 20 年内，实现农业、工业、国防和科学技术的现代化。实现了四个现代化，我国的社会主义生产关系和无产阶级专政，就能够获得一个坚实的强大的物质基础；全国人民的物质文化生活水平，就能够更有保证地得到逐步提高。因此，实现我国四个现代化，是完全符合国家和人民的根本利益的。

毛泽东同志和周恩来同志，不仅致力于变革半封建、半殖民地的生产关系，而且极其重视发展我国的社会生产力。中华人民共和国成立初期，在恢复了当时相当残破的国民经济之后，中国人民就在党的领导下，进行发展国民经济的第一个五年计划，实现一百多项重要工程的建设，取得很大的成绩。中华人民共和国成立前，全国钢的最高年产量不过九十多万吨，而在第一个五年计划结束的时候，全国钢产量，竟超过 500 万吨。这足以证明在变革了旧生产关系建立了新生产关系之后，只要抓得紧，生产力就能迅速发展。在第三届全国人民代表大会上，周恩来同志代表毛泽东同志提出了实现四个现代化的历史任务；在第四届全国人民代表大会上，周恩来同志又继续向全体代表和全国人民，提出这个伟大的历史任务，要为我国的社会主义制度和无产阶级专政打下一个巩固的、强大的经济基础。然而，在万恶的"四人帮"的干扰破坏之下，我国四个现代化的社会主义建设蓝图，当然没法实行。只有打倒了"四人帮"，中国人民才能在以华国锋同志为首的党中央的领导下，实现毛泽东同志和周恩来同志的遗志！

中国共产党领导的中国革命，首先是为了变革地主、买办的生产关系，建立社会主义的生产关系；而这样做的目的，就是发展我国的社会生产力。实践证明，否定了旧的生产关系，建立了新的生产关系，并不等于发展生产力的问题同时得到解决。因为生产关系虽然同生产力是密切联系的，但是，它们之间，又有明确的区别。斯大林说道："生产力的状况所回答的问题是人们用怎样的生产工具生产他们所必需的物质资料，生产关系的状况所回答的则是另一个问题：生产资料（土地、森林、水流、矿源、原料、生产工具、生产建筑物、交通工具、通信工具等）归谁所有，生产资料由谁支配——由全社会支配，还是由个人、集团和阶级支配并且被用来剥削其他的个人、集团和阶级。"[①] 由此可见，发展生产力，是解决人同自然的矛盾的问题；而变革生产关系，则是解决生产资料由谁支配、被谁占有的问题。生产力和生产关系的状况既然并不相同，那么，解决它们的矛盾的方式，必须有所区别，而不能混为一谈。决不能用解决生产关系的斗争方式，去处理发展生产力的问题，决不能认为旧的生产关系一经变革，新的生产关系一经建立，社会生产力就会自发地发展起来。林彪、"四人帮"极"左"路线的特点之一，就是用变革生产关系的斗争方式，去代替人们同自然斗争的方式，就是用变革生产关系的斗争，去代替、去否定生产力的发展。这是一种彻头彻尾的主观唯心主义，它同历史唯物主义，是完全对立的。

历史唯物主义告诉我们，生产力是生产中最活动、最革命的因素，它永远在推动着社会制度的前进。恩格斯在他的《共产主义

[①] 斯大林：《论辩证唯物主义和历史唯物主义》《列宁主义问题》，人民出版社 1964 年版，第 649 页。

原理》中说道："社会制度中的任何变化，所有制关系中的每一次变革，都是同旧的所有制关系不再相适应的新生产力发展的必然结果。"① 从人类社会发展史的长河来说，生产力的确在不断前进；一定的生产关系，到了不能适应新的生产力发展的时候，就会成为落后的东西，就会成为社会发展的障碍。但是，在一定历史条件之下，会不会出现生产力落后于生产关系的情况呢？我认为这种可能性是不能排除的。中华人民共和国成立以前，是一个半殖民地半封建国家，生产力是极其落后的，底子是极其菲薄的。在建立了社会主义的全民所有制和集体所有制之后，我国的社会生产力确实有着显著的发展。但是，由于旧中国所遗留下来的这菲薄得可怜的底子，使我国的生产力发展水平，很难不受到限制，很难在一个短促的时期内急速地发展起来，成为先进的社会主义生产关系的强有力的物质基础。如果把我国的社会主义生产关系同资本主义生产关系比较，那是先进得多的，因为社会主义否定了生产的社会性同资本主义私人占有之间的矛盾，否定了资本家对于劳动群众的剥削，否定了整个社会的生产无政府状态。但若把我国的生产力发展水平，去同它们比较，那是相当落后的。我们的科学技术水平同它们的科学技术水平的差距，是相当大的。作为一个唯物主义者，我们必须正视这个矛盾。正是这个没法回避的矛盾，要求我们发愤图强，决心在 20 世纪内，实现农业、工业、国防和科学技术现代化，克服我国在科学技术和社会生产力方面的落后状态，使我国的社会生产力能够在这个先进的社会主义生产关系的条件下，健步地发展起来。

有些同志担心"先进的社会主义制度同落后生产力之间的矛盾"的提法，易于被人误解为我们的生产关系已经超越阶段地跑在生产力的前面；甚至有可能被人曲解为我们的生产关系可以不顾生产力发展水平的状况，而经常变革。但实际上这种情况是存在着

---

① 《马克思恩格斯选集》第一卷，人民出版社 1972 年版，第 218 页。

的。这种无视生产力发展水平而经常地盲目地改变生产关系的看法和做法，在思想方法上，就是把生产力同生产关系的相互关系，一刀两断地切开。这难道是合乎马克思主义的吗？马克思在《〈政治经济学批判〉序言》中说道："无论哪一个社会形态，在它们所能容纳的全部生产力发挥出来以前，是决不会灭亡的；而新的更高的生产关系，在它存在的物质条件在旧社会的胎胞里成熟以前，是决不会出现的。"① 马克思的这一段话指的是新旧社会形态的变革；但是，对于社会主义制度内，小集体到大集体的过渡，集体所有制到全民所有制的过渡，还是具有重大的实际意义的。在我们的实际生活中，脱离生产力而经常改变生产关系的做法，难道是少见的吗？有些地区，当生产队正在适应生产力发展的时候，当生产大队作为基本核算单位的条件尚未成熟的时候，"长官意志"却压迫生产队搞"穷过渡"，这难道不是用"拔苗助长"的办法去破坏生产关系一定要适合生产力发展规律吗？

在一定条件下，生产力落后于生产关系（如现在我国的社会主义生产关系）的提法，是不是同斯大林所强调的"生产力是生产中最活动、最革命的因素"的提法发生矛盾呢？我认为，生产力落后于（社会主义）生产关系，只是在一定的条件下，而不是指整个人类社会发展史都是如此。另外，生产力既然是最活动、最革命的因素，那么，只要我们下决心赶快发展生产，积极地搞好农业、工业、国防和科学技术的现代化，这能够在不长的期间里把我国生产力原来的落后状态根本改变过来。

以华国锋同志为首的党中央，已经号召全党全国人民，要把工作着重点转移到社会主义现代化建设上来，明确地指出当前以及今后相当长的一个历史时期，我们的主要任务，就是有系统地、有计划地进行社会主义现代化建设，实现农业、工业、国防和科学技术的现代化。这个英明的决定，使我们不但能够较快地克服落后于生

① 《马克思恩格斯选集》第二卷，人民出版社1972年版，第83页。

产关系的生产力，而且能够高速度地发展我国的生产力，进一步显示出我国社会主义生产关系适合生产力发展的优越性！

二

党中央和国务院决定：从 1979 年起，要集中三年的时间，搞好国民经济的调整、改革、整顿、提高。华国锋同志在第五届全国人民代表大会第二次会议的报告中，明确地指出："这是我们把工作着重点转移到社会主义现代化建设上来之后，实现四个现代化的第一个战役"。

在调整、改革、整顿、提高的八字方针中，主要环节是调整。粉碎"四人帮"之后的两年，原来被他们破坏得濒于崩溃的国民经济，得到了恢复和发展。1978 年的粮食总产量超过了历史的最高水平；工业方面，按产量计算的钢铁、煤炭、原油、发电量、化肥、化学纤维和铁路运输量，也都有大幅度的增长。跟着工农业生产的发展，商品零售总额、进出口贸易总额、财政收入的增长幅度，在过去两年里，也有可喜的成绩。跟着国民经济的恢复与发展，人民群众的生活，也得到了初步的改善。这种情况，是过去十多年来所没有过的。那么，为什么还要进行调整呢？一是"四人帮"对我国国民经济的疯狂破坏，不但使我国的社会主义工农业的生产，陷入停滞衰退；而且使各个生产部门之间的比例关系，陷入严重的失调。当生产陷入停滞、衰退的时候，失调的问题，是显得不突出的，到了国民经济的恢复和发展取得成绩的时候，失调的问题，就必然暴露出来了。二是在打倒了"四人帮"之后，各条战线的干部和职工，迸发了对于社会主义建设的热情，于是就出现了齐头并进争先恐后的现象。大家都想要把过去十年被林彪、"四人帮"破坏所损失的时间，很快夺取回来，于是就出现步子迈得过大的现象。这些现象的主要特点，就是一个盲目的积极性。某些干部的这种盲目的积极性，极不利于有计划地进行社会主义现代化建设，极不利于社会主义生产的按比例、高速度发展。如果让某些干部的盲目积极性继续下去，如果让各个经济部门之间的比例失调继续下去，我国的有系统、有计划的社会主义生产和现代化建设，就会受到干扰而不能大步前进。在这种情况之下，怎能不认真地进行调整呢？

当前国民经济比例关系的失调，突出表现在农业生产的增长不能适应工业增长的需要，有时甚至难于满足人口增长的需要；而在农业内部，在农、林、牧、副、渔之间，单打一地用粮食去否定林、牧、副、渔的全面发展。在工业内部，轻纺工业的产品，在数量上不仅落后于市场的需要，而且在投资、在电力的供应等方面，大大地落后于重工业。在重工业内部，煤炭、石油、电力和交通运输的发展，虽然比较快，仍然落后于国民经济发展的需要，也仍然落后于钢铁的发展。各个工业部门内部也存在着失调的现象，煤矿内部的采掘，就是一个例子。基本建设战线拉得过长，齐头并进的项目搞得过多，而基建材料的供应，又远远落后于基建的需要，这种失调使许多工程长期不能形成生产能力。在国民收入的分配中，还有一个积累基金的比例占得较大而消费基金的比例占得较小的问题。积累和消费的失调，严重地影响人民生活的逐步改善，严重地影响了职工群众的社会主义生产积极性。所有这些，要求我们必须认真进行调整，要求我们必须集中力量把农业搞上去，必须大力加快轻纺工业的发展，必须大力加强煤炭、石油、电力、交通运输和建筑材料工业的增长，必须在生产发展的基础上，增加消费基金，逐步提高人民的生活。只有这样，我们才能实现有计划、按比例的社会主义生产和社会主义建设。

在另一方面，我们所说的调整，是有上有下，有进有退的。只有该下的下了，该退的退了，该上的才能上去，该进的才能前进。我们必须客观地承认我国现有的燃料、动力、原材料"供应"不了现有的35万个工业企业这个基本事实。根据这个基本事实，就必须实事求是地处理一批企业。例如，那些盲目发展起来、消耗高得出奇的"煤老虎""电老虎";那些重复设厂,产品供过于求的加工工业;那些盲目发展起来的、原材料没有来源、同大工业争原料的企业;那些产品质量低劣,没有销路、长期亏损的企业;等等。很明显,如果让这些企业继续存在下去,那就是在继续打消耗战,那就是"谁也吃不饱,谁也干不好",怎能谈到高速度呢?

我们讲调整,就是针对着林彪、"四人帮"长期干扰破坏所造成的国民经济比例失调的状况,自觉地调整比例关系,限制那种由盲目发展所形成的混乱,使农轻重各部门之间能够比较协调地向前发展,使积累和消费之间能够保持合理比例。而所有这些,正是国民经济有计划、按比例发展规律所要求的。

根据中央的决定,调整是目前我们国民经济全局的关键。但是,它同改革、整顿、提高三个方面是相互联系、相互促进的。我们讲改革,就是要改革那些不适应生产力发展的经济管理体制和经营管理方法;我们讲整顿,就是要整顿那些存在着不合理的生产秩序和管理秩序的企业;我们讲提高,就是为了使国民经济各部门的生产水平、技术水平和管理水平不断提高起来。调整、改革、整顿、提高四个方面,是不可分割的,是一个严密的整体。只要认真贯彻这个八字方针,我国的国民经济发展水平和科学技术水平,就一定会大大地提高起来,为下一步大规模的社会主义现代化建设,奠定巩固的物质基础。

调整、改革、整顿、提高方针是对现在已经建立起来的 35 万个工业企业而言的。我们必须以现有的工矿企业作为整顿、提高的对象,要使这些企业的生产设备发挥出更大的作用来。但是,重视原有设备,并不否定我们从外国引进新技术,以至借用资金。这就是说,为了加快实现四个现代化,必须在坚持独立自主、自力更生的前提下,努力学习一切外国的好东西,有选择地引进我们迫切需要的先进技术以及吸收国外资金。实践将会使我们越来越认识到,有计划地引进外国先进技术和利用外国资金,同我国最近三年内实行的调整、改革、整顿、提高的方针,不但没有矛盾,而且具有相互促进的重要作用。

在 20 世纪 60 年代初期，我国也实行过调整、巩固、充实、提高的方针。那时的八字方针同现在的八字方针一样，都是以调整作为关键，但是，提出八字方针的条件却并不相同。60 年代初期之所以提出以调整为关键的八字方针，是从当时的实际情况出发的。在 1958 年的"大跃进"中，由于刮了"共产风""浮夸风"，由于搞了"高指标""瞎指挥"，正在发展的社会主义工农业生产，受到了破坏，第一个五年计划在国民经济各部门之间所形成的比较协调的比例关系，也遭受了破坏；再加上苏联的撤退专家、撕毁合同和严重的自然灾害的袭击，我国国民经济在 50 年代末和 60 年代初，就出现了严重的困难。针对当时那种困难的局面，党中央果断地采取了调整、巩固、充实、提高的八字方针。经过全党和全国人民的努力，国民经济就迅速地得到恢复和发展，克服了 1959—1961 年的困难。1963—1965 年工业平均每年增长 17.9%；农业平均每年增长 11.1%。从 1965 年开始，我国国民经济出现了蓬勃发展，大步前进的形势。如果没有林彪、"四人帮"的十年（1966—1976）大破坏，那么，我国国民经济的发展，比现在不知要高出多少倍！活生生的事实证明：在社会主义条件下，由于这样或那样的原因而在国民经济各部门间所造成的比例失调，是可以经过社会主义制度本身，经过切合实际的计划来实现调整的。这一点，是资本主义社会根本办不到的。在资本主义社会里，由于生产社会化同生产资料的资本家占有之间的矛盾，由于整个资本主义生产的无政府状态，尽管每个企业、每个垄断资本集团有科学的管理方法和内部计划，但整个社会生产是谈不到计划调节，谈不到自觉的全面调整，也不可能逃脱周期性的经济危机的袭击的！这一点也恰恰说明了社会主义制度的优越性。

三

在我国，要在 20 世纪最后的 20 年里，实现农业、工业、国防和科学技术的现代化，会不会遇到困难呢？要在最近这三年内，实现调整、改革、整顿、提高的方针，会不会遇到困难呢？作为一个唯物论者，对于我们在新长征的道路上的困难，是必须有足够的估计，足够的认识的。

总的说来，我国要实现四个现代化的困难，是人口多，底子薄。人是生产者又是消费者。人口多、劳动力多，在一定条件下，可以说是一件好事。但是，人口太多，而工农业生产跟不上，"就学"紧张，"就业"紧张，衣食住也同样紧张，那就会成为国家的沉重负担。不仅如此，工农业生产的现代化程度越是提高，企业的技术有机构成也越是提高，从而对劳动力的需要就会越来越减少。这岂不是说，人口的急速增长同社会主义的现代化建设是矛盾的吗？现在，我国人口已经超过 9 亿，如果不切切实实控制其增长，那就会加深人口同四个现代化的矛盾。我们是社会主义国家，既要有计划地实现现代化建设；又不能像资本主义社会一样，可以让大量的失业后备军长期地经常地继续存在；这个困难是尖锐地摆在我们眼前的。

所谓底子薄，不仅指工农业发展水平不高和社会产品可供量不足；而且指科学技术水平不高和科学技术人才不足。中华人民共和成立时，我们从国民党反动派接管到的是一个生产凋零、科技衰落的烂摊子。中华人民共和国成立初期的 17 年，由于中国共产党的领导和全国人民的努力，许多过去没有的生产部门开辟起来了，许多过去没有的现代化企业发展起来了，许多年轻的科技人才成长起来了，这是一个伟大的成绩。就是这样一个成绩，从 9 亿多人口的大国来说，是不相称的；同科学技术发达的国家比较，还是落后的。当然，由于 17 年的努力，我国的科学技术水平，同世界上科学技术发达国家的距离，已经缩短了。但是，林彪、"四人帮"和那个无恶不作的"顾问"的十年大破坏，把这个距离又拉长了。许多科学家和技术人员，竟被定为"反动权威"而横遭摧残，死的死了，老的老了；年青的一代，怕戴上"白专道路"的帽子而放弃对科技的学习和研究。底子这样薄，要在 20 世纪末实现四个现代化，这又是一个相当大的困难。

　　谈到打好四个现代化的第一仗，即在最近三年内实现调整、改革、整顿、提高八字方针，也不是没有困难的。困难不仅在于应下马的企业的干部和职工的安置，而且在于一些有关同志的阻力。有些同志，特别是有些领导干部思想不通，他们对调整的必要性和重要性认识不足。有的同志认为，过去两年工业发展，不是很快吗？计划的"缺口"多年来不是被肯定为积极平衡吗？按照老样子，继续大干快上好了，何必来这么一个调整呢？有的同志认为调整就是"刮下马风"，竟然大叫要坚决顶住。有的同志认为他的这个企业是自己辛辛苦苦经营起来的，关别人的可以，停自己的不行。有的同志还是坚持"为纲论"，不愿意正视比例失调的严重状况，不愿意缩短基本建设战线。一句话，这些同志就是要用"为纲论""重点论""单打一"去否定客观存在的比例失调。这些同志的看法和做法，同党中央的以调整为中心的八字方针的要求，同党中央要打好四个现代化的第一个战役的要求，是背道而驰的，应该迅速提高认识，坚决纠正错误做法，跟上形势的发展。

　　为了实现我国社会主义的现代化建设，为了打好四个现代化的第一个战役，正视客观存在的困难，是极其必要的。正视困难就是为了克服困难，而不是逃避困难。克服困难有没有条件呢？有没有可能呢？回答是肯定的。

　　第一，以华国锋同志为首的党中央，继承毛泽东同志和周恩来同志的遗志，坚决要实现社会主义的现代化建设，使社会主义生产关系和无产阶级专政的国家政权，得到一个坚强的物质基础。从生产关系同生产力的辩证关系来说，党中央的这一路线，是符合马克思主义的，也是符合我国当前客观实际的要求的。为了把我国国民经济逐步纳入持久的按比例的高速度发展的轨道，为了要打好四个现代化的第一个战役，党中央提出调整、改革、整顿、提高八字方针，也是符合马克思主义的，也是符合我国当前客观实际的要求的。只要我们坚决地执行党的路线和方针，做好调查研究，掌握经济规律，把党中央的要求同客观实际结合起来，实事求是提出合理的方案，那么，存在于我们面前的困难，就有可能逐步得到解决。

第二，要进行社会主义现代化建设，需要有一个安定团结的政治前提。首先，两年以来，特别是党的十一届三中全会以来，被林彪、"四人帮"及其一伙所制造的假案、冤案、错案，有绝大一部分已经得到平反。这一部分长期为革命出生入死而被打成所谓叛徒、特务的无辜的老党员、老干部，也就得到平反了。对林彪、"四人帮"的帮派体系，进行了清查工作，把这股猖獗十年，给中国人民带来深重灾难的反革命政治势力基本上摧毁了：对林彪、"四人帮"推行的反革命路线，对他们所宣扬的反革命谬论，也从各方面进行了比较深入的批判。这是我国政治上安定团结的一个必不可少的条件。其次，国内阶级关系有了根本的变化。继邓小平同志在去年全国科学大会上宣布知识分子是工人阶级、劳动人民的一部分之后，在1979年的人大和政协会议上，华国锋同志和邓小平同志宣布了"作为阶级的地主阶级、富农阶级已经消灭"，宣布了"作为阶级的资本家阶级也已经不存在"。经过近三十年的斗争和教育，这些阶级中间有劳动能力的绝大多数人已经改造为社会主义社会中自食其力的劳动者。这些被改造过来的人们，同工人、农民没有根本的利害冲突，建设和发展社会主义事业已成为所有这些人的共同利益。这是中国人民在伟大的中国共产党领导下取得的伟大的历史性胜利。这个胜利，成为我国政治上安定团结的又一保证。最后，在中共十一届三中全会之后，特别在五届人大二次会议之后，大力加强社会主义民主和社会主义法制。这是巩固我国由工人阶级领导的全体劳动人民当家做主的社会主义国家制度，巩固我国安定团结地进行社会主义现代化建设的政治基础，有利于发扬全体劳动人民在现代化建设中的积极性和创造性。有了安定团结作为政治前提，我们就能够群策群力，为解决社会主义现代化建设中的困难而共同奋斗！

第三，我国现在有 35 万个工业企业，根据调整、改革、整顿、提高的方针，对于那一部分盲目发展、并非生产必需的企业，对于那一部分产品质量低劣、长期亏损的企业，对于那一部分消耗高得出奇、成本没法下降的企业，对于那一部分重复设厂、专门同大工业争原料的企业，必须加以关、停、并、转。这么一来，我国的工业企业的数量虽然减少了，但是，经过整顿、改革和提高，它们的生产设备、技术水平和经营管理能力，必然会大大地提高起来。这几十万个经过整顿和改革的工业企业，将成为我国实现四个现代化的强有力的经济据点；将成为我国在三年调整后大规模实现社会主义现代化建设的工业主力军。

第四，打倒了"四人帮"之后，特别是在 1978 年全国科学大会之后，人心思上，人心思干，全国科学家、技术人员和广大青年学生，对于学习科学、研究科学已经蔚然成风。大家都有决心要把林彪、"四人帮"十年大破坏中的科研损失夺回来。在企业方面，经营管理的腐败现象暴露出来之后，有不少人就在研究如何解决这方面的问题。当然，这个"软件"问题，现在还不像"硬件"一样，受到普遍的重视，但是，重视"软件"的趋势，是一定会发展起来的。只要科学、技术人才大大发展了，只要经营管理的水平提高了，我们的社会主义现代化建设事业，就能够在不断克服困难中大步前进。

在中华人民共和国成立初期，美国杜鲁门政府干涉我们解放台湾，并且纠合许多国家对我进行封锁，中国人民面临的困难是不小的。就在那个时候，毛泽东同志向全国人民指出：我们"有困难，有办法，有希望"。在当前，在实现四个现代化中，在打好四个现代化的第一个战役中，我们虽然会面临这样或那样的困难，但是，我们是有条件能够逐步地把它们解决的。我们有办法实现社会主义的现代化建设，我们充满着信心，充满着希望，在经过许多克服困难的战斗之后，我们是一定能够取得四个现代化的胜利，实现社会主义现代化建设的成功的！

（原载《经济研究》1979 年第 9 期）

实现四化与生态经济学

生态经济学是生态学和经济学密切结合的科学。我们经常提到要搞好社会主义生产和社会主义建设，必须遵守自然规律和经济规律。关于经济规律，我们是比较了解的；关于自然规律那就要涉及许多自然科学。其中，生态规律（关于生态系统和生态平衡的规律）是比较基本的规律。

所谓生态经济学是从经济学的角度来研究生态学，是在生产建设的实践中来研究这门科学的作用，来研究它同经济学有着怎样的关系。

一

生态学研究的是生命系统与环境系统之间相互作用的规律及其原理。从生态学角度看，在经济学领域里，生命系统主要是指人类与环境的相互关系；当然，此中也包括有经济价值的动物和植物，同它们的环境相互关系的问题。所谓环境系统，根据生态学的含义，指的就是自然界的光、热、空气、水分以及各种有机和无机元素，彼此间的互相作用所共同构成的空间。动植物以及人类的生存和发展，是不可能离开这个环境系统的。我们的社会主义生产和社会主义建设，也是不可能离开这个环境系统的。

生命系统和环境系统在特定的空间组合，构成了"生态系统"。单就陆地来说，森林、草原、荒漠、山地，是自然生态系统；而农田、城市工矿区等，则构成人工生态系统。不论是自然生态系统也好，还是人工生态系统也好，作为主体的生物，只有与环境系统保持一定的平衡，才能生存，才能发展。

人类为了生存，需要粮食、畜产品、鱼类和菜蔬（还有衣着、用具等）。在这里，不仅人类同环境之间有生态平衡的问题，而且森林、庄稼、牲畜以及鱼类的生存，也有一个生态平衡的问题。

过去若干年的实践，证明那种不从当地的自然条件出发，不从当地区域生态特性的实际出发，而孤立地单从一地种植粮食，就会严重地破坏生态平衡。有的地方，在山腰上开荒。不但草根刨光，而且树木也砍尽，造成童山濯濯，形成水土严重流失和土地严重沙化，从而带来了灾难性的干旱和山洪的恶性循环。有的地方，为了增加耕地围海造田，其结果，田是造出来了，但没有解决淡水灌溉的问题，而海水是种不了田的。而且原来沿海的鱼类海产，也就濒于灭迹。没有考虑经济效果的盲目围海造田，是破坏生态平衡的一种形式。有的地方，进行了围湖造田，如作为长江吞吐口的洞庭湖，由于造了不少田，它的吞吐作用逐年降低了，这就使每年夏秋之间，上游洪峰一到，危险万状；两湖、安徽等地人民的安全岌岌不可终日。

只知道要扩大种田面积，从而抹杀农业与林业的相互关系，现在已成为一个全国性的重大问题。森林科学告诉我们：林木有繁茂的枝叶，能截留雨水，又有庞大的根系盘结土沙，因而有较强的保持水土、防风固沙的性能。森林是地球上生态系统中最重要的部分，是自然界物质和能量交换的重要枢纽。它能够调节气候，使天上水、地表水、地下水正常循环。下雨时，森林通过林冠和地面枯枝落叶层的截流，使天上降下的雨水缓缓渗入地下，五万亩森林所涵蓄的水量相当一座容量为 100 万立方米的小水库。因此，从长远的眼光来看，造林就是造粮。那种砍树种粮的做法，是一种反科学的蛮干。因为它破坏了生态系统，破坏了森林对于农业生产所起的积极作用。这种做法，口头上说是要增产粮食，而事实上，却在破坏生态平衡，从长期来看也在破坏粮食的增产。试问水土严重流失的地方，能够种出高产的庄稼来吗？

畜牧业的发展不仅有赖于肥美的草地，而且也有赖于林木的发展。林木发展了，气候和雨水得到调节，牲畜就有水可饮，有草可食。因此，森林不仅成为农业的天然屏障，而且成为畜牧业的天然屏障。农林牧之间的相互关系，是"生态系统"的重要问题。如果不从生态系统的原理出发，联系地去处理三者之间的关系，林木被砍光，牲畜得不到水草，而要求粮食在赤地千里上获得丰收，那只能是一种自欺欺人的幻想。

二

环境污染现在已经成为各大中城市的严重问题。由于工业的"三废"和噪声，环境系统中所增加的物质和能量超过了一定的限量，使生态系统的结构受到破坏，导致功能的失调。如果不及时处理，就有可能导致正常结构的瓦解，就有可能破坏生态体系的平衡。大家已经认识到城市污染的严重，但还要进一步认识到保护环境是以生态系统的理论作为它的最根本的依据。这也就是说，只有从生态系统理论出发，才能更加深刻地认识到环境污染的严重性。

工业化越发展，"三废"的问题越严重。许多城市，大气中充满着二氧化硫和二氧化碳，人们吸入肺部，融进血液，对于身体的健康，是极其有害的。这次在第五届全国人民代表大会第三次会议讨论中，上海就有一位代表大声疾呼，关于大气污染的问题。1977年该市市区降尘量每月每平方公里40吨，1979年降至33.7吨。但还是超过国际标准的2.5倍，最高地区超过国际标准100多倍。癌症的发病率，上海、北京、天津等七个城市相比，上海最高，将来宝钢建成之后，全厂每天要排放二氧化硫200多吨，一年七万多吨。这么一来，上海市的大气污染，就更加严重了。

关于废水的问题，对居民的危险也是极其严重的。上海水源污染严重，每天排出工业废水500多万吨，生活废水120万吨，两项共 620 万吨，全市每天未经处理的废水直接排入黄浦江及其支流的有 400 多万吨。黄浦江上游下来的水量平均每天达 800 多万吨。这位代表用形象的语言说，上海人每喝两杯水便有一杯水是污水。这还不包括 4300 多条船只每天排出的粪便 1030 吨。这些排入黄浦江的废水，流到长江下流，污染了下流的水，从而使下流水中的生物，也没法不受到影响。同时，随着潮汐的变化影响，这种污染的水，有可能溯流而上，流到镇江和扬州去。上海如此，天津等城市也都存在着"三废"污染的问题。

大城市是一个由多种成分构成的生态系统。大城市的人口问题不仅有文化、教育、社会活动等因素，而且还涉及物质、能量的生产、消费、它们的输入、输出和环境质量。在这里，有许多生态平衡和经济平衡等问题。这些问题客观存在，必须结合起来进行研究。上述的大气污染使作为主体的居民同适宜于生物的空气失去了平衡；河水的污染使作为主体的居民同他们所需要的供水失去了平衡；受到了污染的青菜、鱼类、鸡鸭等，同作为主体的居民，在合理地摄取食物营养上也失去了平衡。这不仅表现在这些副食品等物品的数量上，而且也表现在它们的质量上。因此，使人们的生产和生活受到相当大的影响。

三

我国多年来的基本建设计划，因为层层加码，计划外项目也没有控制，战线拉得过长，成为国家和人民的一个沉重负担。如果这些基建单位，能够按期生产产品（使用价值），那也不错，可惜的是，有不少基建项目成为"胡子工程"，长期耗费国家的人力、物力和财力。有不少基建单位因为厂址选择不当，对环境起了不良作用。例如北京的纺织部门在四季青人民公社建立纺纱染印厂，这个厂如果建成投产，北京居民就得饮用那些从处于西北高地的纺织印染厂流下来的含毒废水。因此，基本建设的厂址选择是一个关系到生态平衡的问题。厂址如果选择得不好，将来建成开工之后，"三废"就会大量增加，环境系统中所增加的物质和能量，就会超过一定限度，生态系统的结构，就没法不受到破坏；工厂四周的空气和河水、湖水就要受到污染；附近居民就要每天吸满含毒的空气而致病。

为了实现社会主义的四个现代化，有计划地进行基本建设是必不可少的，而且年年将会有增加。现在的问题，第一是要实实在在地缩短基建战线，集中精力打歼灭战，加快建设第一速度，使基建工程项目能按期投产；第二是要设备配套，才能发挥作用；第三是加强组织管理尽快达到生产能力，早日为国家生产物质财富；第四是设计生产的产品都要合乎市场需要，不至于建成后产品遭到淘汰而不能生产。除以上所述之外，更重要的是厂址选择要考虑到生态系统平衡的原理，避免选点不当，破坏生态平衡。这样也就可以不犯浪费国家财力、物力和人力的错误。

四

生态平衡的规律同经济领域中的一些规律，是息息相关的。实践证明，生态平衡规律如果遭到破坏，许多经济规律便没法不受影响。首先，生态平衡遭受破坏的结果，必然会使社会主义基本经济规律受到影响。因为社会主义基本经济规律的基本点，就是要高度发展生产，以满足人民和社会的需要。生态平衡如果遭受破坏，人体所需要的空气和食品就会受到污染，原来为人民所需要的物品也会感到奇缺。其次，破坏生态平衡的结果，必然会使社会各个生产部门的比例关系受到影响，因为生态平衡在实质上具有要求各部门的比例关系保持平衡的意义。如果生态平衡被破坏了，各部门间的比例关系就不能保持。就要影响到国民经济有计划、按比例发展的规律。最后，破坏生态平衡的结果，也会使社会生产某种产品所需要的社会必要劳动量（从整个部门来说）起变化，使这个部门的商品的价值或价格，因货源减少、供应紧张而发生波动。

生态经济学要求我们在社会主义生产和社会主义建设中不仅要从生产建设自身的经济效果方面看问题，而且要从生态系统与环境系统的相互关系上处理问题。这就是说，生产建设必须从全局着眼，从长远打算，不仅为了当前的利益，而且也为了长远的利益。生态经济学要求我们合理利用生物资源，必须保持生物的基本数量及一定的年龄和性别的比例，无论在森林采伐上，还是在渔业捕捞、草场放牧和有经济价值的鸟兽狩猎上等，都必须遵循这个生态经济学的基本原则。对于种田，也存在着这个问题。多年来不适当的密植、粮食生产不顾条件的一季改二季或二季改三季等，使加进去的肥料抵不上土地肥力的支出，地力长期不得休息，生态平衡受到破坏。在此情况下，要希望以较低的耗费，长期取得最大的经济利益，那是难乎其难的。

生态学家的话是合乎事实的：生物依赖环境系统源源不断地供给它所需要的营养物质和适宜的空间。有了这些条件，生物才得以不停地生长、发育和繁衍。作为主体的生物系统同环境系统之间存在着一种对立统一的辩证关系，它们是互相依赖、互相制约、互相作用、互相影响的。如果破坏了环境系统，那么作为主体的生物系统，也就无所依赖。生物特别是人类，从环境系统中取得其所需要的资料，以维持生存和发展。在保持生态平衡的条件下，两者是统一的，一致的。如果生物系统破坏了生态平衡那就要出现矛盾。生物系统对于环境系统的利用，一般说是处于主动的地位。但是，这种主动是有限度的，如果过分地突出生物的主动作用，超过客观许可的一定限度，就会破坏生态平衡，就会在生物系统与环境系统间发生矛盾。但是实践也证明受了破坏的生态平衡，也是能够经过人们的努力而得到调整恢复的。英国泰晤士河在马克思时代是以其臭不可闻的特点闻名于世的。但是，最近二三十年这条河的河水因为得到治理而变清，以至河里可以养鱼了。

在生态平衡与经济平衡之间，主导的一面，一般说，应该是前者。因为生态平衡如果受到破坏，这种破坏的损失就要落在经济的身上。例如水土流失、粮食歉收、牲畜死亡、鱼类中毒或绝迹等，都是经济上的损失。当然，那种不考虑经济规律的做法，也会引起生态平衡的破坏。例如，毁林开荒，原来的目的是要增加粮食生产，但是实践的结果却是生态平衡的大破坏。生态保持平衡（作为主体的生物系统同它的环境之间的平衡）是自然界（不仅包括动植物，而且包括了人类）的客观规律。我们要进行社会主义建设和社会主义生产，要在 20 世纪末实现现代化。如果不遵守自然界的生态平衡规律，那就很难取得预想的效果。因此，生态经济学要求我们在社会主义建设和社会主义生产中，对于一个生产基地的建设，对于一个工厂的选址，对于一个城市的生产、流通以及消费的安排，都要进行周详的调查研究，都要考虑它的前后左右，并且如上所述，不但要看到它的眼前，而且要考虑到它的明天，它的后果。只有这样，我们才不会盲目地浪费国家和人民的人力、物力和财力，才能长期地用较少的耗费取得较大的收获，也才能对得起我们的子孙后代。

可能有人说，生态经济学对于生产建设提出的清规戒律那么多，岂不成为生产建设的阻碍？我认为，自然界的生态平衡规律是客观存在的，经济方面的许多经济规律也是客观存在的。说明这些客观规律的存在，绝不是为了阻碍社会主义的生产建设，而是为了正确地搞好我国的社会主义生产和社会主义建设，正是为了用最少的人力、物力、财力去取得最优的经济效果。

西方有些学者看到资本主义工业生产的发展，破坏了生态的平衡，因而提出了否定工业化、现代化的主张。他们认为大工业带来了一系列的公害，造成能源枯竭、环境污染、生态平衡破坏，等等。到如今，人们已经没有能力扭转这种平衡的破坏了。因此，他们就来一个向后转，主张回到手工业时代，以至回到自然生活的"原始组织"去。资本主义工业化引起能源日趋枯竭、环境日益污染，生态平衡破坏日益严重是客观存在的事实，这是谁也没法否定的。但是，难道世界的末日到来了吗？西方这些学者们是片面地去看待这个问题的。按照他们的说法，好像生态平衡的破坏是绝对不能恢复的，好像人类的前途只有悲观失望而无法改善。这是哪里来的根据呢？事实已经初步证明，今后还要证明，人是有能力、有条件通过科学技术的设施去削弱以至消灭"三废"危害的；人们是能够通过广植森林的方法，去制止水土流失以恢复天上水、地上水和地下水的顺畅循环的。至于能源，人们已经着手于原子能的应用了；太阳能和沼能的利用，虽然还在试验阶段，但是，成功的前途是不能够怀疑的。西方某些学者主张要保持生态平衡，是值得赞许的。但是他们要把手工业作为医治生态平衡失调的药方，要人们的社会生活回到"原始组织"去，那是不能不加以反对的。因为这分明是一种开倒车的办法，是一种违背历史唯物主义，违背人类社会发展规律的思想。对于正在致力于实现社会主义现代化建设的中国人民，这种复古倒退思想是不能接受的，因为它会使我们的思想发生混乱，也会使我们实现四个现代化的步调发生混乱。

生态经济学在世界上还是一门年轻的科学。这门科学在国外已经进入数量分析和理论说明的阶段。为了实现四个现代化，我们必须赶上去。希望理论界的同志们和各生产部门从事实际业务工作的同志们，研究生物学、生态学的同志们和研究经济科学的同志们通力协作，把这门科学建立起来，积极开展研究工作，为四个现代化建设作出贡献。

（原载《经济研究》1980 年第 11 期）

关于人口科学的几个问题 *

一

马克思在分析资本主义积累过程中资本有机构成越来越提高的时候，指出资本主义积累会不断产生出，并且正好是比例于它的力量和数量，不断产生出一个相对的，超越于资本平均价值增殖需要，从而过剩或者过多的劳动人口。他又进一步指出，劳动人口在他们生出资本的积累时，将会按愈益加大的范围，生出各种手段，致使他们自己变为相对多余的人口。这就是资本主义生产方式所特有的一个人口规律。事实上，历史上每一个特殊的生产方式都有它的特殊的历史上适用的人口规律。抽象的人口规律，不过存在于历史上没有受过人类干涉的动植物界。马克思所发现的资本主义社会的人口规律，为我们建立社会主义人口科学，提供了一把开门的钥匙。

社会主义制度同资本主义制度是对立的、矛盾的。两个社会制度下的人口理论也必然是不相同的。我们决不能把资本主义社会的人口规律，作为社会主义社会人口规律的根据。社会主义革命和社会主义生产方式的建立，否定了资本主义制度所特有的人口规律。社会主义社会是以生产资料的社会主义公有制作为经济基础的，社

---

* 本文是作者 1981 年 2 月 21 日在全国第三次人口科学讨论会开幕式上的讲话。

会主义生产方式否定了人对人的剥削，无产阶级专政的社会主义国家，代表了劳动人民的整体利益和长远利益。在这种情况之下，社会生产内部的无政府状态将为有计划的自觉的组织所代替。这就是说，在社会主义制度之下，人口的增长或控制，将不复作为异己的、支配着人们的自然规律与人们相对立，而是将被人们的自觉的计划所掌握，将被人们熟练地运用起来。

社会主义的人口规律，就是在社会主义生产方式之下人口计划化的必然性。我认为这种必然性是同社会主义基本经济规律和国民经济有计划按比例发展规律的要求分不开的。

社会主义基本经济规律的要求，概括说来，是在社会生产力发展的基础上，以日益丰富的物质财富（当然包括生活资料），满足人民日益增长的物质、文化生活的需要。在这里，我们必须认识到社会主义是共产主义的低级阶段，物质财富的生产还受到不很高的社会生产力的限制，还受到社会所能提供的物质财富还未达到极大丰富的程度的限制；同时，还必须认识到社会主义经济越发展，技术有机构成越提高，其所需要的非熟练劳动力的相对量就会逐步减少。基于上述原因，要在社会主义制度下实现满足人民的物质文化生活的需要，就不能仅仅从提高社会生产力、发展国民经济方面做艰苦的工作，而且还必须从有计划地控制人口的增长方面做艰苦的工作，这就是我们现在所说的两种生产一齐抓。这是很明白的事情，漫无限制地让人口急速增加，必然会把每年增长的物质财富，被新生的人口所消费，从而必然会使满足人民的物质文化生活的目的受到影响，以至难于实现。因此，漫无限制地增加人口，是实现社会主义基本经济规律的一种严重障碍。从社会主义基本经济规律的要求出发，人口增长的计划化，不仅是必要的，而且是必然的。这种必然性，要求我们对于物质生产和人类自身生产全面地加以掌握。

众所周知，在社会主义制度里，国民经济有计划、按比例发展规律在发生作用。本来在资本主义社会里，各个生产部门的生产，早就存在着比例关系，只是因为资本主义生产是盲目的无政府状态的生产，因而，从整个国家来说，按比例，有计划都没法实现。到了社会主义社会，由于生产资料公有制的实现（或者说，在国民经济各种成分中，生产资料公有制占着绝对优势的统治地位），国民经济有计划按比例发展规律才有可能实现。生产资料公有制的建立，使人们有可能把社会生产同社会需要联结起来，有可能根据社会的各种需要，按比例地去制订生产计划。在这里，所谓社会需要，归根到底就是作为消费者的人的需要，因而人口的增长，必然要同国民经济的发展水平相适应。在社会主义制度里，国民经济有计划按比例发展规律既然使人们能够实现物质再生产的计划化，那么，它也就能够使人类本身的再生产实现计划化。人口的增长如果失去了控制，那么，社会生产和社会需要之间的平衡就必然会被打乱；从而，国民经济各部门之间的比例关系也就必然会失去平衡。由此可见，人口和物质资料生产之间的比例关系，是国民经济有计划按比例发展规律中一个重要侧面，甚至可以说是基本的比例关系。这就证明：从国民经济有计划、按比例发展规律的要求出发，人口增长的计划化不仅是必要的，而且是必然的。人类自身生产的增长必须同物质生产的发展相互适应。

有人把我们的人口计划化同马尔萨斯主义混为一谈，有人则把我们的人口增长计划化同新马尔萨斯主义混为一谈。关于马尔萨斯主义的反科学的实质，马克思已经做了一针见血的揭露与批判。关于新马尔萨斯主义，我们的人口增长计划化，同它的限制人口，虽然有一些类似之处，但在目的性上，在对人口的看法上是存在着根本的区别的。

（一）新马尔萨斯主义是以维护资本主义制度作为目的，而我国的人口理论和人口政策则是以巩固社会主义制度作为目的，是以实现社会主义的现代化建设作为任务。

（二）新马尔萨斯主义对于人口的看法有着严重的片面性。它只看见人是消费者，而抹杀了人同时又是生产者。从这一点出发，它只看见人口增加的压力，而抹杀了在逐步控制人口增长的过程中，向生产的广度和深度进军的可能性。事实上，人是生产者和消费者的统一体。只看见人是生产者而忘记人又是消费者的观点是片面性的观点，因而是错误的。同时，只看见人是消费者而抹杀人又是生产者的观点也是片面性的，也是错误的。新马尔萨斯主义的错误就在于它只看见人是消费者的一面。

（三）新马尔萨斯主义同马尔萨斯一样，都把资本主义社会的"人口过剩"归罪于劳动人民，都认为被资本家榨取剩余价值的劳动人民不仅应该乖乖接受榨取，而且要承担"不负责任"地繁殖人口的罪名。

新马尔萨斯主义的可以批评的论点当然不仅仅只有这几点。但是，仅就这几点就可看出，我们的人口理论和人口政策，在实质上是同新马尔萨斯主义有着严格区别的。怎能把我国的人口政策同新马尔萨斯主义混为一谈呢？怎能抹杀我国的人口政策是以马克思主义作为根据，以社会主义生产方式作为基础的特点呢？我们要理直气壮地进行工作，决不能因为我们的人口政策同新马尔萨斯主义有某些相同之处而感到气馁。

二

现在，谈一谈关于控制我国人口增长的一些有关的理论问题。

1980 年 9 月 25 日，党中央发表了关于控制我国人口增长问题致全体党员和团员的公开信，号召党员和团员要以身作则，响应国务院的号召，带动全国人民，从现在起，用三四十年特别是最近二十年的时间，普遍地实现一对夫妇只生育一个孩子。这是一项关系到四个现代化建设的前途，关系到子孙后代的健康和幸福，关系到全国人民的长远利益和当前利益的重大措施。作为人口理论工作者，有责任使用我们的理论武器——马列主义，来为党的这个人口政策和措施服务。现在，我从马克思主义的观点，来说明在现阶段的中国，控制人口增长的必要性。

控制人口增长，提倡一对夫妻只生一个孩子的号召，是会为我国大多数人所接受的。但是，在认识上，还有一些人对此仍然会有抵触。在旧社会，"多子多孙"被认为是一个家庭的福运；在中华人民共和国成立以后的新社会，则又存在着"人多好办事"的说法。从表面来说，人多固然好办事，但也不一定"好办事"。如前所说，人是一个生产者，又是一个消费者。作为生产者的人，和作为消费者的人，是对立的统一。如果只看见他（她）作为生产者的一面，而忽视他（她）作为消费者的一面，对于人口问题就会得出片面性的结论。事实证明：人口增长太快，在吃饭、穿衣、住房、交通、教育、卫生、就业等方面，都会遇到越来越大的困难。

由于三十年来，我国人口增长较快，人口年龄构成轻，人口总数已近 10 亿。这种情况同国民经济发展之间，存在着一系列的矛盾：

（一）总人口同生活资料的增长，明显地表现了两者之间的失调。从 1952 年至 1978 年，我国消费基金增长 2.9 倍，平均每年增长 5.4%。同期，人口增长 66.7%，按人口平均的消费额，只增长 1.3 倍，平均每年增长 3.2%。每年新增加的消费额，有 60% 左右是用在满足当年新增加的人口的需要上，用在满足原有居民需要的部分，只占 40% 左右。这种情况证明，人民的生活水平的提高，受到人口增长过快的限制。我国有些产品的产量，如煤炭、粮食、布匹等在世界上是名列前茅的。但是，按人口一平均，便落在人家的后面了。如按人口平均粮食产量只有美国的 20.8%，只有西德的 74.8%，只有法国的 38.6%。有些经济作物，按人口平均的产量还有所降低，例如 1978 年平均每人占有的棉花为 4.52 斤，比 1952 年降低 0.2%；平均每人占有的油料为 9.5 斤，比 1952 年降低 26.9%；人口的急速增长，使生活资料的增长难于同它保持平衡。为了使人口的增长同生活资料的增长之间保持大致上的平衡，一方面固然要发展国民经济，增加生活资料的生产；同时，另一方面，有必要控制人口的增长。如果不是这样，生活资料的供应将会越来越紧张，而人民生活的改善和提高也会越来越受到限制。

（二）如果不控制人口的增长，那么劳动适龄人口同生产资料的增长之间也必然会产生不相适应的矛盾。目前，我国一个工业工人技术装备大约为 10000 元。而从 1952 年至 1977 年，平均每年新增固定资产不过 200 亿元，全部拿来解决就业，也只能吸收职工 200 万人。可是 1966 年以后新增加的劳动力（中华人民共和国成立后出生的），平均每年在 1700 万左右，比 1966 年以前新增加的劳动力（中华人民共和国成立前出生的），平均每年多出 500 万。按照这个速度来看，到 1990 年每年平均新增加的劳动力仍在 1450 万以上。1979 年和 1980 年安排了一千多万人就业，待业矛盾有所减轻。但是，如果每年待业的人数继续维持在 1450 万的水平上，待业矛盾不仅难于解决，而且会越来越尖锐。这种情况证明了我国现阶段控制人口的必要性。

不仅如此，随着社会主义现代化建设的发展，随着技术有机构成和劳动生产率的不断提高，对于熟练劳动力，特别是对于掌握科学技术的要求越来越高；而对于不懂科学技术的非熟练劳动力的要求，则越来越低。这样，直接从事物质资料生产的劳动力数量将会出现相对减少以至出现绝对减少的趋势。这种情况下要在现代化企业中，每年安排一千四五百万待业青年，困难是越来越大，矛盾是越来越尖锐的。我们固然要广开就业门路，但若不控制人口的增长，我们将会长期地没法摆脱这种被动局面。这种情况，也证明我国现阶段控制人口的必要性。

在农村，人口不断在增加，而耕地面积，由于工业企业和公路、铁路的发展，由于水土流失和沙化的不断扩大等原因，逐步在缩小。人口多、耕地少的矛盾将愈来愈突出。全国每人平均占有的耕地面积，已从中华人民共和国成立初期的每人 2 亩减至目前的每人 1.57 亩，东南沿海一些省份，每人平均只有几分地。耕地在减少，人口在增加，这就必然出现每个农业劳动力占有耕地面积越来越缩小的现象。1952 年每个农业劳动力负担的耕地面积是 9.3 亩，1977 年降到 5.1 亩。农业劳动力在一些地区，如广东的一些专区，已经出现轮流出工或妇女不出工的间歇待业的现象。要解决这个问题，当然要提倡家庭副业，提倡专职造林、护林，发展渔业、牧业等，但是，如果不控制农村人口的增长，四个现代化，特别是农业现代化，就没法不受到阻碍。这种情况，也证明我国现阶段控制人口的必要性。

（三）人口质量同现代化建设的需要之间的比例失调。要把我国建设成为现代化的社会主义强国，不仅必须提高全民族的健康水平，而且必须提高全民族的社会主义道德和科学文化水平，这就是说，必须提高"人口质量"。

当前，全国人口中具有大学文化水平的人约 520 万，占总人口的 0.5%；具有中学文化水平的人，占总人口的 22%。高中毕业生的开学率仅为 5%；初中毕业生升学率为 41%。1978 年每万人中在校大学生只有 9 人；在校中学生只有 692 人。这种情况，如果同经济文化发达的国家相比，是落后得相当可怕的。即使如此，师资、校舍、教学工具等，都还显得相当紧张。

除了教育方面的问题之外，住宅、卫生、交通等公共事业也都呈现紧张。这些方面的紧张，当然有经济方面的原因，多年来，我国在国民收入的分配上，积累所占比重，较诸消费所占比重要大得多；在积累内部，生产性建设的投资，较诸文教、卫生、职工住宅、公共交通等非生产性建设的投资也大得多。与此同时，全国人口在中华人民共和国成立以来，却在成倍地增长。这就必然引起教育、住宅、卫生和交通公共事业的日益紧张。在这里，教育事业的不足，直接影响青少年的德育智育的发展，而住宅、卫生以及营养等方面的落后，则影响儿童和成年人的身体素质。在这种情况之下，要提高我国人口的质量就会发生困难。

人口的急速增长，使国家难于为提高人口质量，提供条件。这就是说，在我国当前这种情况之下，人口数量的迅速增加，同人口质量的提高，是尖锐地矛盾着的。如果不坚决地控制人口的盲目增长，我们就很难谈到提高人口的质量。这种情况，也证明我国现阶段控制人口的必要性。

人口急速增长所带来的困难和矛盾，使我们的社会主义现代化建设和国民经济的发展，直接和间接地受到牵制而难于大步前进。面对这种情况，控制人口的必要性，还有什么可以怀疑的吗？

三

在社会主义制度里，特别是在我国现阶段，控制人口的盲目增长，明确地存在着必要性。那么，有没有可能性呢？无论从理论上，从实践上都证明：对人口增长进行计划控制的可能性是存在的。

恩格斯早在 1881 年给考茨基的信中，就这样说道："人类数量增多到必须为其增长规定一个限度的这种抽象可能性，当然是存在的。但是，如果说共产主义社会在将来某个时候不得不像已经对物的生产进行调整那样，同时也对人的生产进行调整，那么正是那个社会，而且只有那个社会，才能毫无困难地做到这点"。恩格斯这一段话的意思，指的是共产主义社会（社会主义社会是它的低级阶段），人们能够根据当时的情况，对人口的增长自觉地进行控制。如上所述，生产资料的社会主义公有制既然使我们能够实现物质生产的计划化，那么，它也就使人类本身的再生产有可能实现计划化。在这里，我们必须指出，社会主义制度下的控制人口具有如下两个特点：其一是有计划的；其二是自觉地进行的。在资本主义制度里，限制人口是各干各的，是在无政府状态中进行的，当然谈不到计划。而在我国，控制人口的盲目增长，则是在国家的整个计划下进行的。这是我们控制人口的盲目增长不同于资本主义国家的一个突出的区别。同时，在社会主义制度里的控制人口，是人们对于自身再生产的自觉行为。当然，这种自觉行为并不等于人们的自发行为。这就是说，实现人口控制，不仅需要在社会保险和安全避孕等方面逐步做大量的工作，而且需要我们对群众做细致而长期的宣传教育工作。这种长期的、细致的宣传教育工作，能够使广大群众对于控制生育，从不自觉变为自觉。而这种转变之所以可能，是因为有计划地控制人口的盲目增长，既是人民的长远利益，又是人民的眼前利益。

恩格斯在《家庭、私有制和国家的起源》的序言中又说道："根据唯物主义观点，历史中的决定性因素，归根结蒂是直接生活的生产和再生产。但是，生产本身又有两种。一方面是生活资料即食物、衣服、住房以及为此所必需的工具的生产；另一方面是人类自身的生产，即种的蕃衍"[①]。事实证明，物质资料的再生产，同人类自身的再生产，是密切地联系着的。离开了人类自身的再生产，就谈不到物质资料的再生产，而离开物质资料的再生产，人类就没法生活下去，延续下去。因此，两者之间必须相互适应。从人类自身的再生产来说，它必须适应物质生产，特别是生活资料生产的发展水平。在社会主义制度里，由于生产资料基本上实现了公有化，无产阶级国家能够实现物质生产的计划化；同样，通过无产阶级国家的领导与教育，控制人口盲目增长的计划生育，也就能够见诸实行，并逐步取得预期效果。

我国的实践证明，控制人口增长的政策，是收到了效果的。我国在 70 年代以前，人口出生基本没有控制，因而，人口出生率，每年平均达 30‰以上；而在同期，人口死亡率下降很快，婴儿死亡率下降更快；因而人口的自然增长率，从 1950 年的 19‰ 提高到 1965 年的 28.5‰。自从开展控制人口的工作以后，人口的出生率就逐步下降了。1971 年人口自然增长率为 23.4‰，1979 年下降至 11.2‰，9 年的时间自然增长率就降低一半；从绝对数来说，在这 9 年间，全国累计共少生婴儿 5600 多万人。这是一个可喜的成就。

---

① 《马克思恩格斯选集》第四卷，人民出版社 1972 年版，第 2 页。

目前，已有四川、上海、北京、天津、江苏、山西、河北、浙江 8 个省市的人口自然增长率，低到 10‰ 以内了。根据这种情况，控制人口增长，提倡一对夫妇只生一个孩子是可能的，是能够实现的。

据初步计算，从目前开始推行一对夫妇只生一个孩子的方针，到 2000 年全国总人口可能控制在 12 亿以内，那时人口自然增长率可能降低到零。这是我们要在 20 世纪末实现每人每年平均收入达到 1000 美元的"小康之家"的生活水平，是必不可少的条件。

四

实行控制人口，推行一对夫妇只生一个孩子的措施，会不会带来一些社会问题呢？我们应该承认，这个措施是不可能不带来一些问题的。但是，这些问题是能够逐步加以解决的。

有人忧心忡忡，担心将来因人口"老龄化"，会出现劳动力和兵源的不足，被抚养的人口增多，甚至出现两个劳动力养活四个老人和一个孩子，即所谓四二一的比例关系的问题。情况会不会达到这么严重程度呢？

关于"老龄化"问题。据我国人口问题研究工作者测算的数字，在 20 世纪内，"老龄化"问题很可能不会出现。因为当前全国人口约有一半以上是在 21 岁以下，65 岁以上的老年人不到 5%。当前老年人在总人口中所占比重是相当小的。至于占总人口一半以上的 20—30 岁的人，要成为老人，最快也得在 40 年以后。换句话说，在 20 世纪内的 20 年，我国总人口的一半以上，不存在"老龄化"，不存在劳动力、兵源不足以及抚养人口骤然增多等问题。在 21 世纪的头 20 年，这些问题也不严重。

关于劳动力和兵源，也不会出现急速下降的问题。现在我国约有 5 亿劳动力，预计 20 年后，还要增加到 6 亿；这就是说，到 21 世纪初期，每年还会增加一千多万个劳动力。这就是说，劳动力

（和兵源）不但不会在这 20—30 年内出现缺乏的问题；而且在这个期间，还会继续紧张。只有在 30 年后，紧张的人口增长问题才有可能缓和下来。到那时，一对夫妇只生一个孩子的措施，有可能不宜继续下去。这就是说，在 21 世纪的第一个 10 年之后，平均生育率有可能、有必要作适当的调整，作适当的提高，做到人口总数相对地稳定在一个比较合理的水平上。

实行一对夫妇只生育一个孩子，要到 40 年后，一些家庭会出现老人身边缺乏照顾的问题，但不一定会固定地出现四二一的比例关系，因为新陈代谢，老人是总不会在家庭中固定地占着 4/7 的。老人身边缺乏照顾的问题，在许多国家，包括许多经济发达的国家中也存在着。我国是社会主义国家，对于解决老人身边缺乏照顾的问题，有着比资本主义社会更为有利的条件。我国全民所有制企业的职工和国家机关工作人员，都已实行退休制度。有了退休制度，老年人就有条件得到照顾。当然，仅仅给予退休金，问题并没有完全解决，还有住宅的问题、生活服务的问题和看病住院的问题。只有妥善地解决这些问题，老有所养的问题，才算落实。

至于集体所有制职工和农村人民公社社员，现在还没有实行退休制度。根据当前的情况，集体所有制经济的优越性，同全民所有制相比，并无逊色。随着集体经济的发展，它们所能提供的社会保险基金，将会不断增加。如果在集体经济中工作的职工或社员，每月（或每半年）从工资或工分中提出一定量的货币，作为"保险储蓄"，把社员和集体经济中职工的保险储蓄，同集体单位所提供的基金，合在一起，也可能成为集体职工和社员年老的养老金，这当然要以集体经济的发展作为条件。只有妥善地解决"老有所养"的问题，才能从根本上解除群众的后顾之忧，只生一个孩子的措施才有现实的基础。"尊敬老人、爱护老人、供养老人，使他们过好晚年，是子女应尽的责任，也是我国社会的优良传统。我国人民一定要发扬这个优良传统。那种不供养父母甚至虐待父母的行为，应当受到批评，触犯法律的还要受到制裁"。

对于独生子女的教育问题，要给予应有的重视，不仅在入托、入学、就医，招工、招生、城市住房和农村住宅基地方面要照顾独生子女及其家庭，而且要使家庭和托儿所、学校合作，克服独生子女的娇生惯养的不良习气。做好独生子女的德育、智育和体育工作，这是保证我们的后代，在各行各业中能够挑起担子，继承上一辈的事业的严肃的任务。

要在我国做好计划生育的工作，必须对群众做好细致的思想工作。如果群众的思想不通，控制人口的工作就很难办好。例如，只看见人是生产者而忘记人同时又是消费者的片面看法；例如认为只要经济发展了，人口问题"自然解决"的观点，例如旧社会留下来的"多子多孙""重男轻女"的落后的传统看法等，如果不加以说服，计划生育、控制人口盲目增长的工作，就会遇到阻力，而难于迈步前进。

由于我国是社会主义国家，我国的计划生育是国家和人民的眼前利益和长远利益的结合，因而必定会受到全国大多数人民所拥护。因此，看见这一工作的困难一面，就悲观失望是没有根据的。同时，对于计划生育采取简单粗暴的办法，也是错误的，也是不容许的，因为简单粗暴的办法，只能给这一工作带来损失和破坏。

五

人口科学是一门边缘科学，确切地说是一门综合性的科学，它涉及的学科有社会学、经济学、医学、生态学、优生学、教育学等。从而人口科学的本身也包括许多侧面：如不同生产方式的人口规律及其理论问题；经济发展与人口的关系，即物质生产与人类自身生产的关系问题；人口思想问题；人口政策与计划生产的关系问题；人口统计与人口预测的问题；农村人口与农业现代化问题；城乡人口的教育与就业问题；少数民族地区的人口问题；人口地理问题；等等。这次会议所收到的论文，对于人口科学的各个侧面，几乎都有研究成果，这是一个使人感到十分高兴的事情。

不过，我国的人口科学还是一门比较年轻的科学。比较起来，经济发达的一些国家，在人口科学某些方面的研究上，可以说是走在我们前面的，而在人口统计与人口预测方面，这种情况更加突出。

由于社会制度之不同，我国的人口科学必然要有自己的特点。这就是说，以社会主义制度为前提的人口科学，在人口规律、人口理论和人口政策等方面，在立场和观点上，必然同以资本主义制度为前提的人口科学，有着根本性的区别。这也就是说，我国从事人口科学研究的同志，是有着广阔的天地，足以驰骋，足以钻研的。

（原载《经济研究》1981 年第 4 期）

论我国的社会主义制度

在学习《关于建国以来党的若干历史问题的决议》时，我深深地感觉有一个问题，必须明确地加以论证的。这就是"今天我国是不是已经建立了社会主义制度"。现在我就从经济的角度，来论证、来说明这个问题。

列宁曾经概括地指出，社会主义社会的基本点有二：一是生产资料的公有制；二是消费品实行按劳分配，今天的我国，在社会经济制度上，是不是存在着这两个基本点呢？

一 关于生产资料的社会主义公有制

生产资料的社会主义公有制，是社会主义社会的经济基础。中华人民共和国成立初期，由于没收了国民党四大家族的官僚资本，已经在全国范围内建立了以无产阶级领导的人民民主专政的国家政权为代表的社会主义国营经济。这个社会主义国营经济在现代化工矿交通企业中，占有相当大的比重，并且成为整个国民经济的领导成分。1952年冬，国家对于长期在华经营的外资企业，经过各种方式，改变为社会主义的国营经济；到1956年上半年，由于实现了全行业公私合营，原由民族资本所经营的资本主义工商业，也改造为全民所有制的国营企业了。可以这样说，在20世纪50年代，或者更确切地说，在1956年，全民所有制的国营经济基本上是建立起来了。当然，就现在的情况来看，由于没收官僚资本、由于处理外国在华资本和改造民族资本而形成的国营企业，只占其中的一小部分；大部分的社会主义国营企业，是二十多年来由中国人民用自己的双手建设起来的。这些企业都是属于全国人民所共有的，都是社会主义性质的经济。

现在我国的全民所有制企业，采取国营企业的形式。这就是说，全民所有制的企业是由人民民主专政的国家代表全体人民来经营，来管理的。生产资料社会主义公有制的产生同生产资料私有制不同。历史告诉我们，生产资料的私有制是自发地发生成长的；而生产资料的社会主义公有制（包括全民所有制与集体所有制），则是经过无产阶级的社会主义革命，经过对剥夺者的剥夺而建立起来的。既然生产资料的社会主义公有制（特别是全民所有制）是由人民民主专政的国家政权建立起来的，那么，这些建立起来的全民所有制企业，由这个代表人民的国家来管理，来经营，在理论上，在事实上，是必然的。当然，社会主义的全民所有制同国家所有制并不是完全一致的。到将来，当国家消灭之后，生产资料的全民所有制便不存在着由国家来代表，来管理，来经营的问题。在今天的我国，有些地方国营企业，甚至有些部管的国营企业，由于坚持本位利益，忽视整体利益，不仅损害了国营企业的性质，而且严重地损害了全民所有制的性质。说得严重一点，它们已经在一定程度上丧失了社会主义全民所有制的性质了。这是一个亟待我们研究和处理的问题。

我国三十多年的实践证明：由人民民主专政的国家政权来管理经营全民所有制的企业，是顺理成章的。当然国家与企业之间并不是不存在着矛盾。国家对企业的管理，如果采取过分集中的政策，那就会削弱以至取消企业的自主权，使企业完全处于被动的地位而不能发挥其灵活性、积极性。国家对企业的领导如果无视客观存在的自然规律和经济规律的作用，而以单纯的行政手段去从事，那就会使我们在社会主义生产和社会主义建设中，得不到应有的经济效果，而且会使企业以至整个部门发生巨大的浪费。这些毛病，现在已为大家所认识了，党和国家正在采取措施，改善国营企业的体制，整顿国营企业的经营管理。

我国的生产资料社会主义公有制，除了全民所有制之外，还有由劳动人民组织起来的生产资料集体所有制。集体所有制的主要部分是农村的集体农业。二十多年来，我国的社会主义集体农业采取三级所有、队为基础的制度。由于公社和大队的权力过大，生产队的自主权受到了挫伤；社员的生产积极性也受到了挫伤。最近两年来，许多地区的生产队实行"包产到户"的制度。有人因此就认为我国的社会主义集体农业在倒退。事实的答案是否定的。"包产"是一种生产责任制而不是一种生产资料私有制。"包产户"，在生产队的领导下，签订合同，规定产量，超产得奖。至于"包产户"，对于其所耕种的土地，只有使用权而没有私有权。这就证明，以"包产"为特点的生产责任制，并不是农业集体所有制的否定，而是以集体所有的土地作为前提的。这也在证明，以"包产"为特点的生产责任制，同"分田到户"是存在着根本区别的。"分田到户"明明白白，就是在搞单干，就是在破坏农业的集体所有制。这是必须加以坚决反对的！以"包产"为特点的生产责任制是一种有利于发展生产的劳动组织形式。这种劳动组织形式是对于过去那种"大呼隆""出勤不出工"的否定，是对于过去那种违背按劳分配的"大概工分"的否定。这两年的实践证明，现在这种以"包产"为特点的生产责任制，是适应当前农村生产力的发展水平和社员群众的觉悟水平的。当然，这种"包产"的形式并不是永远不变的。现在有些地方已经出现"包产户"为了发展农业和副业，由于劳动力不够而自动地联合起来。为了继续调动农民的生产积极性，为了使农民的生活逐步地富裕起来，我们现在不宜于急速地去推动他们搞联合。随着农业生产的发展，随着农村多种经营的发展，"包产户"的自动联合，看来将是一种发展的趋势。但是，这种趋势很有可能不复是自上而下的督促，很有可能不复是一种"风起云涌"的群众运动。

过去二十多年，我们对于集体所有制总是另眼相待，认为生产资料的全民所有制，在公有化程度上远远高于生产资料的集体所有制，理由是集体所有制的公有化，只限于某一个集体的小范围内；而全民所有制则属于全国劳动人民所共有，从而，它的公有化程度就必然大大地超过集体所有制。从这种认识出发就发生一个所谓"过渡"的问题。在三级所有、队为基础的前提下，小队要向大队过渡，大队要向公社过渡，而公社呢，则将从集体所有制过渡到全民所有制。到那个时候，全国就只存在着一种单一的全民所有制了。从长远来看，在进入共产主义之前，实现单一的全民所有制，那是一种必然性。但是，在今天，如果不顾农村生产力的发展水平，而急速地去改变所有制，急速地去为实现单一的全民所有制做准备，必然会发生那种破坏农村生产力的"穷过渡"。这种"穷过渡"在实质上是"刮共产风"的一种重要形式。当农村的生产力发展水平和社员群众的觉悟水平，还未达到可以"过渡"的时候，而通过强迫命令去搞"过渡"，怎能不引起社员群众的抵触，怎能不引起他们的杀鸡、卖牛以及砍树木呢？

　　实践证明，集体所有制企业的自负盈亏，绝不是什么修正主义，它较诸国营企业的吃大锅饭和捧铁饭碗的体制，对于社会主义国民经济的发展来说要好得多。"自负盈亏"是一种生产（经营）责任制，而吃大锅饭则是一种同生产责任制互相矛盾的对立面。因此，如果把"自负盈亏"的集体所有制企业，都过渡为"吃大锅饭"的国营企业，对于社会主义国民经济来说，带来的将是一个难于估计的负担。当然，现在坚持搞"穷过渡"，坚持要尽快实现单一全民所有制的人，是不会多的；但是，痛苦的经验，使人对这个问题，不得不保持警惕。我认为，全民所有制同集体所有制，在一个相当长的期间内，同时并存，那是同现阶段我国生产力的发展水平，同人民群众的社会主义觉悟水平相适应的。让两种公有制长期并存，对于发展我国的社会生产力，对于改善城乡居民的物质文化生活，是大有好处的；对于杜绝那种破坏农村生产力的"穷过渡"，也是大有好处的。

对于生产资料所有制，在今后若干年，不但要大力发展自负盈亏的集体所有制，而且要适当地发展个体经济，具体说来，那就是要发展服务行业、修理行业、个体商业以及劳动密集的传统手工工艺的生产。现代化越发展，对于劳动力（特别是非技术劳动）的需要，就会相对地越来越少。何况我国人口增长得很快，安排待业青年已经成为国家的一个沉重的负担呢？放宽对个体经济的政策，广开门路，对于青年就业来说，对于填补许多空白行业来说，对于便利城镇居民来说，都是极其重要的。适当地发展个体经济，对于在国民经济中占着绝对优势的社会主义经济，不但没有害处，而且会成为社会主义经济的必要补充。

为了实现社会主义的现代化建设，我们必须坚持自力更生的原则，在现有 35 万个企业中进行改革和整顿，以便提高它们的技术水平，保证产品的质量，提高它们的经营管理水平，搞好经济核算，做到以最少的耗费，取得最大的经济效果。与此同时，我们还有必要利用外资，设立中外合资经营的企业。这是引进新技术的一个值得重视的形式。此外，我国还在沿海一些地区，如广东的深圳、珠海、汕头以及福建的厦门等处，设立经济特区。有人担心：这是外资在中国的复辟，这是旧中国"租界"的复活。我认为这种担心是不必要的。事实将会证明，现在的经济特区的主权是握在我国的手里，而不是握在外国人的手里；而旧中国的租界的统治权则是握在外国人的手里的。事实将会证明：这种同中国合作的"中外合资企业"是一种特殊形式的国家资本主义；而在特区境内经我国政府批准的"独资企业"则是我国政府能够加以管理和限制的资本主义企业，这种企业也是具有国家资本主义性质的。当然，中外合资企业和独资企业的资方，是以剥削剩余价值作为目的的。他们并不是慈善家，如果无利可图，他们是不会来临的。但是，为了吸引外资和引进新技术，容许他们对工人进行一定量的剥削，在实质上，也是一种赎买政策。中外合资和外资独资企业，在我国整个国民经济中所占比重并不大，它们所得的赎买在国民收入中所占比重也不大，因此，设立经济特区，引进外国资本，是不会动摇我国的社会主义经济制度的。

纵然在城镇开放一些个体经济，并容许外资到国内来搞中外合资和独资企业，我国国民经济中占主要地位并处于绝对优势的，并不是它们，而是我国的社会主义公有制（全民所有制和集体所有制）。生产资料的社会主义公有制，否定了人对人的剥削（作为赎买的部分，应当另论），成为人们在生产过程中建立互助合作的相互关系的前提，也成为按比例、有计划地发展国民经济的物质条件。所有这些，哪一点不是在证明我国今天是社会主义社会？如果以个体经济和中外合资或独资企业作为证据，去否认我国的生产资料社会主义公有制在整个国民经济中占绝对优势的事实；如果以国营企业的扩大自主权和农村采取以"包产"为特点的生产责任制作为证据，去论证中国从社会主义向资本主义倒退，甚至怀疑我国是一个社会主义国家，那是对客观事实的抹杀，是对我国社会主义制度的歪曲。

二　关于按劳分配的问题

社会主义社会的另一个基本点，是按劳分配。在社会主义制度下，人们之所以能在消费资料的分配方面实行按劳分配，那是以生产资料的社会主义公有制作为根据的。在资本主义社会里，劳动者一无所有，只能把劳动力作为商品卖给资本家。他从资本家所得的工资，乃是劳动力的价格，至于劳动者在生产过程中被资本家所榨取出来的剩余价值，则以利润和利息的形态，在工业资本家、商业资本家和银行资本家之间，在平均利润的前提下，按资本额进行分配，劳动群众当然是谈不到在这里得到什么份额。只有废除了资本主义剥削制度并实现了生产资料的公有化的条件下，人们才能不依靠财产，只依靠自己的劳动，去获得消费资料。在按劳分配的原则下，人们都平等地以同一的尺度——劳动——来计量他对社会所提供的劳动的数量和质量。这就是说，按劳分配是生产资料的社会主义公有制在分配领域的必然性。

我们的许多同志是肯定了按劳分配这个社会主义原则的。在20世纪50年代前期，我国的工会系统和有关工业部门，曾经通过工资改革（突出计件工资），实现按劳分配这个原则。可惜的是，这个社会主义分配原则实行不久，便受到"左"倾思想的冲击。"左"倾思想认为按劳分配是以不平等的资产阶级权利作为原则的；因而认为按劳分配必然会给人们带来贫富的差别。林彪、江青反革命集团更加疯狂地丑化按劳分配，美化平均主义。他们把按劳分配说成资本主义，而把平均主义说成社会主义。由于长期的宣扬，直到"四人帮"被粉碎之后，平均主义还在各个方面发生广泛的深刻的破坏作用。

平均主义并不是社会主义的分配原则，并不是生产资料的社会主义公有制在分配领域的必然性。为了发展我国的社会主义国民经济，为了调动劳动群众对于社会主义生产的积极性，我们必须广泛地、长期地批判平均主义的危害性。与此同时，还要反复说明，只有实行按劳分配的原则，才能体现社会主义的优越性。

三　对几种观点的看法

如上所述，在建立了人民民主专政的国家政权之后，在没收了封建地主的土地并把分得土地的农民组织起来之后，在没收了国民党四大家族的国家垄断资本并建立了社会主义的国营经济之后，在实现了对农业、对手工业和对资本主义工商业的社会主义改造之后，我国已经进入了社会主义社会。但是，在我国已经进入社会主义社会二十多年的今天，还有一些同志对于我国的社会性质，对于我国之进入社会主义社会，提出了异议。

（一）有一种观点认为，只有实现了生产的高度社会化，只有在人之间实现了直接的产品分配，也就是说，只有在取消了商品和货币的条件下，那样的社会才算是社会主义社会。而在我国，无论全民所有制的国营经济，无论劳动人民的集体所有制经济，都还在进行商品生产，都还需要商品与货币。如果按照这种观点来看，我们的国家就不能算是社会主义社会了。这种观点能不能成立呢？

马克思对于废除了资本主义制度后的社会生产与社会流通，是设想过不存在商品和货币的。他在《资本论》第二卷中这样写道，在社会公有的生产中，货币资本不再存在了。社会把劳动力和生产资料分配给不同的生产部门。生产者也许会得到纸的凭证，以此从社会的消费品储备中，取走一个与他们的劳动时间相当的量。这些凭证不是货币。它们是不流通的。商品和货币都是历史上的经济范畴，它们自然逃不出发生发展和灭亡的历史规律。因而，马克思所预见的消灭商品和货币的情况，总有一天是要到来的。但是，我们决不能抹杀社会生产的具体情况，用教条主义的态度去对待马克思的这一设想。

列宁在十月革命之后（1919），对于货币的命运，作了提示。他说道："能不能一下子把货币消灭呢？不能。还在社会主义革命以前，社会主义者就说过，货币是不能一下子就废除的，而我们根据切身的经验也可以证实这一点。"他又说："货币暂时还要保留下来，而且在从资本主义旧社会向社会主义新社会过渡的时期，还要保留一个相当长的时间。"① 斯大林对于这个问题，说得更加肯定，他说道："原来，在我国（指苏联——引者注，下同）社会主义条件下，经济发展并不是以变革的方式，而是以逐渐变化的方式进行的，旧的东西并不是干脆被废除干净，而是把自己的本性改变得与新的东西相适应，仅仅保持着自己的形式；至于新的东西，也不是干脆消灭旧的东西，而是渗透到旧的东西里面去，改变旧东西的本性和职能，并不破坏它的形式，而是利用它的形式来发展新的东西。不仅商品是这样，而且我国经济流通中的货币也是这样，连

———————
① 《列宁全集》第二十九卷，人民出版社1975年版，第321页。

银行也是这样"①。按照斯大林的这段话，在社会主义制度里，商品和货币是改变了原来本性和职能而为社会主义经济服务的东西。由于生产资料的两种社会主义公有制的长期共存，由于社会物质财富的生产在一个相当长的时间内还达不到按需分配，而必须实行按劳分配，由于社会成员在生活上所需要的消费品，千差万变，要实行产品的直接分配，将会带来无穷的困难，因此，在社会主义社会里，商品货币之存在，绝不是一个短时期而是一个很长的时期。如果在社会主义时期就简单地取消商品与货币，对于社会主义国民经济来说，那将会带来不可估量的混乱与灾难。这种混乱与灾难，难道仅仅是一种推想吗？难道不是已经为某地的实践所证实了吗？总而言之，商品与货币的消灭，并不是社会主义社会的基本点，利用商品与货币的形式并不是生产资料的社会主义公有制的否定。在我国，既然建立了生产资料的社会主义公有制，既然利用商品货币来为社会主义经济服务，那么，那种以商品货币之存在，作为怀疑我国社会主义制度的观点，难道能站得住脚吗？

（二）有一种观点，认为只有资本主义高度发展的国家，才能举行社会主义革命，才能建立社会主义社会制度；而在中国，中华人民共和国成立前是一个残破不堪的半殖民地半封建社会，生产力的发展水平，是极其低下的，因而应该让资本主义充分发展之后，才来搞社会主义。这种观点，并不是新鲜的东西，第二国际的人们（甚至中国的托陈取消派），早就这么说了。第二国际的人们为了反对俄国劳动人民的社会主义革命，提出了什么"俄国生产力还没有发展到足以实现社会主义的水平"。在表面上，他们似乎在坚持生产关系一定要适合生产力发展水平的规律；而实质上却在为资产阶级的统治服务，却在破坏俄国无产阶级和劳动人民的社会主义革命。恩格斯在《法德农民问题》一文中说得很明白："我们无须等到资本主义生产发展的后果到处都以极端形式表现出来的时候，

---

① 斯大林：《苏联社会主义经济问题》，人民出版社 1961 年版，第 42 页。

等到最后一个小手工业者和最后一个小农都变成资本主义大生产的牺牲品的时候，才来实现这个变革。"① 列宁发挥了马克思和恩格斯的观点，指出无产阶级完全可以利用已经实现的工农联盟来夺取政权，然后依靠无产阶级政权来发展经济和文化，来实现社会主义。他说道："既然建设社会主义需要有一定的文化水平（虽然谁也说不出这个一定的'文化水平'究竟怎样，因为这在各个西欧国家都是不同的），我们为什么不能首先用革命手段取得达到这个一定水平的前提，然后在工农政权和苏维埃制度的基础上追上别国的人民呢？"②

中国人民在中国共产党的领导下，经过几十年的艰苦奋斗，终于打倒了压在头上的三座大山，并建立了以工人阶级为领导的人民民主专政的国家政权。在这种情况下，为什么要让榨取劳动人民群众的资本主义制度在中国发展呢？这难道不是在开倒车吗？广大的中国劳动人民能同意这种开倒车的干法吗？另外，新民主主义革命的胜利，买办阶级是被打倒了；留下来的还有一个民族资产阶级。充满着软弱性的民族资本能负担起发展中国国民经济的历史任务吗？从鸦片战争以来的百年间，时间不能算短，但是，民族资产阶级在国民经济中发展了什么呢？只有棉纱、面粉等一点轻工业，重工业方面，只能搞点修理，谈不到成套设备的制造。它们的经济力量也薄弱得可怜。举一个例，1956 年，全行业实现公私合营的时候，清产核资的结果，全国民族资本只有 21 个亿的人民币。这笔资本大体上同国家为建设"鞍山钢铁公司"而投下的资金相等。集合全国民族资本只够搞一个"鞍钢"，还有什么力量去发展其他行业呢？既然建立了人民民主专政的国家政权，既然在没收了国民党的官僚资本的基础上建立了全民所有制的国营经济，那么，要让资本主义来一个大发展，从理论上，能说得通吗？在事实上，能行

---

① 《马克思恩格斯选集》第四卷，人民出版社 1972 年版，第 312 页。
② 《列宁选集》第四卷，人民出版社 1972 年版，第 691 页。

得通吗？

（三）有人认为，新民主主义经济在中国存在的时间太短，认为从 1949 年算起，只有七年。事实上，在土地革命时期的苏维埃区，在抗日战争时期的抗日根据地，早就实行了公营经济、合作经济、个体经济和私营经济同时并存的新民主主义经济了。虽然在那个时候，公营经济的规模并不大，因此，说新民主主义经济在中国只有七年，是不合乎事实的，至于 1953 年公布的"过渡时期总路线"，对农业、手工业和资本主义工商业的改造原定的确是 15 年。如果按 15 年来计算，那么，完成三大改造，进入社会主义的时期，就要推迟到 1968 年。就是说，从中华人民共和国成立算起，到完成三大改造，照原计划，可达二十年。而实际上实现三大改造的时间只有四年左右。如果步子不走得那么急，如果让民族资本的工业企业在一个较长的时间内，在加工订货的国家资本主义的形式之下，为国营商业继续提供越来越多的各有特色的商品，对于社会主义国营经济的领导，对于社会主义建设，是没有什么大妨害的。这种观点，从一定的角度来看，并不是错误的。但若利用这种提法，去为"新民主主义万岁"甚至为"资本主义万岁"作掩护，那就是一个严重的问题了。因为按照这种提法发展下去，就会喧宾夺主，把资本主义或国家资本主义作为国民经济的主体，那就会改变中国人民所要走的社会主义道路。这怎能为广大的劳动人民所接受呢？对于资本主义工商业的社会主义改造来说，我们承认走得快了一点，做得粗了一点。对于有技术、有经营经验的私方人员，没有更好地加以使用，对于企业的裁并改合搞得过多，致使许多具有特点而为消费者所欢迎的名牌货保留得不多，致使服务修理网点保留得太少，从而使消费者感到不方便。但是，党对民族资产阶级的团结、教育、改造和对资本主义工商业通过多种国家资本主义的形式，实行社会主义改造的政策，是必须加以肯定的。

四　为改善和巩固我国的社会主义制度而努力

我国是社会主义国家，这从社会主义经济制度的基本点来说，是具备的。当然，我们的国家，从社会主义经济的发展水平来说，还处在发展中的阶段，或者说，还是处于初级阶段。为什么是这样？第一，在中华人民共和国成立以前，中国是一个半封建、半殖民地的国家；我国现在的社会主义社会，就是从这个资本主义不发达的半封建、半殖民地社会脱胎而来的。中华人民共和国成立以来，我国的社会主义经济虽然取得巨大的成就，形成了一个独立的、比较完整的工业体系和国民经济体系，但是，社会经济和科学文化的发展水平，还没有发生根本性的改变；小生产的经营方式、习惯势力和封建传统的影响，还在发挥其障碍社会主义经济发展的作用。第二，1949 年以后，我国在恢复国民经济和第一个五年计划时期，都获得了巨大的成绩。（1962—1966 年的调整，也取得了不可轻视的成就）但是，自从 1957 年以后，"左"倾指导思想就在各个方面，特别是在社会主义生产和社会主义建设方面，反复地发生干扰和破坏作用。"大跃进"和"文化大革命"使国家和人民的物力和财力，遭到巨大的破坏；除此之外，由于企业的经营不善而引起的浪费，是相当惊人的。这种破坏和浪费使我国的社会主义经济，难于顺利发展，使我国社会主义制度的优越性没有很好地发挥出来。那种"左"倾指导思想和落后的经营管理方法，并不是社会主义经济制度本身的必然性，而是社会主义经济制度的对立物。如果主观地把"左"倾指导思想和落后的经营管理方法所引起的破坏和浪费，都算在社会主义经济制度身上，甚或用这种破坏和浪费，去否定我国社会主义经济制度的存在，显然是错误的，是违反客观事实的。

为了使我国的社会主义经济制度从初级阶段进入发达的阶段，就必须进行如下的工作：

（一）我国的社会主义制度现还处于初级阶段，还处于由不完善到完善的过程中，而这个过程绝不是三年五载所能完成的。这就要求我们在坚持社会主义制度的前提下，努力克服那种干扰、破坏社会主义经济的"左"倾和右倾的指导思想，努力改革那些妨碍生产力的发展（如吃大锅饭和捧铁饭碗）和不利于改善人民生活（如忽视第二部类的生产）的具体制度和做法。只要我们不懈地这样做下去，社会主义的巨大优越性就一定会越来越充分地显示出来。

（二）必须千方百计地发展我国的社会生产力，建设强大的社会主义物质基础。这是解决我国在社会主义改造基本完成以后国内主要矛盾（人民日益增长的物质文化需要同落后的社会生产之间的矛盾）的必由之路。要发展我国的社会生产力，就必须从实际出发，根据经济规律和自然规律办事，就必须量力而行，循序前进，经过论证，讲求实效，使每一个基建单位都能按时、按质、按量，形成新的生产力。但是要发展生产力，并不仅仅从"外延"去扩大生产规模；也要从"内涵"去扩大再生产。马克思说，如果生产场所扩大了，就是在外延上扩大；如果生产资料效率提高了，就是在内涵上扩大。根据我国的实践，所谓"内涵"，指的就是提高现有企业的生产效率，对现有企业进行挖潜、革新、改造。只有把"外延"和"内涵"两个方面结合起来，我们才能在更为节约的条件下，发展我国的社会生产力。

（三）社会主义生产，是为了满足社会和人民的日益增长的物质文化需要。只有坚持这个满足社会和人民的日益增长的物质文化需要，才能显示出生产资料的社会主义公有制的本质，才能显示出社会主义制度的优越性。过去若干年，在"左"倾指导思想之下，改善人民生活，满足人民需要，被忽视了。过去若干年，基本建设压倒了生产；而第一部类的基建与生产，又压倒了第二部类的基建和生产，这样，人民生活的改善，当然很难实现，满足人民的需要，更无从谈起了。在那种情况之下，必然形成"为生产而生产"

的现象，必然会使第一部类脱离第二部类，脱离人民生活的需要，为本部类的发展而生产，以至在本部类内部进行自我循环。这么一来，社会主义生产的目的就不能很好地实现。难道社会主义生产，不是为了满足人民和社会的日益增长的需要，而是为了满足第一部类内部各部门自我的循环吗？当然，第一部类的重要性是不容许怀疑的。如果没有品质优良、数量充足的钢铁、煤炭、石油化工以及机械制造等部门，第二部类各部门也就没法发展起来，从而人民和社会的需要，也就得不到满足。因此，不能因为反对"为生产而生产"的错误，就连带把第一部类的重要性也给以否定。只有按比例地、有计划地把第一部类和第二部类的生产结合起来，社会主义生产的目的，才能明显地呈现在人民的眼前，从而社会主义制度的优越性，也就更加明显地被人民所认识，更加有力地获得广大人民的拥护。

（四）必须从物质鼓励上提高劳动群众对于生产的积极性；同时还必须在思想认识上，提高劳动群众的社会主义觉悟。这就是说，只有使人民认识到，如果离开整体利益，个人利益就会失去保证；如果离开长远利益，眼前利益也就不可能长久。在消费品的分配上，必须逐步实行以劳动为唯一尺度的按劳分配的社会主义原则。如果让平均主义继续下去，而望社会主义生产能够大步发展，那是不可思议的。

（五）无论社会主义的工业与农业，都要实行生产责任制。当然，工业的生产责任制同农业的生产责任制，在形式上是有所不同的。在社会主义的工业企业中，实行生产责任制，有利于执行劳动纪律，有利于实现科学的操作规程和保证产品的质量。在贯彻调整、改革、整顿、提高的方针的过程中，实行生产责任制，严格执行劳动纪律和技术操作规程，将成为改革和整顿的重要课程。

（六）为了搞好社会主义经济，不仅要在思想认识上提高劳动群众的社会主义觉悟；而且要在科学技术上提高技术人员和工人群众的技术水平。这是提高企业的生产力的必不可少的条件。越是现代化，越需要能够掌握高度技术水平的人员。科学技术水平的提高，科学技术人员的培养，都不是一朝一夕之事。我们要承认我国的科学技术水平比西方的发达国家落后，这并不是我们的自卑，而是要求我们振作起来，为提高我国的科学技术水平，为提高我国的社会生产力，为提高我国的劳动生产率而奋斗不息！

中国人民是有志气的人民。中国共产党是久经考验的伟大的党。没有中国共产党就没有新中国，这是铁一般的事实。领导人民推翻三座大山并粉碎封建和买办的生产关系的，不是别人，正是中国共产党；粉碎"四人帮"并纠正党内"左"倾指导思想的，不是别人，正是中国共产党。中国的新民主主义革命，中国的社会主义革命和社会主义建设，如果离开中国共产党的领导，那是不可思议的。"只有社会主义能够救中国"，而要走社会主义道路，只有在中国共产党的领导下，只有在人民民主专政的条件下，只有在马列主义、毛泽东思想的指导下，才能在不断总结经验中迈步前进。我们相信，中国人民在中国共产党的领导下，是一定能够在贯彻调整、改革、整顿、提高的八字方针中，逐步地巩固社会主义制度中的完善环节和克服其中不完善环节的，是一定能够根据客观经济规律和自然规律的要求，在发展物质生产和提高精神文明的过程中，不断地发挥社会主义制度的优越性的。

（原载《经济研究》1981 年第 7 期）

国营企业实行经济责任制的几个问题

一　实行经济责任制的必要性

跟着农业生产责任制在许多地区取得了可喜的成绩，国营企业的经济责任制，也在许多城市逐步展开了。

国营企业（包括工、矿、交通和商业）之实行经济责任制是有它的必要性的。我国在 1949 年解放战争取得全国胜利之后，由于没收了国民党四大家族的国家垄断资本，就建立了全民所有制的社会主义企业，而这些全民所有制企业，是由无产阶级专政的国家代表全体人民来管理的，因而称为社会主义的国营企业。在处理了在华外资企业和对民族资本主义工商业实现社会主义改造之后，我国的社会主义国营经济就成为国民经济的主体了。当然，我国的国营企业，不仅来自上述三个来源，更重要的是在三十多年的社会主义建设中，中国人民在中国共产党的领导下，用自己的双手，建设了许多大中型的现代化的工、矿、交通等企业。在全国范围内，规模最大的国营工业企业，几乎都是由国家投资建设的，如鞍山钢铁公司、武汉钢铁公司（包括一米七轧钢设备）、辽阳石油化纤厂、上海石油化工总厂等，就是例证。这些国营企业的经营活动，关系到整个国计民生。它们的社会化程度，反映了它们的全民所有制的性质。三十多年的事实，证明我国的全民所有制国营经济，虽然在发展过程中受到干扰，但是，总的说，成绩还是巨大的。以国营工业企业的固定资产来说，1952 年是 107.2 亿元，1979 年增加到

3253.2 亿元，增加 29 倍。以国营工业总产值来说，1979 年比 1952 年增加 32 倍。单单从国营工业企业来看，我国的社会主义国营经济，是具有天天向上的生命力的。

当然，我国的社会主义国营经济在管理体制上、管理方法上还存在着不少急待解决的问题。在其中，最突出的是企业和国家的经济关系以及企业内部的分配关系两大问题。

我国的国营企业在体制上长期以来，是统一盈亏的。企业的固定资金和一部分流动资金都由国家无偿拨给；企业的利润和折旧费，都要上缴国家；企业的盈亏都由国家"统一包下来"。这种体制，就是举世周知的"吃大锅饭"。实践证明，"吃大锅饭"是不利于调动企业的生产经营积极性的。因为经营得好的企业同经营得坏的企业，享受到不合理的相同待遇，经营好坏都一样；也可以说是受到不合理的不同待遇，因为年年亏损的企业，照样得到国家的补贴，而年年赢利的企业，照样要把利润以至折旧费全部上缴，在这种情况下，怎么能调动企业和职工的生产积极性呢？在过去一个相当长的期间里，我们总是把"统一盈亏"的"吃大锅饭"，作为社会主义的特征去看待；而把"吃大锅饭"的反面——"自负盈亏"，作为资本主义的特征去看待。的确，资本主义企业是必须自负盈亏的，因为它们是资本家的私有制企业。有限公司是这样，无限公司更是这样。企业如果亏损到站不住脚，就必须宣告破产，作为股东的资本家就必须负责赔偿损失。而在我国，由于"吃大锅饭"，年年亏损的国营企业，因为得到国家的补贴，照样可以亏损下去，企业负责人并不在经济上、法律上负什么责任。这种情况难道不是在证明："吃大锅饭"是在保护年年亏损的落后企业，是在增强企业对于国家的依赖性，是在障碍社会主义制度下社会生产力的发展吗？"吃大锅饭"并不是社会主义的特征，它不利于社会主义生产的发展。实行经济责任制，就是对于"吃大锅饭"的否定，就是要使企业的领导者和职工，对国家负起盈亏的责任来，就是要把责任和经济利益联系起来，真正做到权、责、利的统一。初步的实践证明，实行经济责任制，能够调动企业经营管理的积极性，从而能够推动社会主义生产的发展。

社会主义国营企业内部的分配关系，分明是以按劳分配作为原则的。但是，若干年来，由于平均主义的宣扬，按劳分配受到严重的干扰，没法得到普遍的实现。平均主义使干与不干、干好干坏、干多干少都拿到相同的工资；使职工的工资收入（还有奖金）同他们的劳动成果，脱离了关系；使职工群众失去了对国家、对企业的责任感，甚至把他们的工作岗位当成"铁饭碗"。这么一来，职工群众的劳动积极性，怎能提高起来呢？他们的劳动生产率又怎能提高起来呢？实行经济责任制就是要把各级的责任制和按劳分配原则结合起来，使职工群众的收入同他们的劳动成果直接挂钩，就是对于"捧铁饭碗"的否定。从发展社会生产力和提高劳动生产率的角度来看，这是必不可少的条件。

实行经济责任制是解决企业和国家的经济关系以及企业内部的分配关系两大问题的一把钥匙，是解决"吃大锅饭"和"捧铁饭碗"两大问题的一个重要途径。事实证明，这两个大问题，是密切地联系着的。如果吃不着"大锅饭"，那就没法捧住"铁饭碗"；而"铁饭碗"的论据——平均主义，也就同样成为"吃大锅饭"的论据。初步的实践，使我们认识到，实行经济责任制能够使企业对国家以及企业内部各级，责权分明。经济责任制要求企业，不仅完成价值指标，如利润、成本；而且要完成使用价值指标，如产量、品种、质量等。只有如此，才能使企业和国家的经济关系以及企业内部的分配关系两大问题，联系地得到正确的解决，也才能使社会主义生产的目的体现出来。

二　国营企业经济责任制的具体形式

我国的国营企业，包括工业、矿业、运输业、商业与银行，情况甚为复杂，要实行经济责任制，绝不能简单地只采取一种形式。

单以工业企业来说，为了处理好企业和国家的经济关系，现在主要的就有五种形式：①扩大了自主权的企业，实行利润留成；②亏损企业实行亏损包干，利润不多的企业实行盈利包干；③小型企业实行自负盈亏，把过去的上缴利润改为缴纳所得税；④在省、区或大中城市范围内，按行业、按公司实行包干；⑤在专区、中小城市或县的范围内，实行地区包干。这是已经在各城市、各地区出现的不同的经济责任制的具体形式。这些具体形式都是从企业的具体情况出发的。

至于解决企业内部的分配关系，主要的也有五种形式：①计件或超定额计件工资；②浮动工资；③超产奖；④记分计奖；⑤仿效农村联产计酬的办法，实行包产到车间、班组以至个人。

由于工业与矿业、运输业在生产经营的方式上，不尽相同，工业与商业和银行，在经营管理的方式上，更是不尽相同，因而采用经济责任制的具体形式，绝不能一刀切，而必须从企业的实际情况出发。就是上述已经出现的形式，在实践中，也可能有所修改，有所增进。

至于工业与农业之间，在生产经营的方式上更是各有特点的。虽然农业方面的包干到户或包产到户，在原则上，可以作为工业经济责任制的参考，但是，如果照搬，如果简单地也搞联产计酬，那就不一定有助于搞好企业同国家的经济关系和搞好企业内部的分配关系。

三　国营企业在实行经济责任制中值得重视的问题

经济责任制，如上所述，要求企业不仅实现价值标准，而且要求企业实现使用价值的标准。但是，有的人把经济责任制仅仅只同利润联系起来。因而，很有可能出现这样或那样的问题。

根据初步的实践，由于现在的经济责任制主要是同利润联系的，有些工业企业为了获得更多的利润，竟然采取降低质量的手段，这显然是违背社会主义生产的目的的。有些工业企业的生产，同社会需要发生脱节，它们对于利润大而属于长线的产品，大量地超过社会需要进行生产，而对于利润小但属于社会需要的产品，却不生产，致使短线产品更加缺货，长线产品大量积压。有些商业企业为了多得利润，采取乱提价的办法，把负担转嫁给消费者。有些工业企业为了解决发奖金、送礼品和一些不正当的开支，乱摊成本。这样做，不仅提高了物价，而且削减了向国家上缴的利润。这是化大公为小公或化公为私的办法。不少企业还继续在搞平均主义，奖金没有少发，甚至还有所增加，可是没有换来好的经济效果。更严重的是，有一些企业的领导人，为了本企业的利益，不去教育职工群众顾全大局，反而同落后的职工扭成一团，用各种邪门歪道的办法，去对付国家财经政策，钻空子。所有这些，都是应该引起我们严重注意的。

为了健全经济责任制，必须抓好如下几个问题：

（一）必须讲求经济效果。经济效果是指用最少的活劳动和物化劳动（原料、材料、燃料和设备）的消耗，去取得最大的物质成果。实行经济责任制的国营企业，为了获得良好的经济效果，就必须以降低产品的单位成本作为主要途径。这就要求企业在生产过程中，设法降低能源的消耗，降低原材料的消耗，并维护好机器设备。这样做，产品的单位成本自然可以降低，从而在既定的价格条件下，增加利润。现在还有一些企业不是通过降低成本，降低活劳动和物化劳动的消耗，而是用乱摊成本的办法去取得较高的利润。这种做法不仅是以消费者的利益为牺牲，而且以国家的利益为牺牲，它不但不能有助于解决企业与国家的经济关系中的矛盾，反而加重了企业与国家的经济关系中的矛盾。国家要求企业降低产品的单位成本，绝不是过高的、办不到的要求；而是应有的、可能实现的经济原则。只要坚持勤俭办企业，只要精打细算，厉行节约，产品的单位成本是能够降低下去的。实行经济责任制的企业必须以降低单位成本的办法去获得和增加利润，去增进它的经济效果。

（二）必须保证产品的质量。上述经济效果，不仅是产品的数量问题，而且也是产品的质量问题。我们知道，商品（在我国社会主义制度下，产品还要采取商品的形式）是价值和使用价值的统一。由于经济责任制主要是同利润（即价值的现象形态）联系起来的，某些工业企业的领导，为了多得利润，只注意产品的价值，而忽视产品的使用价值（质量）。他们为了多得利润，经常采取偷工减料和降低商品质量的办法，去增加利润收入。对于国家和消费者来说，这种做法的后果，是相当严重的。制造建筑材料的企业，如果降低产品的质量，那就会使建设单位的厂房、宿舍受到严重的危害。制造机电产品的企业，如果降低产品的质量，那就会使用户在使用中经常遇到故障。制造消费品的企业，如果降低产品的质量，那就会使广大消费者受到损失以至损坏健康。我们知道，社会主义生产的目的是满足人民和社会日益增长的物质和文化的需要。要满足人民和社会的需要，显然不仅是一个数量的问题，而且是一个质量的问题。试问不合格产品和丧失了使用价值的废品，能满足人民和社会的需要吗？为了追求更高的利润而降低产品的质量，同社会主义生产的目的，是不相容的。为了健全经济责任制，工业绝不能简单地按照农业的办法只讲联产计酬，而必须联系产品的质量计酬。

（三）实践证明：经济责任制是能够提高工人群众的劳动积极性的。面对这种情况，搞好工人在生产中的安全，是一个绝不能忽视的问题。在经济责任制的条件下提高工人的劳动生产率，而又搞好工人在生产中的安全，这是社会主义制度有别于资本主义制度的特征之一。至于企业内部的分配关系，必须通过改革工资制度，逐步用按劳分配的原则，去代替平均主义的分配原则，去代替按劳动力（按人）分配的原则。在这里，定额是一个极其重要的问题，因为它是按劳分配的计算根据。定额不能定得过低，如果过低，大家就可以不努力而超过，这对于提高劳动生产率来说，显然是不利的；但是，定额也不能定得过高，如果过高，大家虽经过努力，虽支出更多的劳动，仍难于达到，更谈不到超过了，这会挫伤大家的积极性。因此，只能搞平均先进定额。因为这种定额，工人经过努力就能够达到，它既能促进劳动生产率的提高，又能调动工人生产的积极性，从健全生产责任制来说，意义尤为重大。

（四）实行经济责任制，必须全面考虑国家、企业和个人之间的经济关系。这是统筹全局的问题。由于经济责任制往往被人单独与利润联系起来，职工只要在生产中超过定额，他们的工资就有可能提高起来；从企业来说，如果经营得好，它就会在利润留成中取得较大的收入。国家当然也会在经济责任制的实行中，得到较多的收入，但是，在国家、企业与职工之间必须以国家的收入为主体。这并不是不重视企业与职工的利益，而是因为如果离开了国家这个全局，那么，社会主义的现代化建设就难于顺利地发展。以基本建设来说，由于企业在利润留成中增加计划外的投资，就有可能超过计划内的投资，而且这种计划外的投资会经常出现盲目的重复情况。这同国民经济有计划按比例发展规律的要求，是相互矛盾的。以市场物价来说，职工一年收入的货币总量，如果超过国家在这一年间的消费资料所能供应的数量，那就没法不使消费资料的价格上涨，那就没法不使国家处于被动的地位；而消费品的涨价，对于职工群众是不利的。当然解决这个问题的主要途径是增加消费资料的生产，但是，消费资料的生产并不是一下子就能大幅度增加的。因此，对于职工群众的货币收入（特别是奖金）的控制，还是一个应该重视的问题。同时，在实行经济责任制中，还必须做好政治思想工作，使广大职工认识到个人利益是以整体利益为前提，眼前利益是以长远利益为前提，离开了整体利益和长远利益而片面地强调个人利益和企业利益，不但有损于整体利益，而且也有损于个人利益和企业利益。只有使广大职工认识到这一点，我们才能正确地处理国家和企业间的经济关系，也才能正确地处理企业内部的分配关系。

有必要重申一下，经济责任制的要求，不仅是企业和职工要在生产经营和利润税收上对国家负责，而且是企业和职工要对消费者负责。企业不但不能乱提价格，把负担转嫁给消费者，而且不能"以次充好"，用掺假掺杂、降低质量的办法去欺骗消费者。对消费者的欺骗，不仅是本企业在"信誉"上的自杀，而且是对于社会主义经济制度威信的破坏。在国营企业实行经济责任制，这是国家已经肯定了的。在实行经济责任制之后企业的主要任务，就是要把企业的干部和工人群众的积极性引导到挖掘企业的潜力上来，向改善经营管理要财富，向技术设备的挖、革、改要财富，向原材料等资源的节约以及"三废"的综合利用要财富，千方百计为提高生产的经济效益而努力。

四　经济责任制是整顿企业的突破口

初步的实践证明，实行经济责任制是整顿企业的突破口。但是，实行经济责任制并不等于整顿企业的全部工作。要使经济责任制能够发生应有的作用，那就需要其他工作的配合。举几个例子：如果企业的经营管理不加改善，要降低能源消耗、降低原材料消耗以及保护机器设备，就很难有效地进行，从而，降低单位成本的要求就会落空。如果企业的经营管理不加改善，那么，对产品质量的检查就会失去保证。如果劳动纪律不加整顿，工人可以不按时上班，可以不按操作规程办事，可以经常生产废品、次品而不受到应有的处分，那么，企业的生产经营就难于实现正常的秩序，企业在产品的质量上对用户、对消费者负责也会成为空谈。如果企业的政治思想工作没有赶上去，工人的积极性没有调动起来，那么，经济责任制的许多要求就无从实现。因此，决不能认为一经实行经济责任制，什么问题就都解决了。

实行经济责任制的确不能成为整顿企业的唯一杠杆。它需要得到企业的改善经营管理、整顿劳动纪律和政治思想工作等方面的配合和支持；而同时，经济责任制的实行，却反过来，成为推动企业改善经营管理和整顿劳动纪律的一种推动力，成为要求企业加强政治思想工作的一个有力的因素。

实行经济责任制是整顿企业的一个突破口，但同时，它又同企业改革，有着密切关系。事情很明白，用经济责任制去否定"吃大锅饭"，这不是具有重大意义的改革吗？用经济责任制去否定平均主义的工资制度，这不是具有重大意义的改革吗？

五 经济责任制改变了国营企业的性质吗？

可能有人认为，实行经济责任制是在改变国营企业的生产资料公有制的性质，理由是经济责任制使企业同国家的经济关系起了深刻的变化。例如某些国营小型企业实行自负盈亏，改上缴利润为缴所得税；例如在专区、中小城市或县的范围内实行地区包干，都在证明这种企业的经营，是脱离了国家管理而独立经营的。用所得税去代替上缴利润，这不是在证明国家同企业只有税收关系吗？这同国家向资本主义工商业征税有什么差异呢？在专区、中小城市或县的范围内实行地区包干，这不也是在证明国家同企业的经济关系已经淡薄得几乎没有什么联系了吗？

我认为，我国的生产资料的社会主义全民所有制，是不会因为实行经济责任制而改变其性质的。

（一）国营的大中型企业，是扩大了自主权并实行"利润留成"的。扩权的企业是对国家负着盈亏的责任，并把利润的主要部分上缴国家的。这就证明这种企业的性质并没有发生什么变化，它们依然是由国家代表全体人民来管理的全民所有制企业。

（二）有一部分亏损的国营企业实行亏损包干，微利企业实行盈利包干。不论实行亏损包干也好，实行盈利包干也好，它们都是对国家承担责任的，这也证明这种国营企业的性质并没有什么变化。

（三）在省、区或大中城市范围内，按行业、按公司实行包干，也没有改变它们原来的社会主义性质，因为这里的"包干"，都是以对国家承担责任作为条件的。

至于用所得税去代替上缴利润的小型国营企业，在形式上，它们与国家的经济关系已经有所变化，但是，这种变化仅仅是利润与所得税的变化而已。关于在专区、中小城市或县的范围内实行"地区包干"的企业，那是直接对专区、中小城市或县的主管部门承担责任的。由于它们的规模小而数量多，所以国家委托地方去管理。因此，"地区包干"也不能成为它们的社会主义性质已经改变的根据。

在国营企业实行经济责任制，现在才开始，也可以说，现在还处在试点的阶段。这就要求我们要有清醒的头脑，注意实行经济责任制以后的成就和缺点，及时总结经验，及时发现新的问题，并提出解决的办法。

（原载《经济研究》1981 年第 12 期）

生态经济学的几个理论问题

整体利益和长远利益

生态经济学是新生的科学，在认识上，存在着不少问题，这是不足为奇的。但是，为了它的发展，为了它在社会主义生产和建设中能发挥其作用，有必要弄清对于这门科学的认识。

人类为了生存和发展，必须同自然环境进行物质变换，必须进行占有自然资源的活动。马克思认为人类占有自然物的活动，是人类生活的永恒的自然条件，"因此，它不以人类生活的任何形式为转移，倒不如说，它是人类生活的一切社会形式所共有。"①

人类同自然环境进行物质变换，是具有两重性的：一方面，它为人们提供使用价值，提供为人们生活和生产所必需的物质财富；另一方面，它为自然环境带来影响以至带来损害，而这种损害，对于人类社会的发展，具有不同程度的消极作用。如果人们只注意物质生产的数量，只看到作为商品的产物的产值，而置物质生产的消极作用于不顾，那么，这种消极作用，就必然为人类生存和物质生产带来越来越多的损失。

马克思和恩格斯明确地指出物质生产的两重性。这种两重性在资本主义生产中日益尖锐地表现出来，在前资本主义社会里，在物质生产中，也未尝不存在这种两重性。马克思在 1868 年致恩格斯

① 《马克思恩格斯全集》第二十三卷，人民出版社 1972 年版，第 208—209 页。

的信中说道："耕作的最初影响是有益的，但是，由于砍伐树木等等，最后会使土地荒芜。"① 恩格斯在《自然辩证法》中，也指出"美索不达米亚、希腊、小亚细亚以及其他各地居民，为了想得到耕地，把森林都砍光了，但是，他们梦想不到这些地方今天竟因此成为荒芜不毛之地，因为他们使这些地方，失去了森林，也失去了积聚和贮存水分的中心"。他们这样做，使山泉在一年中的大部分时间枯竭了，而在雨季又使更加凶猛的洪水，倾泻到平原上。在前资本主义社会里，为了物质生产而破坏生态平衡的行为，是存在的。但是，总的说来，那时的物质生产，主要是手工业的生产。它所带来的生态平衡的破坏，较诸后来的资本主义，还是没有那么严重的。

资本主义的生产力较诸前资本主义是大得多的，它的物质财富的生产，较诸前资本主义的生产，是大得多的。资本主义制度不但大规模地制造"无林化"，也在加剧水土流失的严重性。水土流失使含有氮、磷、钾等元素的表土，流进了江河大海，不仅使农田的肥力年复一年地更加退化，而且使河道年复一年地加剧了淤积。在资本主义制度下不仅工业资本家年复一年地增加在生产中所排放的二氧化硫、二氧化碳，使城市环境不断地加剧其污染的严重性，不断地扩大作为死神的酸雨的破坏性；而且农业资本家在农业生产中，无所不用其极地掠夺广大土地的肥力。马克思指出："资本主义农业的任何进步，都不仅是掠夺劳动者的技巧的进步，而且是掠夺土地的技巧的进步，在一定时期内提高土地肥力的任何进步，同时也是破坏土地肥力持久源泉的进步。"② 为了榨取雇佣工人的剩余价值，资本家也在破坏自然环境，也在破坏客观存在的生态平衡，也在增加城市污染的严重性。但是，在一定条件下，资产阶级的人们是能够改善其所造成的污染的。英国的泰晤士河在19世纪

---

① 《马克思恩格斯全集》第三十二卷，人民出版社1974年版，第53页。
② 《马克思恩格斯全集》第二十三卷，人民出版社1972年版，第552页。

和20世纪初，成为举世闻名的污染严重的臭河，不但水里鱼类绝迹，人们站在河边也难以忍受。第二次世界大战以后，英国的资产阶级被迫投下大量资本，使这条臭河，变为不再发臭并能养鱼的清水河。这就证明，人们对于物质生产所带来的对生态环境的破坏不是无能为力的。但是，资本主义制度使人只看见个人利益和眼前利益，而忽视国家和人民的整体利益和长远利益。这就使物质生产的消极面一般地在发生作用。

我国是社会主义国家。社会主义制度的生产也是为了物质财富的生产，而在物质生产的同时，也带来了一定的消极作用——从水土流失到大气污染。这就是说，社会主义的物质生产，在两重性上，是同资本主义相同的。但是，社会主义社会，是能够按照统一的总计划协调地安排自己的生产力的那种社会①因而，就有可能在发展物质生产的同时，考虑到它的消极作用，就有可能主动地掌握生命系统同环境之间相互关系的必然性，使经济效益同生态效益结合起来，使个人利益以及局部利益同整体利益、眼前利益同长远利益结合起来。社会主义制度并不忽视个人或局部的利益，而是要使它们以整体利益为前提；并不忽视眼前利益，而是要使它们以长远利益为前提。生态经济学的根本原理和根本要求，同社会主义制度的这种生产目的性是一致的。但在实际上，只顾眼前的经济利益而破坏生态环境的状况还相当普遍。不少人对我国自然资源的遭受破坏，对日益扩大的水土流失和环境污染所造成的危害性，认识不足，重视不够。

由此可见，生态经济学并不是在搞自然主义，并不是让自然环境保持原始状态，而是要求人们在进行生产建设的同时，把生态环境作为一个物质前提来看待。生态平衡如果遭受破坏，那么，社会主义的生产建设和社会主义的物质文明建设，也就很难顺利进行。可以这样说，如果用破坏生态环境的做法，去经营国营企业和集体

---

① 《马克思恩格斯全集》第三卷，人民出版社1972年版，第335页。

企业，在实质上，那就是在牺牲整体利益去取得局部或个人的利益，那就是在牺牲长远利益去取得眼前利益，那就是破坏社会主义制度的优越性。现在某些企业为了向钱看，为了增加收入，不择手段去破坏生态环境。这同资本主义的经营有什么不同？同社会主义的生产目的，难道不是背道而驰的吗？

实践证明，生态经济学是实现社会主义生产目的性的科学。遵守生态经济学的要求，保护城乡生态平衡，就能使我们的社会主义建设和社会主义生产，得到良好的结果，就能使我们的整体利益和长远利益，得到巩固的保证。这样做，绝不是要使生态环境，保持原始状态，绝不是要使人们在这个问题上开倒车。因此，把生态经济学看成开倒车的自然主义，是不合乎事实的。

生态环境与人口问题

人类社会是不能与生态环境脱离关系的。恩格斯在《反杜林论》中说道："人本身是自然界的产物，是在他们的环境中并且和这个环境一起发展起来的。"恩格斯的这句话并不是说，人类与动物完全没有区别。他明确地指出："随着对自然规律的知识的迅速增加，人对自然施加反作用的手段也增加了。"① 这就是说，当人类离动物界越远，当他们在劳动实践中提高了对生态环境、对自然规律的认识越加丰富的时候，他们对自然环境，就逐步地在发挥其能动的作用。

但是，自由是人们对于必然的认识。人类对自然环境的能动作用，不外是对于环境的必然性的认识，并且还要受到自然环境的客观必然性的制约。因此，作为生态环境主体的人们，对于生态环境，是不能任意地、盲目地为所欲为的。恩格斯谆谆告诫我们，"必须时时记住：我们统治自然界，决不象征服者统治异民族一

---

① 《马克思恩格斯选集》第三卷，人民出版社 1972 年版，第 457 页。

样，决不象站在自然界以外的人一样，——相反地，我们连同我们的肉、血和头脑都是属于自然界，存在于自然界的；我们对自然界的整个统治，是在于我们比其它一切动物强，能够认识和正确运用自然规律。"① 这也就是说，人们能够在发展到一定阶段上，能对自然环境施加反作用，但是，这种反作用是不能违反客观存在的自然规律的。如果违反客观存在的自然规律，它就会在事后，在不久的事后，对我们进行报复，对我们施加惩罚。

　　人类在地球上经过百万年的苦斗，逃避了冰川、洪水的袭击，终于在地球上站住了脚跟，并繁殖了子孙后代。据记载，全世界人口在公元初年是 2.7 亿人，到 1500 年增加一倍多一点，达到 4.5 亿人。在那时，人口增加之所以这样迟缓，是因为社会生产力的落后，是因为生活资材的获得极为困难，是因为瘟疫的经常流行，也因为国家间的频繁的战争。进入资本主义时期，世界人口就较快地在增长了。从 1650 年的 5 亿人，突增至 1850 年的 10 亿人以上，1900 年更增加至 16.17 亿人，在近 400 年中，世界人口增加将近三倍。第二次世界大战之后，世界人口的增加更加急速，1980 年竟达 44.4 亿人，1982 年竟达 46 亿人。在世界人口的增长中，我国也起了重要作用。从鸦片战争后的 1849 年到 1949 年，我国人口从 4.13 亿人增加到 5.4 亿人，平均每年增加 0.26%。中华人民共和国成立以来，由于社会主义所有制的建立，由于人民生活的逐步改善，由于瘟疫的趋于消灭，我国人口增长得更快。从 1949 年到 1979 年，人口从 5.49 亿人增至 9.7 亿人，平均每年递增 2%。1982 年第三次全国人口普查，人口已经突破 10 亿人，占全世界总人口的 20% 以上。

　　人口的急速增长，意味着人类社会战胜自然环境。但是，人口的这样增长，必然会给生态环境带来严重的影响。人口增加越多，他们向自然环境所索取的资源也就越多。为了解决吃饭问题，必须

---

① 《马克思恩格斯选集》第三卷，人民出版社 1972 年版，第 518 页。

增加农业生产。为了增加农业生产，除了提高单位面积产量之外，还要扩大耕地面积。为了扩大耕地面积必然要毁林开荒，必然要围湖造田，必然要大面积地破坏地表植被。这么一来，不仅会破坏水分的聚集中心，影响了这一地区的气候；不仅会造成水土流失、河床上升、塌方、滑坡，而且会引起土地的贫瘠化和沙漠化。人口的急速增长，不仅要求粮食的增长，而且要求其他生活资料和生产资料的增加。人们在再生产过程中，除了获得其所制造的产品之外，还会带来各种废料、废气和废水，使大气和水资源受到污染。而人口本身的急速增加，又会给大地带来粪便等排泄物。这也就是说，人口的急速增加，会给生态环境带来污染。当然，空气、水体和土壤都是有一定的自净能力的，但是这种自净能力并不是无限的。当污染大量地增加的时候，自然环境的自净能力便会急速地被削弱以至完全消失。自然环境的自净能力的急速削弱和消失，对于人类的健康，对于人类的生存和发展，都是一种惩罚。

人类是不能长期地在破坏了生态平衡的条件下生存和发展的。作为与自然环境进行物质变换的主人的人类，是不能片面地只知向自然环境索取资源，只埋头于破坏自然界所能提供的物质资源，因为有的资源是不能再生的。不能再生的资源一旦枯竭，人们就不能再向它索取。有的资源是能再生的，能再生的资源，如果遭到掠夺性的索取，也就很难得到恢复。如果人们只是片面地从自然环境要资源而不考虑自身去适应自然环境，问题的严重性就必然会越来越尖锐。因此，自觉地、有计划地控制本身出生率和提高人口的素质，自觉地调节自己同生态环境的关系，就成为人类发展的一个重大的问题。从而实行计划生育和提高人口素质，从生态经济学的角度来说，也就成为人类的一个掌握自己命运的问题。

生态平衡与社会再生产

生态平衡在生态学中具有重大的意义，它在社会再生产中，也具有重大的意义。

生态学认为，在每个生态系统中，都具有由一定生物群体和生物栖居的环境所组成的结构，它们之间进行着物质流动和能量的交换。在这里，生态系统各部分的结构与功能处于相互适应与协调的状况之中，这就是我们所说的生态平衡。生态平衡显然同经济平衡有着差别，但是，从整体来说，从长远来说，前者对后者的影响，是极其重大的，甚至可以这样说，生态平衡是经济平衡的一个物质基础。

以农业来说，人们在耕地上每年都在消耗其肥力。对于耕地每年所消耗的肥力，如果得到补偿，那么，在大气不发生巨大的变化的条件下，人们就能得到丰收，就能得到更多的农产品。这些作为商品来生产的农产品，就能为人们提供更多的经济效益。反之，如果只是掠夺耕地的肥力，而不及时补偿，那么，农业产量就会逐步降低，从而在经济收入上就会受到损失。现在我国农业生产的问题是值得注意的。耕地肥力得不到应有的补偿，甚至年年在流失表土中丧失了肥力。这是问题之一。问题之二，在经济较发达的地区中，出现了过度使用无机肥的问题。在以前，农民是使用城市粪便等有机肥，去补偿地力的。近几十年来，许多经济发达地区，由于化肥的见效较快，而又可以节省劳动，有机肥便被无机肥所代替了。由于过度使用无机肥，耕地大量出现了板结。土壤一经板结，透水性就没法不降低，氧气就没法不下降，微生物的活动就没法不受到削弱，从而土地肥力的下降就成为必然的了，与此同时，不少城市的粪便没有出路，有的倾入江河，有的倾入近海，从而水资源的污染日益严重。

我国的农业不仅存在着过度使用化肥的问题，近年来对"六六六"等剧毒农药已禁产停用，但是，土壤中还残留着大量的剧毒农药。有些地区还继续在使用剧毒农药。据检测，我国土壤普遍地存在着"六六六"和"DDT"的残留。以安徽合肥地区为例，每亩施药 10 斤，使农田土壤中"六六六"的残留量达 0.750PPm，

百万分比浓度 "DDT" 达 3.013PPm。农药的过量使用，不但会给土壤带来污染，而且会给空气带来污染，并使人身健康受到损害。农药渗入农作物和农田环境之中，会通过食物进入人的体内，并在人体中积累起来，以至发生多种严重的疾病。过量的化肥和过量的农药的结合使用，生态环境当然没法不受到破坏，人民的健康当然谈不到保证。

以林业来说，它是被人看作木头，看作原材料的，至于它的保护生态环境、减少污染、调节气候和水分的作用，则往往是被人们所忽视。这种忽视，使林木对于生态平衡的重大作用，也被人们所抹杀。现在我国林业正在出现危机。森林覆盖率只有 12%，全国活立木年生长量为 27532 万立方米，而计划采伐加上计划外采伐、烧柴、林火以及病虫害的损失，全国林木的消耗量达到 29410 万立方米。消耗量大于生长量竟近 2000 万立方米。如此下去，我国林业将会不堪设想。党中央是正视植树造林的，但是要使植树成林，还需要做好护林工作。

林业对于生态平衡的重要作用之被忽视，不仅使森林的覆盖率逐渐下降；不仅使木材的来源会趋于枯竭，而且会使水土流失、河床淤塞、滑坡和沙化的现象日趋严重。对于国家，对于人民，都会在经济上带来巨大的损失。

水土流失可以说是林木受到摧毁的结果，而水土流失则不仅使农田丧失了含有肥料的表土，而且为江河湖泊，带来了灾难。我国水土流失面积达 150 万平方公里，每年流失的泥沙达 50 亿吨，其中有几千万吨是从农田的表土刮下来的。泥沙的每年流失，不仅使河床升高，而且使水库淤积。中华人民共和国成立以来，全国大力兴建水库，把 8.6 万多座大中型水库计算在内，总容量为 4080 亿立方米。但有人估计，这些年来被水土流失所带来泥沙淤积量就达 1000 亿立方米。如果这个估计近于事实，我们三十多年来所建设的水库约有四分之一是因为水土流失的泥沙所淤积而报废了的。

畜牧是农业的构成部分之一。马克思有时把小麦和牲畜作为农业的代表。他说道："社会用来生产小麦和牲畜等所需要的时间越少，用来进行其他生产——物质和精神生产的时间就越多。"粮食为人类提供蛋白质和淀粉，这当然是不可忽视的，牲畜所提供的肉类食物对人们脑髓的发育和发展，乳类食品对人类体质的增强，更是不可缺少的。要发展畜牧业，需要以草原为牧场。但是，"大跃进"以来，"以粮为纲"，不但毁林开荒破坏了林业，而且废牧种田，破坏了草地，我国原有草原43亿亩，其中可利用的33亿亩，长期的破坏，使草地大面积地呈现退化、沙化和碱化。现在沙化、碱化的面积已达9亿亩（占现有草原利用面积的三分之一），鼠害面积达7亿亩，因垦荒而破坏的草原面积达1亿亩，这三者共占原来草原可利用面积的三分之二左右。同20世纪50年代相比，产草量减少30%—50%，产草量的减少必然拖住畜牧业发展的后腿，而不能前进。

发展牲畜要以一定的生态平衡作为前提。牲畜和饲料，畜群中的母畜与其他畜种，以及牲畜的数量与质量等方面都存在着一定的比例关系。饲料不足，就没法保证牲口的消费，就没法使畜群长大。母畜不足，就没法繁殖多量的牲口。盲目追求牲畜存栏数，不但会使草场对牲口的饲养超过负荷，而且会引起牲口体重的减轻，质量的下降。这些都是牲畜业的生态平衡的问题。此外，牧场中的毒草，如果任其蔓延，不但会使牧畜的质量下降，而且会使牲畜中毒死亡。这是质的问题，也是量的问题。

发展工业，必然会带来废气、废水和废料的问题。废气的增加，不仅是大气中降尘量增加的问题，而且是大气充满着二氧化硫和二氧化碳的问题。据国家规定，城市每平方公里每月允许降尘量为6—8吨，我国许多城市的降尘量大大超过这个规定。在废气中，二氧化硫的污染最为突出，它主要来自火力发电、钢铁冶炼、石油提炼、硫酸化工和水泥工业等部门。它们的动力，主要是由燃烧煤炭和重油得来的。从燃烧煤炭而形成的二氧化硫占70%，从燃烧重油而形成的二氧化硫占16%。此外，冶金和炼油所产生的二氧化碳约为 14%。随着燃料消耗量的与年俱增，二氧化硫的排放量也不断增加。据估计，1940 年至 1965 年，全世界工业生产的二氧化硫总量从 7800 万吨增加到 1.46 亿吨，增长将近一倍，现在全世界每年排入大气的二氧化硫竟达 1.5 亿吨。这就是说，现在一年飞上上空的二氧化硫的数最相当于 1950 年以前 25 年的数量。在高空飞扬的二氧化硫与水蒸气和大气中的氧结合在一起时，就产生了酸雨。酸雨给森林和许多植物带来了死亡，给土壤，特别是酸性土壤，带来严重酸化，造成土壤中微生物群体出现生态系统的混乱，严重地影响氮的供应，严重地危害绿色植物的生长，给江河湖泊的鱼类带来了死亡的灾难，给铁桥、铁栏杆、货车车皮和自来水管带来腐蚀和破坏，并且使地下水由于重金属的溶解而被污染，使城乡居民，特别是城市居民的癌症尤其是肺癌发病率大大增高。在我国，酸雨的危害也正在扩大。上海在 1980 年发现了酸雨，并且在扩大着。全市酸雨频率的平均值已从 1982 年的 31.1%，上升到 1983 年的 43.3%，西南多个城市也先后出现酸雨。在生态平衡的严重破坏中，是特别突出的，因而它被人们称为"死神"。

废水包括工业废水和生活废水两个部分，在其中工业废水占大部分。1985 年我国污水排放量达 342 亿吨，其中工业废水占 75%，未经处理直接排入水域的污水达 80% 以上，造成水体污染。我国不仅地上水域污染而且地下水也出现污染。已经有四十多个城市的地下水受到酚、氰、砷等有害物的污染。水的污染使可利用的水资源在数量上减少，使那些由于带有污染的水资源所制造的产品的质量下降。水的污染使土壤的土质变坏，使庄稼发育不良以至枯萎，使鱼类死亡，使人民的身体的健康受到损害。

废渣是跟着现代工业的发展而增加的。在 20 世纪 70 年代后期，我国每年排放的各种工业废渣就达 4.3 亿吨，其中综合利用率仅达 19.3%。大部分丢弃未用，这不但占据了大量农田，污染了水资源和空气，而且浪费了可用的资源，使国民经济受到可怕的损失。

在谈到工业生产的"三废"时，不能不提到我国对资源的利用率的问题。据估计，矿产资源利用率仅有 40%—50%；化工原材料的利用率仅有 33%，能源的利用率也仅有 33%。这就是说，50%—60% 的矿产资源，67% 的能源和化工原材料，不但不被利用，而且都成为三废而造祸人间。如果以社会最终产品来说，被利用的原材料只有 20%—30%，而 70%—80% 的原材料则被白白浪费了。这些被浪费的资源，又会变成造祸人间的废渣、废水和废气。物质生产上对原材料的浪费，对各种资源的浪费，不仅表示我们的企业在生产技术上的落后，不仅表示我们的企业，在生产经营上，违背了节约的经济原则，而且在不同程度上增加了三废，加剧了环境的污染，加强了生态平衡的破坏。这对于我们的社会主义建设，和社会主义再生产都是极其不利的。

发展乡镇企业与生态环境

现在乡镇企业，正在各地发展。由于农业实行了生产责任制，农村普遍地出现多余的劳动力。发展乡镇企业，可以吸收从农业多出来的劳动力。这是农业体制改革以后的巨大成果。

乡镇企业的发展，能够为市场提供更多的商品，从而，促进商品经济的进一步发展。在"左"倾路线时期，片面地贯彻了"以粮为纲"的政策，除了粮食以外，多种经营被否定了。仅仅只有粮食和国家收购的棉花，当然谈不到商品经济的发展。乡镇企业不仅突破了经营林、牧、副、渔的限制，而且加快了现代工业的发展；利用农村生产的原料制造更多的工业品。农村生产烟叶，过去是供应城市的卷烟工业的，农村出产的羊毛，过去是供应城市的毛纺工业的，农村生产的棉花，过去是供应城市的棉纺和织布工业的。这种情况，正在深刻地起着变化。乡镇企业用农村生产的原料去生产消费品和日用品，这个趋势正在飞速地发展着。

乡镇企业的发展，为消灭农业与工业、城市与乡村的区别，提供了强有力的条件。消灭这两个区别是社会主义向共产主义过渡的历史任务。当然，我国工农业的生产发展水平，现在还未能达到向共产主义过渡的程度，但是，乡镇企业却为将来向共产主义过渡准备了条件。

必须肯定乡镇企业对于国民经济的积极作用，必须肯定乡镇企业的发展，对于将来消灭城乡区别的深远的历史意义。但是，我们还必须从另一个侧面来考察这个问题。

第一是必须全面地考察城乡工业之间的关系。居于城市的国营工业，在设备上，在生产技术上，较诸乡镇工业，是好得多的。它们出产的产品，在质量上，在使用价值上，较诸乡镇工业，也是好得多的。如果把农村所出产的原材料，都用之于乡镇工业，城市工业的原料供应，就会发生问题。设备和技术较好的城市国营工业如果得不到原材料，它们的再生产过程，就会发生中断，它的质量较为优良的产品，就会减少其对市场的供应量，它在财经上就很难为国家提供应有的税利。

因此，发展乡镇企业首先要从全局观点出发，既要从乡镇企业的前途出发，考虑乡镇的利益，更要看看全国市场的情况，考虑国家的整体利益。如果牺牲国营工业企业，牺牲设备好、技术高的企业，去"成全"乡镇企业的发展，那就会出现设备好、技术高的企业得不到原材料；而技术落后的企业所生产的品质低劣的产品却充斥市场，以至大量积压的矛盾。我并不片面地否定乡镇企业在设备、技术和产品上的不断进步，但是，城市国营企业与乡镇企业之间的矛盾，是必须周到地加以处理的。

第二，现在不少乡镇企业并不限于农产品的加工，而且有不少是与农产品加工无关的企业，如化学工业、造纸工业、电镀工业等。这些行业有不少是从城市移入乡镇的。化工、电镀等企业在乡镇的发展，必然会使工业的"三废"在农村扩散起来。本来"三废"主要是流行于城市及其郊区，如果广大农村由于乡镇企业的发展而使"三废"扩散起来，那就很难不形成乡镇污染包围城市的局面。如果出现这种局面，国家的整体利益和长远利益，怎能不失去保证呢？

第三，从农村本身来说，环境的污染较诸城市，是轻得多的。乡镇企业发展之后，如果不跟上必要的措施，那么，"三废"的污染就会在农村本身加重起来。乡镇企业"三废"的污染，突出地表现为直接劳动者和附近居民的健康受到严重伤害；同时，也表现在土壤性质受到破坏。以浙江为例，这个省受"三废"污染的农田已达 38.09 万亩，占全省耕地的 1.4%，其中废水污染占 32.32 万亩；废气污染占 5.6 万亩；废渣污染占 0.27 万亩，造成粮食损失 8866.94 万斤（一次性累计）。乡镇企业的"三废"对农田、水域、蚕桑、果木的污染所造成的损失，赔偿给乡镇的款项达 425.66 万元。这是几年前的情况；近几年，乡镇企业发展更快，全国的乡镇企业已达 140 万个，其中有污染的行业占 57%。这就是说，近年发展起来的乡镇企业，有污染性的行业已经超过一半以上。如此发展下去，农村人民的健康，耕地土地的污染，粮食生产的损失等问题，将会使我们应接不暇。这是值得我们严重注意的。如果只看见乡镇企业的发展而看不见农村生态平衡的破坏，那就是在损害社会主义生产的目的性，那就是在破坏社会主义制度的优越性，因为农村的整体利益和长远利益，在这里都遭受破坏了。

发展生产，是为了人民的富裕；整治污染也是为了人民的福利。我们必须处理发展物质生产与环境污染之间存在的矛盾。到 2000 年，我国的工农业产量和产值，实现翻两番那是无可置疑的。但在这里，我们决不能让环境污染和水土流失也同步地翻两番。只有如此，我们才能使社会主义制度的优越性明显地显示出来。

（原载《社会科学》1987 年第 1 期）

几个值得警惕的经济问题

我国近几年有几位学者在竭力鼓吹中国必须实行资产阶级自由化。他们是从各个侧面来提出这个主题的。但我只能选择几个触目的问题，谈谈自己的不成熟的看法。

（一）中国必须补资本主义的课吗？

坚持这种主张的学者，认为中国没有资本主义阶段，就进入社会主义社会，因而补课就成为不可避免的必然。我不知道这几位学者读过鸦片战争以后一百多年的半封建半殖民地的中国历史没有；我不知道他们在读近代中国历史的时候有没有看见中国存在着帝国主义列强的资本、为列强充当帮凶的官僚买办资本和软弱无力的民族资本。难道这些资本不就是在中国剥削剩余价值的资本主义吗？如果说帝国主义资本是外国人的资本，那么，官僚买办资本和民族资本总可以算是中国人的资本了吧？这些学者可能说这些资本并没有使资本主义把中国的国民经济发展起来；他们甚至可以否认鸦片战争以后的一百多年间中国经济是半殖民地的经济，甚至可以否认半殖民地的资本对劳动人民的榨取，对中国资源的劫夺，但是，资本主义在旧中国之存在，能视之而不见吗？

这些坚持中国必须补资本主义的课的学者，可能认为帝国主义列强和官僚买办，不能算是中国资本；要补资本主义的课必须把帝国主义列强的资本赶出中国，必须把那些"为虎作伥"的官僚买办资本加以否定。如果有这些爱国心，那是值得称许的。但是，谁能起来把帝国主义列强和官僚买办资本加以否定呢？民族资本是中国本国的资本，如果它能起来完成这个赶走侵略的外资和否定封建制度的历史任务，中国的民族资本是有可能得到发展的。可惜的是，坚持补课的人却没有去看看鸦片战争以后一百多年的历史，却看不见民族资产阶级的软弱性和妥协性。民族资产阶级当然有革命性的一面，但是，占主导地位的却是软弱性和妥协性。软弱性和妥协性使民族资产阶级无力打倒列强和官僚买办，无力在本国发展民族资本；反而，与帝国主义列强和买办资本妥协。历史写得明明白白，中国的民族资产阶级是无力打倒帝国主义列强和官僚买办资本的，是无力挖掉几千年遗留下来的封建制度的基础，因而，是无力在中国发展资本主义的。

只有在中国共产党的强有力的领导之下，经过几十年的流血牺牲，才能推翻一百多年来压在中国人民头上的三座大山，才能为发展中国国民经济提供必要的条件。在中华人民共和国成立前后，资产阶级就有一部分人跑到国外去当"白华"。像这样的人们，怎有可能在中国发展资本主义呢？当然，还有一部分资产阶级是具有爱国主义的，但是，他们缺乏发展资本主义的力量。被人民民主专政的国家政权所没收的资本，只能归于中国人民之所有，当然无理由送给民族资产阶级。经过几十年的艰苦奋斗，抛头颅、洒热血的工人阶级和劳动人民，怎能把这笔应该归于国家，归于人民的财富拱手让给资产阶级呢？怎能让中华人民共和国成立后的新中国在国民经济的发展上急速地出现两极分化呢？

中国共产党领导全国人民在推翻三座大山之后，在克服了国民党数十年来所造成的满目疮痍的悲惨局面之后，致力于国民经济的恢复，为社会主义的全民所有制经济的发展提供了条件，这是中国历史的必然。坚持要使历史开倒车，回头再走半殖民地的道路，难道这是可能的吗？坚持要在推翻了三座大山之后的中国，全面发展资本主义生产方式，难道这是可能的吗？

（二）补的是什么课呢？

那些坚持要在中国补课的人们，利用我国实现改革，实现社会主义现代化的时机，把现代化看成全盘西化，用他们的语言，那就是自由经济，那就是自由生活，那就是民主自由。

所谓自由经济就是对于计划经济的否定。其在西方，在 19 世纪 70 年代以前，资本主义处在自由竞争的阶段，用自由经济去发展资本主义还具有实际的意义。19 世纪 70 年代之后，西方资本主义已经从自由竞争进入垄断阶段。在西方的许多国家，那些咄咄逼人的垄断财团，难道不是客观存在的事实吗？当然，在巨大的垄断财团的身旁，还存在着，还生长着资本薄弱的中小企业，而它们在某种意义上，可以说是自由经济的。但是，在事实上，这些资本薄弱的企业不外是那些垄断财团迟早吞吃的对象罢了。它们的自由生命能有多久呢？在我国，全民所有制的多数企业，无论在规模上，在资力上，都是相当大的，但是，它们并不是垄断财团，而是实行着计划的社会主义企业。坚持自由经济的人们，在这个问题上，难道不是在否定社会主义经济，要为垄断财团吞并中小企业的"自由"开辟道路吗？

那些挑动青年起来要自由的人们，大叫中国人民的生活没自由。难道事实是这样的吗？我国宪法第 35 条早就规定，"中华人民共和国公民有言论、出版、集会、结社、游行、示威的自由"。但是，那些别有居心的人们，却明目张胆地无视国家宪法所规定的自由，主张否定宪法，煽动青年，自己要干什么就干什么的自由。这种"自由"，很明白，是以别人的自由作为牺牲的。自由生活是公民的一种权利，但在同时，他必须对国家、对社会、对别人，承担一种义务。某一个人的自由决不能破坏别人的自由，决不能妨害别人的学习、工作和交通。只突出个人的自由，必然会导致社会秩序和国家法制的破坏。实践证明，自由与法制之间，存在着一种对立和统一的辩证关系。破坏了法制的个人自由，是绝大多数人民所不能接受的，因为那种无法无天的个人自由，就是在破坏社会主义的社会秩序。

为了煽动青年，有的人还在提出"民主"。"民主"是什么？按照他们的说法，"民主是以个人开始，是以我为主，政府对我负责"。这种说法，是极端的个人主义，是我字当头，人人为我，是我应该享有一切的权利而没有任何一点义务。既然民主是"以我为主"，那么，国家和社会的整体利益哪里去了呢？既然民主是"以我为主"，那么，在千千万万人中，到底以谁的利益为主呢？在这种情况之下，聚集在一起的千千万万人，不仅必然会形成一盘散沙，而且会在彼此之间出现相持不下的矛盾。这种"以我为主"的民主，在实质上难道不是极端的自私自利吗？我们的国家不但不否定民主，而且十分尊重公民的民主，但是，民主必须与集中相结合。这些别有居心的人们，用"民主"去否定"集中"，用个人利益去否定整体利益。这难道不是在颠覆我国的社会主义制度吗？

很明白，这些权威学者的所谓自由经济、自由生活和民主自由，都是西方资产阶级学者的余唾，都是为了倾覆我国社会主义制度，扩大资本主义势力范围的破烂旗帜。补课补课，补的就是这么一课！

（三）资产阶级自由化的经济基础是什么？

在资产阶级自由化的呼声中，最实质的是企业所有制的问题。党和国家为了实现经济体制改革，提出了全民所有制企业的所有权同经营权可以相当地分开，企业的所有权属于全民所有；而它的经营权可以相对独立，承担经营权的个人或集体，在生产经营上要对代表全体人民的国家负责。在这种情况下，生产资料的全民所有权，并不会因为它的经营管理权的相对独立而被否定。某些热心于全盘西化的人们，抓住这个时机，篡改了党和国家关于经济改革的政策，用股份所有制去取代全民所有制。

股份所有制在国外已经有三百多年的历史，它的特点是能够迅速地集中资本，以便壮大企业的生产经营。股份所有制虽然没有在西方社会中取代了独资企业，但是，股份所有制对于资本主义生产方式的发展是起着重要作用的。提倡改变我国全民所有制的人中，有些人认为实行股份所有制，全民所有制的性质并没有受到影响，只是用股票的形式去表达全民所有制。事实上仅仅是如此吗？

生产资料的全民所有制，在国家宪法中是规定得明明白白的。现在有人竟然提出国家在下放经营权的同时，应当同时下放所有制。这是一个关系到我国社会制度的根本问题。我不知道全国人民代表大会在哪一次会议上，取消了生产资料的全民所有制。在我国的根本大法仍然以全民所有制为国民经济的主体以前，公然提出要国家下放全民所有制的所有权，这难道不是在破坏宪法吗？有的地方，不仅是这样说，而且在实际上把最盈利和稳盈利的全民所有制企业改成为股份制企业了。有的地方以调动职工的积极性为理由，把干股送给职工，使全民所有制企业变成为企业所有制企业，有的全民所有制企业在改成股份制或实行租赁的时候，不但没有进行严格的清产核资，而且故意压低资产的价格。这难道不是在"化公为私"，难道不是在变相盗窃国家的财产吗？如果按照西方国家的惯例，股份制企业的股东，是必须共同担负风险的，但是，在坚持股份制的人们支持之下，我国不少实行股份制的企业，却实行了保本、保息和保利的办法。这种做法的理由就是为了便于招股，为了更快地招集资金。如果仅仅是这个理由，发行公司债券何尝不可以达到目的？把全民所有制改变为股份所有制，是全盘西化的一个关键问题。这是每一个中国人民必须警惕的！

实现全盘西化，在经济领域里必然会出现两极分化和周期性经济危机的袭击。在发达的资本主义国家，一小撮亿万富翁过着纸醉金迷的奢侈生活，而依靠出卖劳动力的大多数人，则在极困难中生活。到了周期性的经济危机来临的时候，失业人数急速上升，绝对穷困急速来临。我要问问坚持全盘西化的人们，资本主义所带来的灾难，难道是人类的福音吗？

我们并不主张封闭式地去发展我国的国民经济，我们不仅要认真地引进西方的先进的科学技术，而且要在引进的基础上，发展我们的科学技术。但是，我们并不是买办，我们坚决反对买办们在全盘西化的破旗之下否定我国的社会主义制度，以至否定中华民族的优秀文化。

（四）"钱"就是一切吗？

还有一个问题也必须在这里提出来的。

有的同志在实现社会主义现代化和提高经济效益的名义之下大力宣传"一切向钱看"。为了吸引人心，某些权威则为这个口号，作了精细的"学术加工"，把这一口号"美化"成为"低头向钱看，举头向前看，只有向钱看，才能向前看"。经过这一番"学术"加工之后，社会主义生产的目的性就发生了根本性的变化，提经济效益的内容也就发生根本性的变化了。这么一来，坚持一切向钱看的人，就更加"理直气壮"了！

无论这个"学术加工"是怎么精彩，多么迷人心窍，说来说去，无非是在钱字上做文章，无非是在用"天花乱坠"的辞藻，去提高"钱"字在政治经济学中的地位和作用。既然只有向"钱"看才能向前看，既然把经济效益同钱字完全混为一谈，那么，"钱"岂不成为社会主义生产的动力和目的了吗？发展社会主义经济和提高经济效益，当然不可能不同货币发生关系，但是，钱只不过是商品价值的货币形式。如果离开物质财富的生产，如果离开具有使用价值的商品生产，而把钱看成"一切"，看成动力和目的，就会使人们不择手段，偷工减料，粗制滥造去挣钱，去坑害人民。前一个时候的假药、假酒和变质的次品、废品，在指导思想上，难道不是以把钱看成生产的动机和目的作为理论根据吗？我当然没法证明那些制造假药、假酒的奸商罪犯在事前是否曾向这些权威请教，但是，在经济道德上，权威们是很难推卸责任的。

在西欧的 16—17 世纪，红极一时的重商主义就是在经济领域中，把金银，把"钱"看成财富的唯一化身的。当然二三百年前的重商主义追求货币的做法，同现在我国某些权威是有区别的。西欧的重商主义主张取得金银除了开采金矿银矿之外，还要发展对外贸易。早期的重商主义主张严禁金银出口，晚期的重商主义则坚持在保证有更多的金银运回本国的前提下，才允许金银出口。这就是说，几百年前重商主义的获取货币，还是同物质生产和对外贸易发生关系的，还是同价值规律的要求发生关系的。重商主义是发展资本主义的先驱，它同我国的社会主义经济，截然不同。但是，生在社会主义中国的某些学者却主张社会主义经济要以"一切向钱看"作为内容，作为动力和目的。只要有钱可赚，做假药，卖假酒，坑害人民的各种勾当，都可以在"一切向钱看"的保护之下，取得其合理性。他们同重商学派相比，要卑鄙得多，哪里有一点社会主义气味之可言呢？

（五）要实事求是地对待问题

一种新生的生产方式是不可能一帆风顺地前进的。列宁在《伟大的创举》中指出，"如果从实质上来观察问题，难道历史上有一种新生产方式是不经过许许多多的失败、错误和毛病而一下子就确立起来的吗？"社会主义生产方式的建立，也何尝能避免一些毛病、一些错误？为什么如此，那是主观认识与客观之间的矛盾。我国在过去数十年中，把吃大锅饭、端铁饭碗和平均主义当作社会主义，因而使我国的社会主义的优越性，受到损害。这就需要我们去实行改革。只有实行经济上的体制改革，我们才能否定过去的极"左"错误，才能引进国外的先进技术，以发展我们的生产力，才能结束过去那种把"缺口"当作"积极平衡"的主观错误做法。

我国的经济体制改革，并不是用资本主义去取代社会主义，就是为了更有力地去发展社会主义制度下的生产力，更有力地去发展国民经济和科学文化。

压在中国人民身上一百多年的三座大山，终于被推翻了，难道几个别有居心的人物所煽动的一群上街闹事的学生，就能使中国改变了颜色？当然我们要冷静地认识自己存在的问题，例如有一些品质恶劣的党员，以权谋私，违法乱纪，有一些别有用心的人物，利用其社会地位，卖力鼓吹资产阶级自由化，有一些丧失了政治立场的党员不但跟着闹事，而且成为闹事的骨干。因此，认真整党，认真改革就成了我们的更加重要的历史任务。

（原载《群言》1989 年第 10 期）

编选者手记

以内容和写作时序为纲，本书将所汇集的许涤新的论著，编为四组。

第一组是研究中国资本主义的发生、发展和灭亡。由于工作的关系，许涤新不仅对帝国主义、封建主义和官僚资本主义压迫下旧中国的国民经济现状有深切的了解，而且对新民主主义经济理论和政策在解放区的实践，也同样有着比较深刻的了解。由此，他系统地研究了中国经济从资本主义到社会主义过渡的全过程，并写就了多本经济学专著。相关代表性著作包括《中国经济的道路》《现代中国经济教程》《官僚资本论》《中国资本主义发展史》等书，其中的集大成者是《中国资本主义发展史》。《中国资本主义发展史》一书是1960年春周恩来总理委托的一项专项任务的研究成果，该任务旨在对已基本完成的中国资本主义经济改造进行历史性总结。该书于1962年就着手筹划，后由于"十年动乱"中断，1978年始组织写作队伍重新工作。他拟定了指导思想，编写了提纲，撰写了总序。在他的这个思想指导之下，至1993年，这部煌煌200余万字的三卷本经济史巨著，才最终得以完成。本书选取了其中的总序和相关的两篇论文，这些论著通过对中国半殖民地半封建经济的分析，系统地论证了新民主主义经济的历史必然性及其实现的前提，勾画了通过新民主主义经济走向中国经济现代化的光明道路。

第二组是研究过渡时期和社会主义制度下的经济规律。许涤新研究了不同时期经济规律的作用和影响，本书中选取了代表性的9篇论文。他对过渡时期我国对资本主义工商业改造实践的研究，论证了社会主义经济规律与资本主义经济规律互为消长的过程。他认为，资本主义工商业由加工订货到公私合营，特别是实行定息以后，因客观经济条件和内部生产关系的变化，价值规律的自发调节作用受到限制，价值规律被社会主义国家所自觉利用，成为国民经济有计划发展规律的从属规律。在对"穷过渡"的批判中，他指出，"穷过渡"不仅违反了生产关系一定要适合生产力性质的规律的要求，而且也在破坏价值规律和社会主义按劳分配的规律的要求。在对社会主义国民经济的研究中，他认为，价值规律不仅没有失去其存在的余地，而且还在生产、流通和分配三个过程中继续发挥一定的作用。在社会主义社会中，计划经济、商品经济和运用价值规律三者是统一的。

　　第三组是研究《资本论》及政治经济学相关理论问题。"文化大革命"10年，对中国社会是一个动荡之期，而对于许涤新而言，则成了一个重新研读《资本论》相关论著的安静读书时期。"文化大革命"甫一结束，百废待兴，亟须理论先行，为此，1979年许涤新出版了《论社会主义的生产、流通和分配（读〈资本论〉笔记）》一书。鉴于马克思《资本论》主要探讨的是资本主义生产方式下的政治经济问题，而对于资本主义生产方式消灭之后的新社会，其有关经济范畴和经济规律的探讨则只是偶有提及，往往是语焉不详、点到为止，因此，许涤新在其新著中进行了扩展和延伸，用以考察中国社会主义建设的相关实践，并由此建构起了自己的社会主义政治经济学理论体系。1983年，他再次对这部著作进行了修订再版。此外，1977年，在担任中国社会科学院经济研究所所长期间，许涤新受中国社会科学院和教育部的委托，主持编写了一部面向广大干部和大专院校师生的《政治经济学辞典》。1978年，国务院决定编辑出版《中国大百科全书》。许涤新作为经济领域的重要代表，出任了该套《中国大百科全书》的总编辑委员会委员，具体担任了《中国大百科全书·经济学》主编。在他的高效领导和组织下，全国高等院校、研究机构和财经部门的数百名学者、专家参与了《中国大百科全书·经济学》的编撰工作。这两部大型辞书，分别在 1980 年、1988 年出版发行，成为了新中国成立以来，尤其是党十一届三中全会以来，政治经济学领域中相关理论研究成果的极其重要的阶段性汇编和历史性总结，产生了非常重要的影响。本书选取了相关论文 4 篇，还有《广义政治经济学》的序言和《中国大百科全书·经济学》的卷首。

　　第四组是研究中国社会主义经济形成和发展的相关理论。新中国成立后，许涤新曾长期担任政府经济部门的重要领导，在国民经济恢复、资本主义以及传统封建经济的社会主义改造等重要经济建设过程中，他以自身的全方位广泛参与和组织领导实践为基础，不断总结归纳实践中的问题、经验和教训，进行了深入而广泛的理论研究和探索创新。由此，实际上自 1957 年起，许涤新就基于马克思主义基本理论和中国具体实践的结合，致力于探索研究具有中国特色性的社会主义经济建设的历史过程和建设成果总结。1957 年首次撰写、1962 年修订出版了《中国国民经济的分析》一书，1980 年又出版了《中国国民经济的变革与经验》一书。在这些著作中，他以扎实的马克思主义基本原理为指导、以翔实的中国建设史料为依托，系统地总结和探讨了新中国成立以来社会主义经济形成和发展的客观历史过程。他以工业、农业、贸易、收入分配和社会再生产等部门和环节为维，以不同性质经济规律的历史消长为经，条分缕析、经结纬合地全面总结了我国经济发展变革的伟大成就和相关问题与经验教训。同时，20 世纪 80 年代之后，他对生态经济学、人口理论和农业经济等现实经济问题也展开了重要研究，其有关生态经济学和人口学的研究倡导和前瞻性探索，对于马克思主义经济学在中国的进一步传播和深入发展，起到了重要的引领和推动作用。

陈雪娟

2018 年 10 月

《经济所人文库》第一辑总目（40 种）

（按作者出生年月排序）

《陶孟和集》	《戴园晨集》
《陈翰笙集》	《董辅礽集》
《巫宝三集》	《吴敬琏集》
《许涤新集》	《孙尚清集》
《梁方仲集》	《黄范章集》
《骆耕漠集》	《乌家培集》
《孙冶方集》	《经君健集》
《严中平集》	《于祖尧集》
《李文治集》	《陈廷煊集》
《狄超白集》	《赵人伟集》
《杨坚白集》	《张卓元集》
《朱绍文集》	《桂世镛集》
《顾　准集》	《冒天启集》
《吴承明集》	《董志凯集》
《汪敬虞集》	《刘树成集》
《聂宝璋集》	《吴太昌集》
《刘国光集》	《朱　玲集》
《宓汝成集》	《樊　纲集》
《项启源集》	《裴长洪集》
《何建章集》	《高培勇集》